U0450184

国家社会科学基金一般项目"互联网时代道德偶然性研究"(16BZX105)结项成果

江苏省道德发展智库资助成果

江苏省公民道德与社会风尚协同创新中心资助成果

江苏省哲学社会科学研究基地项目"公民道德提升与人的现代化"研究成果

道德偶然研究

庞俊来 著

中国社会科学出版社

图书在版编目(CIP)数据

道德偶然研究 / 庞俊来著. -- 北京：中国社会科学出版社，2025.7. -- （东大伦理道德哲学系列）.
ISBN 978-7-5227-4834-4

Ⅰ. B82

中国国家版本馆 CIP 数据核字第 20259YX738 号

出 版 人	季为民
责任编辑	郝玉明
责任校对	谢　静
责任印制	戴　宽

出　　版	中国社会科学出版社
社　　址	北京鼓楼西大街甲 158 号
邮　　编	100720
网　　址	http://www.csspw.cn
发 行 部	010-84083685
门 市 部	010-84029450
经　　销	新华书店及其他书店
印刷装订	北京君升印刷有限公司
版　　次	2025 年 7 月第 1 版
印　　次	2025 年 7 月第 1 次印刷
开　　本	710×1000　1/16
印　　张	15.5
字　　数	245 千字
定　　价	89.00 元

凡购买中国社会科学出版社图书，如有质量问题请与本社营销中心联系调换
电话：010-84083683
版权所有　侵权必究

总　　序

　　东南大学的伦理学科起步于 20 世纪 80 年代前期，由著名哲学家、伦理学家萧焜焘教授、王育殊教授创立，90 年代初开始组建一支由青年博士构成的年轻的学科梯队，至 90 年代中期，这个团队基本实现了博士化。在学界前辈和各界朋友的关爱与支持下，东南大学的伦理学科得到了较大的发展。自 20 世纪末以来，我本人和我们团队的同仁一直在思考和探索一个问题：我们这个团队应当和可能为中国伦理学事业的发展作出怎样的贡献？换言之，东南大学的伦理学科应当形成和建立什么样的特色？我们很明白，没有特色的学术，其贡献总是有限的。2005 年，我们的伦理学科被批准为"985 工程"国家哲学社会科学创新基地，这个历史性的跃进推动了我们对这个问题的思考。经过认真讨论并向学界前辈和同仁求教，我们将自己的学科特色和学术贡献点定位于三个方面：道德哲学；科技伦理；重大应用。

　　以道德哲学为第一建设方向的定位基于这样的认识：伦理学在一级学科上属于哲学，其研究及其成果必须具有充分的哲学基础和足够的哲学含量；当今中国伦理学和道德哲学的诸多理论和现实课题必须在道德哲学的层面探讨和解决。道德哲学研究立志并致力于道德哲学的一些重大乃至尖端性的理论课题的探讨。在这个被称为"后哲学"的时代，伦理学研究中这种对哲学的执著、眷念和回归，着实是一种"明知不可为而为之"之举，但我们坚信，它是我们这个时代稀缺的学术资源和学术努力。科技伦理的定位是依据我们这个团队的历史传统、东南大学的学科生态，以及对伦理道德发展的新前沿而作出的判断和谋划。东南大学最早的研究生培养方向就是"科学伦理学"，当年我本人就在这个方向下学习和研究；而东南大学以科学技术为主体、文管艺医综合发展的学科生态，也使我们这些 90 年代初成长起来的"新生代"再次认识到，选择科技伦理为学科生长点是明智之举。如果说道德哲学与科技伦理的定位与我们的学科传统有关，那么，重大应用的定位就是基于对伦理学的现实本性以及为中国伦理道德建设作出贡献的愿望和抱负而作出的选择。定位"重大应用"而不是一般的"应用伦理学"，昭明我们在这方面有所为也有所不为，只是试图在伦理学应用的某些重大方面和重大领域进行我们的努力。

　　基于以上定位，在"985 工程"建设中，我们决定进行系列研究并在长期积累的基础上严肃而审慎地推出以"东大伦理"为标识的学术成果。"东大伦理"取名于两种考虑：这些系列成果的作者主要是东南大学伦理学团队的成员，有的系列也包括东南大学培养的伦理学博士生的优秀博士论文；更深刻的原因是，我们希望并努力使这些成果具有某种特色，以为中国伦理学事业的发展作出自己的贡献。"东大伦理"由五个系列构成：道德哲学研究系列；科技伦理研究系列；重大应用研究系列；与以上三个结构相关的译著系列；还有以丛刊形式出现并在 20 世纪 90 年代已经创刊的《伦理研究》专辑系列，该丛刊同样围绕三大定位组稿和出版。

　　"道德哲学系列"的基本结构是"两史一论"。即道德哲学基本理论；中国道德哲学；西方道德哲学。道德哲学理论的研究基础，不仅在概念上将"伦理"与"道德"相区分，而且从一定意义上将伦理学、道德哲学、道德形而上学相区分。这些区分某种意义上回归到德国古典哲学的传统，但它更深刻地与中国道德哲学传统相契合。在这个被宣布"哲学终结"的时代，深入而细致、精致而宏大的哲学研究反倒是必须而稀缺的，虽然那个"致广大、尽精微、综罗百代"的"朱熹气象"在中国几乎已经一去不返，但这并不代表我们今天的学术已经不再需要深刻、精致和宏大气魄。中国道德哲学史、西方道德哲学史研究的理念基础，是将道德哲学史当作"哲学的历史"，而不只是道德哲学"原始的历史"、"反省的历史"，它致力探索和发现中西方道德哲学传统中那些具有"永远的现实性"的精神内涵，并在哲学的层面进行中西方道德传统的对话与互释。专门史与通史，将是道德哲学史研究的两个基本纬度，马克思主义的历史辩证法是其灵魂与方法。

"科技伦理系列"的学术风格与"道德哲学系列"相接并一致，它同样包括两个研究结构。第一个研究结构是科技道德哲学研究，它不是一般的科技伦理学，而是从哲学的层面、用哲学的方法进行科技伦理的理论建构和学术研究，故名之"科技道德哲学"而不是"科技伦理学"；第二个研究结构是当代科技前沿的伦理问题研究，如基因伦理研究、网络伦理研究、生命伦理研究等等。第一个结构的学术任务是理论建构，第二个结构的学术任务是问题探讨，由此形成理论研究与现实研究之间的互补与互动。

"重大应用系列"以目前我作为首席专家的国家哲学社会科学重大招标课题和江苏省哲学社会科学重大委托课题为起步，以调查研究和对策研究为重点。目前我们正组织四个方面的大调查，即当今中国社会的伦理关系大调查；道德生活大调查；伦理—道德素质大调查；伦理—道德发展状况及其趋向大调查。我们的目标和任务，是努力了解和把握当今中国伦理道德的真实状况，在此基础上进行理论推进和理论创新，为中国伦理道德建设提出具有战略意义和创新意义的对策思路。这就是我们对"重大应用"的诠释和理解，今后我们将沿着这个方向走下去，并贡献出团队和个人的研究成果。

"译著系列"、《伦理研究》丛刊，将围绕以上三个结构展开。我们试图进行的努力是：这两个系列将以学术交流，包括团队成员对国外著名大学、著名学术机构、著名学者的访问，以及高层次的国际国内学术会议为基础，以"我们正在做的事情"为主题和主线，由此凝聚自己的资源和努力。

马克思曾经说过，历史只能提出自己能够完成的任务，因为任务的提出表明完成任务的条件已经具备或正在具备。也许，我们提出的是一个自己难以完成或不能完成的任务，因为我们完成任务的条件尤其是我本人和我们这支团队的学术资质方面的条件还远没有具备。我们期图通过漫漫兮求索乃至几代人的努力，建立起以道德哲学、科技伦理、重大应用为三元色的"东大伦理"的学术标识。这个计划所展示的，与其说是某些学术成果，不如说是我们这个团队的成员为中国伦理学事业贡献自己努力的抱负和愿望。我们无法预测结果,因为哲人罗素早就告诫,没有发生的事情是无法预料的,我们甚至没有足够的信心展望未来,我们唯一可以昭告和承诺的是:

我们正在努力!

我们将永远努力!

樊　浩

谨识于东南大学"舌在谷"

2007 年 2 月 11 日

目　录

导言　相与偶然 …………………………………………………（1）

绪论　道德偶然与伦理理解 …………………………………（10）

第一章　道德偶然 ……………………………………………（19）
  一　具体个体、此在与偶然 ……………………………（19）
  二　人禽、人人与人机之别 ……………………………（22）
  三　虚拟世界、可能生活与造就美德 …………………（27）
  四　好人、善行与美德 …………………………………（31）

第二章　道德偶然的西方逻辑 ………………………………（36）
  一　美德可教吗？ ………………………………………（36）
  二　从害怕偶然到拒绝偶然 ……………………………（43）
  三　全能上帝与自由意志 ………………………………（48）
  四　从承认偶然到征服偶然 ……………………………（54）
  五　直面偶然的当代道德哲学 …………………………（60）

第三章　道德偶然的中国话语 ………………………………（65）
  一　天命靡常，惟德是辅 ………………………………（65）
  二　"道""德"辩证法 ……………………………………（69）
  三　从"学而时习之"到"命性道教" ……………………（72）
  四　"唯天为大"与"天人感应" …………………………（75）
  五　"天理"与"致良知" …………………………………（78）

第四章　偶然性的道德世界观 ······················（83）
  一　道德金规则的逻辑悖论与永恒命题 ···············（84）
  二　道德必然和道德偶然 ···························（88）
  三　道德偶然性世界观何以可能 ·····················（94）
  四　伦理规范与道德偶然 ···························（98）

第五章　从道德怀疑走向道德偶然 ·················（104）
  一　形上偶然观与偶然本体论 ······················（104）
  二　偶然性与道德怀疑 ····························（109）
  三　从道德怀疑走向道德偶然 ······················（115）

第六章　美德偶在、品德偶性与道德偶然 ···········（121）
  一　偶然性的祛魅 ································（121）
  二　美德偶在、品德偶性与道德偶然 ················（127）
  三　道德的偶然性与偶然性的道德 ··················（136）
  四　道德偶在、道德偶性与道德偶然 ················（140）
  五　道德偶然性与当代道德哲学问题 ················（145）

第七章　道德偶在的生活世界 ·····················（152）
  一　德行、观念与定义 ····························（152）
  二　道德陈述与道德偶在 ··························（156）
  三　道德偶在话语 ································（162）
  四　道德多样性生活 ······························（166）

第八章　道德偶性的规范建构 ·····················（170）
  一　理性、德性与规范性 ··························（170）
  二　道德定义、道德判断与道德规范 ················（175）
  三　道德偶性规范与道德建构 ······················（180）
  四　道德偶性、人工智能与人性 ····················（184）

第九章　道德偶然的实践样态 ………………………………（189）
  一　道德行动的偶然与偶然的人 …………………………（189）
  二　个体道德自由与道德责任、道德勇气、道德创新 …………（192）
  三　共同体德性与道德风险、道德治理 …………………………（197）
  四　互联网与道德运气、道德算法 …………………………（201）

结语　道德偶然与生生之道 ………………………………（206）
  一　中国哲学精神的核心 …………………………………（207）
  二　中国伦理道德的哲学世界观 …………………………（210）
  三　道德偶然研究的中国意义与时代面向 ……………………（213）
  四　生生之道与道德偶然 …………………………………（216）

参考文献 ………………………………………………………（221）

术语索引 ………………………………………………………（227）

人名索引 ………………………………………………………（231）

后　记 …………………………………………………………（234）

导言　相与偶然

　　这是21世纪20年代起始之年的一个普通的早晨，一个周末的早晨，一个普通人普通的周末早晨。早上6点10分，闹钟准时响起。迷迷糊糊中摸到床头的手机，第一时间打开"疫情防控"APP——因为席卷全球的新型冠状病毒，几乎每个单位都要求它的员工每天上报健康状况——先是上初中的孩子的健康上报，接着打开自己单位的"信息化"微信公众号，申报自己的健康状况……完成这两项工作，似乎大脑清醒了些。稍微瞄了一下微信公众号的新闻标题，"幼儿园老师4分钟内掌掴幼童3次，通报来了""独家揭秘：谁把××军推向神坛？""支持川普的华人到底是怎么想的？""小崔大病初愈，首次出镜"……每条信息都带来了极大的阅读诱惑。打开"独家揭秘"，说的都是过时的新闻，不几分钟，粗粗翻到了页面底端。刚想结束，底部突然出现特大字号的"更多好文分享"。猛地一惊，时间已经是7点38分。这就是互联网时代，一个持有互联互通的普通手机的普通人大概都会有的生活，虽然不是所有人的所有时刻，但却是大多数人的一般常态。

　　眼睛转向另一端，曾经神话时代的人们想象自己，"他在某一时间是一位年轻人，而在另一时间变成了狮子；有时他像一只狂怒的狮子，有时又像一条一触摸就退缩的蛇，或者角又变成了公牛；他经常可以被看成是石头或者树……"① 这种"多元"的"自由想象"，现在变成了全球化时代真实的生活，"我站在印度南部班加罗尔城市中心KGA高尔夫球场的

---

① ［英］齐格蒙特·鲍曼：《后现代伦理学》，张成岗译，江苏人民出版社2003年版，第25—26页。

2　道德偶然研究

第一杆位置。我的搭档告诉我要对准微软或 IBM 的时候，他指的是远处第一洞之后的两栋熠熠生辉的玻璃钢材建筑……开球区的计分员来自爱普生公司，我们的一个球童戴的是美国 3M 公司的帽子。球场外的交通标识是德州仪器公司赞助的，而路边的必胜客的广告牌上印着热气腾腾的比萨饼……这里不是美国的堪萨斯州，但也好像不是在印度"[1]。世界是平的，跨国公司比比皆是，我们的每一份工作与享受的每一份服务，都是全球合作分工的成果。我们的"身体"在世界各处游荡，从一个工作团队到另一个工作团队，从一个公司到另一个公司，从一个社区到另一个社区，从一个城市到另一个城市，从一个国家到另一个国家，从一个民族到另一个民族，从一种文化到另一种文化，生活感觉与价值观跟随"身体"不断变化、休整、适应与突破。

历史学家惊叹，"全球化的世界给我们的个人行为和道德带来前所未有的压力，每个人都被困在许多无所不包的蜘蛛网中，这张网一方面限制了我们的活动，另一方面也把我们最微小的举动传送到遥远的地方。每个人的日常生活都可能对地球另一端的人甚至动物产生影响，某些发生在单个人身上的事可能会出人意料地引发全球性事件"[2]。伦理学家说，"我们的时代是一个强烈地感受到了道德模糊性的时代，这个时代给我们提供了以前从未享受过的选择自由，同时也把我们抛入了一个从未如此令人烦恼的不确定状态"[3]。政治学家们认为，我们的世界正处于百年未有之大变局的"大发展、大变革、大调整"时期。

曾经预言"互联网"时代到来，并首创"地球村"概念的加拿大著名思想家马歇尔·麦克卢汉说过，"凭借分解切割的、机械的技术，西方世界取得了三千年的爆炸性增长，现在它正在经历内爆。在机械时代，我们完成了身体的空间延伸。今天，经过一个世纪的电力技术发展以后，我们的中枢神经系统又得到了延伸，以至能拥抱全球。就我们这颗星球而

---

[1]　［美］托马斯·弗里德曼：《世界是平的——21 世纪简史（内容升级和扩充版）》，何帆、肖莹莹、郝正非译，湖南科学技术出版社 2010 年版，第 3 页。
[2]　［以］尤瓦尔·赫拉利：《今日简史：人类命运大议题》，林俊宏译，中信出版集团 2018 年版，第 VII 页。
[3]　［英］齐格蒙特·鲍曼：《后现代伦理学》，张成岗译，江苏人民出版社 2003 年版，第 24 页。

言,时间差异和空间差异已不复存在。我们正在迅速逼近人类延伸的最后一个阶段——从技术上模拟意识的阶段"①。在这里,麦克卢汉潜在地暗示了人类发展的三个技术性阶段,即"囿于体能之内依附四肢的原始技术","摆脱体能脱离四肢的机械技术","旨于改造人脑以及生命有机体的信息生物技术"②。从农耕时代走向机器时代是人类文明的一次质的飞跃,正如我们时常将"商品经济""市场经济""资本主义"等作为"现代"的标志。但是,这些标志的背后核心的基础都离不开"机器大生产",离不开机器大生产为现代文明创造的物质基础。当下,人类正从机器时代迈向改造生命有机体的信息生物时代,"新传媒时代""人工智能时代""生物技术时代""信息时代"等思想与概念不断出场。不可否认,其背后的基本的物质基础是"互联网"。正是"互联网"技术的普及化与普遍化,才使得"信息"传播的时间与空间差异消失,才让地球变成"村",才让世界变成"平"的,才让人工智能(AI)成为一种"需求"。正如机器大生产带来"社会"的革命性变化一样,互联网带来了"个人"生活的颠覆性翻转,"网络无处不在,快餐化、碎片化、娱乐化、情绪化的海量纷繁信息,通过微信、微博、电邮、短信、推特、朋友圈、APP推送、游戏更新、电商打折等,以'非死不可'之势来袭,马不停蹄地消费你我,吞噬着我们吃饭、如厕、开会、驾车前后的分分秒秒"③。不似16—18世纪近两百年机器大生产的工业革命的缓慢进程,互联网时代的到来仅仅用了30年(甚至可以说只有10年④)的时间。1969年11月,美国6位科学家,在加利福利亚大学洛杉矶分校的计算机实验室里与千里之外的斯坦福计算机实现了人类历史上伟大的一次"联通",预示着互联网的可能。互联网的前身是美国国防部为分享储存数据而开设的实验性网络"阿帕网"(APPANET),1975年网络上的节点只有100个。后来,渐渐发展为军事、科研和教育服务的计算机网络,直到20世纪90年代美国通过"高性能计算和通信计划"(HPCCI,1991)、"国家信息基础设施"

---

① [加]麦克卢汉:《理解媒介:论人的延伸》,何道宽译,译文出版社2011年版,第5页。
② 参见庞俊来《技术与伦理的和谐与悖结》,山西大学2008年全国博士生学术论坛(科学技术哲学)会议论文集,太原,2008年9月,第442—458页。论文具体内容见中国知网会议论文检索。
③ 严彬、马培杰编:《野渡》,广西师范大学出版社2014年版,第1页。
④ 1992年,美国人阿尔·戈尔提出信息高速公路,随后开始在全球进行推进,这个过程用了20多年,从某种意义上说,2010年之后,全球化的互联网时代才真正到来。

（NII，1993）、"全球信息基础设施"（GII，1995）渐渐形成"信息高速公路"。2000 年，国际互联网上已有 100 万个接入网络，1 亿台计算机和 10 亿个用户。① 进入 21 世纪，互联网正式登陆人类文明的舞台，我们开始进入当之无愧的"互联网时代"。正如机器大生产之后，商品经济、市场经济与资本主义等经济发展大爆炸一样，互联网到来之后，信息时代、网络时代、传媒时代、智能时代等时代信息大爆炸随之而来，人类文明正从农耕时代经过机器时代走向"互通互融互享"的互联网时代。"19 世纪是火车和铁路的时代，20 世纪是汽车与高速公路的时代"②，21 世纪是计算机、人工智能与互联网的时代。

鲍曼在《流动的时代：生活于充满不确定性的年代》一书中认为，全球化的互联网时代是一个流动的时代、不确定的时代，是一种后现代。③ 他认为，前现代的人的生活乌托邦是一种"猎场看守人"，他们相信或依赖"上帝或自然的无穷智慧"，世界存在于一个上帝造就但我们无法理解的一个神圣链条，每个生物都拥有其"当然、有用"的位置，最卓越的人的生活意义与价值就在于维护这种神定或自然的秩序，担当"看守人"职位，保持"猎场"的神圣性与自然平衡；现代的人生活理想是"园丁"，他们认为世界出于他们自身主体性的控制之下，根据自己的意愿，精心"打造"与"修理"自己的花园，这个世界的秩序是他可以把控的秩序，他们是"最敏锐、最老练、最专业"的乌托邦建造者；但是，后现代的人是一种"猎人"，"或者被教导为猎人"，否则就会"被惩罚"，"被逐出打猎行动"，甚至"降低到猎物级别"，他们的唯一任务就是追逐一个又一个"猎物"，他们的目标永远是"下一个猎物"，他们没有整个"猎场"的和谐概念，也没有打理"花园"的雄心壮志，更没有在"猎场"闲逛的闲情逸致，他们处在一个流动的流水线上，一个没有方向也不知道终点的不确定的流水线上。

时代的一根稻草，落在个体身上，都是一种命运。全球化、互联网、后现代，这就是我们所处的时代。身体与灵魂遭遇，是人的存在。互联网

---

① 参见李伦《鼠标下的德性》，江西人民出版社 2002 年版，第 8—9 页。
② 李伦：《鼠标下的德性》，江西人民出版社 2002 年版，第 11 页。原文为"21 世纪就将是电脑同网络的时代"，现表述为"计算机、人工智能与互联网时代"更为恰当。
③ 参见 [英] 齐格蒙特·鲍曼《流动的时代：生活于充满不确定性的年代》，谷蕾、武媛媛译，江苏人民出版社 2012 年版，第 110—127 页。

载着我们的"身体",又在互联网中遭遇不同的"灵魂",这"灵魂"中有"同类",也有"他者"。"同类"自然可以相互理解,又相向而行,但时间久了,总有"与我无异"的乏味。与"他者"遭遇,如何相互理解?变成"我的"还是成为"他(她)的",多元合理性相互碰撞。世界是平的,"身体"在世界各处游荡,"灵魂"变得多元而迷茫,人的偶在性、偶然感与偶然性不断增强。在现代文明中,人是偶然的人,是一种身体的偶然性,"人'被抛入世界上'这一哲学比喻表达了现代男男女女们基本的生命体验",不似前现代的人被"血缘关系"或"户籍(居住地)"的存在决定。在匈牙利学者赫勒看来,走出偶然性身体存在的现代人的宿命是"选择你自己",否则你将永远属于"偶然","与既没有可以依靠也没有可以束缚的社会图案目标相伴,人生来就是可能性集合这一现代条件也可以被体验为正在'被抛入自由中'"①。进入后现代文明,互联网的碎片化、全球化的流动性与后现代的多元主义,使人们越来越意识到"现在的个体不再是由偶然出生所铸造的不可改变之模型,也不再是被偶然赋予的狭隘人性所限制。对自由的新感觉是如此地令人陶醉,自由被人喜气洋洋地赞扬,自由被人尽情地享受"②。从身体的偶然飞跃到灵魂的偶然,是多元主义的互联网时代为我们提供了可能性条件。因而,在互联网与多元主义的后现代文明中,"偶然的人"既是身体的,又是灵魂的,是真正"偶然的人"。今天的人类正越来越频繁地感受到生活中处处存在的偶然,偶然总是不可避免地与我们对命运、人性与情感的认识纠缠在一起。事实上,正是"偶然",才使我们进一步哲学地思考人性、情感与命运。

面对这个"偶然的人"时代到来,我们应该回避还是直面,拒斥还是接纳,是否定还是拥抱?回避、拒斥与否定都是我们本能习惯的反应,说明我们还没有能力直面、接纳和拥抱偶然性。偶然的时代,寻找、发现与造就一种与"偶然性的人"相适应的道德理论,就成为我们这个时代亟须完成的尖端、前沿的重要理论任务。

不同于前现代的人们追问"我是谁""我从哪里来""我到哪里去"

---

① [匈]阿格妮丝·赫勒:《道德哲学》,王秀敏译,衣俊卿主编,黑龙江大学出版社2014年版,第6—7页。

② [英]齐格蒙特·鲍曼:《后现代伦理学》,张成岗译,江苏人民出版社2003年版,第25页。

的本体论追问，也不同于现代的"我能够知道什么""我应该如何行动""我能希望什么"的认识论追求，当代人们的生活是"我想什么""我能是什么""我能做什么""我能创造出什么样的生活"的价值论与实践论的无限探究。本体论属于形而上学，认识论属于知识学，价值论与实践论则是伦理学的。偶然的人应该如何生活？偶然的人应该秉持什么样的世界观与人生观？我们对这个时代道德状况的忧虑，对互联网的忧虑，对多元主义的忧虑，最根本的是对人的忧虑。互联网时代，人作为"人类整体"的意义正在消失，"'人类整体'将会做的事，大多数人根本不会直接参与，就算参与也很可能只是次要角色"①，算法、大数据、流量决定了"后真相"，每个个体的行动只不过是无数行动中的一个分母，分子永远无法预知，作为个体的身体，只是偶然的命运的载体。多元主义时代，各种主义都自洽，也自封为"真理"。主义之上还有真理不？若有，失去了"人类整体"的主体确证，这个真理还可知不？"如果各种主义已不足信，人类是否应该放弃追求共同的全球性故事？毕竟，所有的全球性故事不都来自西方吗？马克思的故乡在德国特里尔，推动自由贸易的则是英国曼彻斯特的实业家。如果你是个在越南农村的农民，为什么要相信这些人说的故事？或许每个国家都应根据自己的古老传统，走出一条不同的独特之路？"②"真理"的意义已经消解，偶然的人还能做什么？

一方面，个人生活通过互联网，"每个人的日常生活都可能对地球另一端的人产生影响"，"引发全球性事件"，"个人生活可能影响全球，意味着揭露我们自己的宗教和政治偏见、种族和性别特权，以及对制度压迫无意的共谋"，意志完全自由的时代彻底到来，然而"这些目标真的能实现吗？"另一方面，"多元主义文明"使得个体成为一种相对主义的存在，"这个世界远远超出我们的眼界、完全不受控制、所有的神祇和意识形态都遭到质疑，我们又怎么可能找到稳固的道德根基？"③ 互联网时代，多元主义文明下的"偶然的人"，面临什么样的道德问题？呼唤什么样的道

---

① ［以］尤瓦尔·赫拉利：《未来简史：从智人到神人》，林俊宏译，中信出版集团2017年版，第49页。
② ［以］尤瓦尔·赫拉利：《今日简史：人类命运大议题》，林俊宏译，中信出版集团2018年版，第13页。
③ ［以］尤瓦尔·赫拉利：《今日简史：人类命运大议题》，林俊宏译，中信出版集团2018年版，第VII页。

德理论？能够过上什么样的道德生活？

你们说，今天生活在互联网中的人能够把握互联网所有的信息，从而进行"合理"的道德选择吗？

你们说，我们能够读尽天下所有的书，进而掌握"大全"的道德知识吗？

你们说，今天的人类还是像远古时期依靠习俗、理性和道德信念进行道德生活吗？

你们说，今天的年轻人还相信与遵照传统习俗、宗教信念与理性的绝对命令而行事吗？

……

黑格尔在描述他所在的"新时代"时曾经说过，"我们的时代是一个新时期的降生和过渡的时代，人的精神已经跟他旧日的生活与观念世界决裂，正使旧日的一切葬入于过去而着手进行他的自我改造"①。互联网时代全面到来，我们是否又处在一个"新时期的降生和过渡的时代"，我们的观念世界是否需要"与旧的生活时代"决裂，需要进行新道德观念的"自我改造"。德国当代思想家卢曼说，"如果我们可以假定，从传统的社会形态到现代社会的过渡造成了一种彻底的结构上的断裂和所有传统语义学的根绝，那么，人们就再也不能信赖任何旧欧洲的规定，从而既不能相信本体论，也不能相信伦理学"②。同样，从现代工业社会向互联网时代的信息社会过渡，是否也存在一种"彻底的结构上的断裂"和"传统语义学的根绝"？

你们认为，这样的假设成立吗？

你们认为，这样的世界可能存在吗？

你们已经做好进入这样社会的准备了吗？

如果这个社会是可能的，那么互联网时代的我们又该如何看待"欧洲的规定""中国的规定"抑或"人类传统的规定"？

在这样的社会里，我们还能否进行道德的生活？

……

---

① ［德］黑格尔：《精神现象学（上卷）》，贺麟、王玖兴译，商务印书馆1979年版，第6—7页。

② ［德］卢曼：《宗教教义与社会演化》，刘锋、李秋零译，中国人民大学出版社2009年版，第223页。

8　道德偶然研究

　　这是一个什么样的社会？

　　这是一个正向我们走来的社会：偶然性的人、偶然性的社会与道德偶然性的时代。

　　当然，这绝不是一个彻底的历史虚无主义时代，正如笛卡尔颠覆古典与中世纪哲学，开启近代哲学一样，"在哲学史上，他的地位像一个沙漏的中间凹入部分的位置。正如这样一个沙漏的上半部分的沙子落到下面部分，沙子只通过二者之间的那条细小通道。因此观念在中世纪有它们的起源，这些观念通过狭窄的过滤器抵达近代世界"①。中世纪的哲学通过笛卡尔"沙漏"的改造，进入了全新的现代世界。同样，偶然性世界观的改变则是一个细长的通道，材料还是现实的人，但漏斗的上下世界却是完全不同的生活空间，透过通道，人们发现了生活的另一种天地与可能。

　　柏拉图在《理想国》里曾经给我们讲过一个关于巨吉斯牧羊人的寓言。有一天他正在放羊，忽然狂风大作，继而地动山摇，地壳裂开一个大洞。巨吉斯虽然害怕，但还是下到洞里，发现那里有许多新奇的东西，"特别的是一匹空心的铜马，马身上还有小窗户。他偷眼一瞧，只见里面一具尸体，个头比一般人大……手上戴着一枚金戒指……"。他于是取下这枚戒指，后来却发现只要把戒指上的宝石往手心一转，别人就看不见他了；把宝石往外一转，别人又可以看见他了。② 互联网时代，"偶然的人"像"全能的神"巨吉斯一样，"魔戒"在身，可以进入"互联网"的"隐身"世界，同时也可以进退自如地进入现实世界。"观念"完全意志自由，道德规则的"相对主义"盛行，行为境遇的"偶然感"增强，道德后果的偶然性增加。"全能的神"曾经是蒙昧的"人"走向"文明"的"意义中介"，经过"现代性"的洗礼，"个体"获得了"全能的神"的魔力，人类开始"自我"起来、"理性"起来、"文明"起来。文明之后，现代之后，"自由个体"与"全能的神"合体，我们用计算机造就了"互联网"，人在其中，"随心所欲"。但是这个"偶然的人"还有没有"矩"？还需不需要"随心所欲"的同时"不逾矩"？在我们这个时代，如何重构人的道德价值，如何确立"偶然的人"的道德世界观成为一个

---

　　① ［英］安东尼·肯尼：《牛津西方哲学史（第三卷）：近代哲学的兴起》，杨平译，吉林出版集团有限责任公司2010年版，第41页。
　　② 参见［古希腊］柏拉图《理想国》，郭斌和、张竹明译，商务印书馆1986年版，第46—48页。

必要的课题。蒙昧的古典人依靠习俗伦常建立了古典伦理学，近代的自由人依靠理性建立了道德几何学，当代的"偶然的人"应该拥有属于自己和时代的"道德偶然"理论。

明儒薛敬轩感悟："少言沉默最妙。"鲁迅先生又说："不在沉默中爆发，就在沉默中灭亡。"冯友兰先生则说："人要讲很多话，然后保持静默。"现在，需要直面我们的时代，说出我们的道德话语。前现代、现代、后现代，是一个以"现代"为中心的划分，就其世界观而言，前现代的人们追求"普遍性的真理"，现代的人们追问"个体与实体"相统一的"主体性"，后现代的人们直面"个体的生活"。前现代的人们，在大自然面前，需要以"类"为根基才能获得个体生存的条件，对普遍性真理的必然性信念构成了其基本信仰；现代的人们，自觉自己已经在自然面前有了一点话语权，可以实现自己的"自由意志"，但还是"理性"地认识到大自然外在必然性的力量与内在道德命令，希望在个体与实体之间找到一种"主体性"的平衡；后现代的人们，因为信息爆炸、世界互联、宇宙无际，认识到自己的"有限"与世界的"多元"，意义不再是"类"的，而是"个体性"的，世界需要"个体性"激发"类"的多样性，普遍性的真理、规范的必然性转换到个别性的价值、意义的偶然性，个体的偶然性丰富了人类生活的多元可能，拓宽了人类生活的边界，成就了文明发展的"创新"动力。换言之，如果以"当代"为中心，人类就是一个不断追求个体生命价值的自由呈现，进而不断走向偶然、拥抱偶然与渴望偶然的过程。

绪论　道德偶然与伦理理解

黑格尔在 18 世纪曾给哲学下过一个定义："把你的时代掌握在思想中。"（Hold your time in thought） 20 世纪 90 年代罗蒂将这个定义解释为："为一切你对你的时代最赞同且坚定不移地认同特有事物找到一个描述，一个关于目标——从过去到你的时代的历史发展，乃是达到这个目标的手段——的描述。"① 20 世纪的罗蒂不同于 18 世纪黑格尔的"思想把握"，更注重"目标描述"。每个人都生活在自己的时代中，每个人都要对自己的时代做出自己的判断，而每个人的判断最终会汇聚成一代人的共识。

什么是我们生活的时代？胡塞尔曾经说过，我们的生活世界就是"唯一实在的，通过知觉实际地给予的、被经验到的世界，即我们的日常生活世界"。这个"日常生活世界"是"我们在清醒时生活于其中的生活世界"，它"已经总在那里了，先于我们而存在——不管是理论的还是超理论的——都是我们所有实践的基础"②。每一个人一出生，我们都"直接"地、"自在"地生活在一个"日常生活世界"之中。那么，我们生活的这个时代的"日常生活"，与释迦牟尼、孔子、苏格拉底、耶稣等生活的那个时代"日常生活"有什么区别呢？古典的时代，"我们觉得有需要崇拜某种超越可见世界的东西"；17 世纪，我们以"真理之爱"取代"上帝之爱"，"相信科学家所描述的世界具有准神性"；18 世纪末开始，我们又以"自我之爱"取代"科学真理之爱"，相信"内在自我"具有准神性；19、20 世纪，通过尼采、弗洛伊德和戴维森等，我们"不再崇

---

① ［美］理查德·罗蒂：《偶然、反讽与团结》，徐文瑞译，商务印书馆 2003 年版，第 82 页。
② Edmund Husserl, *The Crisis of European Science and Transcendental Phenomenology*, Trans, David Carr, Evanston: Northwestern University Press, 1970, p. 142.

拜任何东西",而是把"所有东西""都视为时间和机缘的产物",从而"承认机缘值得决定我们的命运"①……

无疑,我们生活在21世纪。古典时代一直到20世纪,都是"先于我们而存在"的时代,拥有许多"理论和超理论的"知识。无疑,它们都是"我们"这个时代"所有实践的基础"。那么,我们的时代是个什么样的时代?如果依据黑格尔的哲学定义和罗蒂的哲学解释,我们就需要把"从过去到你的时代的历史发展"作为"手段",找到一个"你"对"你的时代"最赞同且坚定不移认同的"事物"或"目标",并进行"准确的""描述"。这就意味着,如果我们要站到这个时代的前端或前沿来把握这个时代,我们就必须学习人类从古至今的所有知识。这就是我们感受到的这个时代,知识呈几何级数增长,教育时间越来越长,学习的压力越来越大,时间性的压迫越来越卷。可是,我们有没有想过一个问题,我们此生有限的时间,能够学尽历史上所有的知识吗?在教育里我们学的是"专业"与"学科",在时间上要求我们"终身学习",在生活态度上不能"躺平"。可是,我们终其一生,发现我们学到的不过是"专业的精微""局部的学科""片面的深刻"。我们终将在生活的尽头发现,我们只不过在重复"历史的覆辙",无法摆脱"命运"的摆弄。

如此一来,我们的意义何在?这怎么才是我们的时代?法国当代哲学家朱利安曾经提出一个当代生活的严肃问题,"如果不再从'存有本体'的认知角度去理解生活的话(欧洲思想,或至少哲学经常如此做),我们如何着手对待生活呢?换句话说,如果我们一开始就身在'生活'里而与之没有任何距离的话,我们如何'触及'它呢?说实在的,我们所憧憬的只能是'生活'"②。设想一下,如果我们不学习,或者我们不了解从古至今的"历史发展",我们还能够生活吗?亚里士多德曾经说过,"有的道理自本原或始点开始,有的道理以本原或始点告终"③。那么,哲学问题的本质可能就在于,我们有没有可能永远地处在"本原或始点"之处,而一切"历史发展"只不过是"有的道理"的注脚,是一切"时

---

① [美]理查德·罗蒂:《偶然、反讽与团结》,徐文瑞译,商务印书馆2003年版,第35页。
② [法]朱利安:《从存有到生活——欧洲思想与中国思想的间距》,卓立译,东方出版中心2018年版,第5页。
③ 苗力田编:《亚里士多德选集 伦理学卷》,中国人民大学出版社1999年版,第7页。

间与机缘"的产物,是不同时代的"创造"。所谓时代精神,就是"本原或始点"的再出发,就是对"本原或始点"的新认识,是关于"本原或始点"的新生活。

关于什么是"本原或始点",亚里士多德也有忠告,"研究最好从我们所知道的东西开始"①。对于我们生活的世界,我们唯一知道的东西是什么?我想不需要掉书袋,我们都知道就是"我与我周遭人的生活"。是"我"在生活,是"我"在"我所及的周遭人的世界"中生活,伦理学与道德哲学家们把它归结为"我"与"我们"的生活。"我"的生活比较直接,不易误解。但是,"我们"的生活,却容易被放大,更难理解。从某种意义上说,所谓"从你过去到你的时代的历史发展",不过就是对"我们"的理解。一个时代对"我"与"我们"的理解,就构成这个时代的"日常生活世界"。

21世界的"我"是一个什么样的"我"?现代性之下的我、互联网之中的我、具体实在的我。当代人的生活是以现代性文明为起点的。在现代性的起点上,黑格尔曾经感慨,"为什么,到这样晚的时候,人的自由禀赋才得到承认?这种禀赋把他和一切大人物置于同一行列之中。人类自身像这样地被尊重就是时代最好标志,它证明压迫者和人间上帝们头上的灵光消失了。哲学家们论证了这种尊严,人们学会感到这种尊严,并且把他们被践踏的权利夺回来,不是去祈求,而是把它牢牢地夺到自己的手里"②。也就是主体性的觉醒,现代以来,个体不再依附于强大共同体的力量,也不再依赖不可触摸的上帝,而是开启了自己创造自己生活的新时代,个体价值得到了普遍性的认可和认同。然而,从个体价值得到认同,到个体价值得到实现,还有一个长期的现代化过程。

在这个过程之中,人类现代文明提供了一个技术化、合理化、制度化、体系化的现代性机制。在这个机制之中,人的基本尊严和权利得到了应有的尊重。这个机制在当代呈现的代表性架构是互联网世界,互联网虽然不代表所有现代文明的物质体系,但却集中呈现了现代性物质世界的经济逻辑。在这个机制中,我们发现"人类生活就是在技术进步的帮助下

---

① 苗力田编:《亚里士多德选集 伦理学卷》,中国人民大学出版社1999年版,第8页。
② [德]黑格尔:《黑格尔通信百封》,苗力田译编,上海人民出版社1981年版,第43页。

由合理化的生产来满足大众需求",从而假定"总体可以单用理性而被归结为完善的秩序",当代人的存在"不再是极难把握的种种可能性所组成的一个深不可测的大漩涡,而是作为一架目前正在运转的机器的必然的经济演化过程而呈现出来"。人类从一种前现代的偶然性漩涡,进入了现代性的必然性漩涡。在现代性的必然性漩涡里,"在其上我们可以获得观察全体的清晰视野",同时,这个"漩涡""仅仅向我们显露种种事物",我们只能"在它的涡流里被拖着前行"。[1] 在个体的一面,利己主义、理性利己主义、精致利己主义不断出场;在总体性的一面,无法突破"现代性牢笼"的个体,选择"佛系""躺平",甚至"摆烂"。无论是哪一种,都将个体生命的生活意义问题凸显出来。生活在现代性(总体性或绝对精神)共同善的精神世界与现代文明流水线物质世界之下的个体,其生命意义为何,一种脱离了现代性总体与经济流水线的一个个具体个体的生命价值何在。难道我们的一生在身体上就是流水线上的片段,在精神上就是总体性圆圈中的一个环节。我是什么,我能是什么,我可能的生活是什么,这就成为我们时代每一个个体需要跳跃的"陀罗斯"。

人类的当代文明第一次开始正视作为"具体个体"(concrete individuals)的人的生命意义与价值,或者说真正开始关切每个具体的个体的生命意义与价值。每一个个体生命,首先是出生在一个家庭之中,在遥远的前现代,人类尚处在蛮荒时代,刚刚开始寻找文明的出路。人类作为一个"类"的生存还面临大自然的威胁,个体命运注定要依附家庭、氏族、种族与国家等伦理实体或伦理共同体。人类一方面不断开启认识自然与征服自然的智慧,另一方面也不断加强人与人之间的相互依赖。正是后者产生了伦理道德的教化与宗教的绝对信仰,以确保"人类"的生存。前现代的文明,个体只能是一个个"特殊个体"(particular individuals),不可能具有普遍性。正是在这个意义上,黑格尔说在前现代只有一个人是自由的,或者说偶尔有几个人是自由的。前现代的个体逻辑就是"美德即知识",个体接受教化,理解共同体的生存法则,成为拥护共同体的人,就是具有美德的人,就是传承美德知识的人。

---

[1] [德] 卡尔·雅斯贝斯:《时代的精神状况》,王德峰译,上海译文出版社2008年版,第3页。

进入现代性文明,"知识就是力量",美德退场,知识成为美德本身。个体从共同体之下的一个个"特殊个体",变成了一个个"普遍个体"(universal individuals)。这些"普遍个体",就是能够认识到"普遍性知识"的个体。所谓"普遍性知识",就是将历史上所有的经验统括到当下的人,就是"为往圣继绝学",就是"万物皆备于我",就是黑格尔把握"绝对精神"从而拥有"绝对知识"的人。这样的人,在前现代是某些人的特权,在现代文明中是每个人的权利。因而,古典时代的一个个"特殊个体",通过把握"普遍性知识",就变成了一个个"普遍个体",变成了具有现代意义的"主体性"的人。黑格尔说,现代文明的教养就是"引导一个个体使之从它未受教养的状态变得有知识",哲学也从前现代的"爱智慧",变成了对"知识本身"的把握,从哲学走向科学,"不再叫对知识的爱(爱智慧),而就是真实的知识"。① 也就是说,从苏格拉底的"自知自己无知",走到了现代性的"自知自己全知"。现代性文明中个体主义开始兴起,前现代的共同体主义逐渐隐遁。

事实上,现代性文明的"普遍个体"也只是一种理想和可能,一个个特殊的个体要把握普遍性知识只能是一种理想,而不是现实。但毕竟人类开始有了这种信念,并不断前行。进入当代文明,或者说后现代文明,随着互联网与人工智能的发展。今天,"普遍个体"已经成为"现实的存在"。互联网的"记忆"与人工智能的"智能",让个体的"回忆"成为多余,让"历史的知识"随时"在场"。这样,在知识上,我们确实达到了"普遍个体"的程度。但也仅限于"主体性"的,而无法进入现实生活。有知识不行动,"躲进小楼成一统",意义世界的普遍失落,成为新的文明病。当代的个体已经获得了"普遍个体"的主体性确证,更重要的是实现自身真正的幸福生活(更多的是物质生活的幸福)。从"普遍个体"走向"具体个体"是当代文明的生活起点。"具体个体"的生命意义、生命价值与"可能生活"问题,成为当代人的生活世界的根本问题。"具体个体",就是此时此地此世的个体境遇,就是具体地域、具体文化、具体时代中的个体生命质量,就是直接当下中的"我"的生命感受与生

---

① [德]黑格尔:《精神现象学(上卷)》,贺麟、王玖兴译,商务印书馆1979年版,第3—18页。

活意义。具体个体关心此时此地的感受，专注当下的意义，进而凸显此生此世的个体可能性。同时，具体个体的生命价值与可能生活，为现代性文明体系提供创新性动力源泉。现代性机制也只有通过具体个体的生命激发，才能不断荡漾现代性的涟漪，为当代文明提供活力。

我们的时代是关注具体个体生命质量的时代，是需要确证具体个体生命价值与生命意义的时代。最大限度地激发具体个体的生命力与创造力，既是每个个体直接的幸福需求，也是现代社会得以延续的创新性本质要求。什么样的道德理论能够激发和确证具体个体的生命价值，当代人的具体个体幸福生活追求需要一个什么样的伦理道德观念，具体个体构成的社会可以拥有一个什么样的伦理道德愿景，就成为我们需要回答的时代性的伦理道德问题，我们的理论答案是：道德偶然与伦理理解。

在日常生活中，普通大众基本上都不加区别地使用伦理（ethos）与道德（morals）；在伦理道德的理论中，绝大多数的思想家在讨论伦理道德时也是不加区别地使用伦理学（ethics）、道德哲学（moral philosophy）与实践哲学（practical philosophy）。① 我们认为，道德是关于个体的，一般涉及个体、个人、自我的伦理道德话题，我们会用美德、品德或道德之类的话语，如公民道德、职业道德、个人美德等；伦理是关于共同体的，一般涉及共同体的、群体或集体的伦理道德问题，我们会使用伦理这个词，如家庭伦理、社会伦理、民族伦理等。在理论上，我们说到伦理学时，一般是指古典时代的伦理学范式，关注幸福与美德或德福一致问题，义利关系（道德与利益的关系问题）是其关注的主要矛盾；道德哲学是指现代的伦理道德理论范式，名实关系（是与应当的关系问题）是其关注的核心，是与应当关系的讨论，又会关涉与形而上学的元伦理学问题以及与人类伦理道德信仰的宗教学的关系，因而，道德哲学是一种在哲学视野下的伦理学范式；实践哲学是当代伦理道德理论更为关注的话题，群己关系（个人至善与社会至善的关系问题）是当代实践哲学关心的主题，个体的幸福自由与社会的繁荣正义在相互依赖的同时，又存在相互制约的内在张力。任何一种理论其实都关注伦理道德的三大基本问题（义利、

---

① 关于伦理与道德区分研究，参见陈环环《"伦理""道德"区分史研究》，硕士学位论文，东南大学，2023年；关于伦理学、道德哲学与实践哲学的学科范式区分，可参见庞俊来《伦理学、道德哲学、实践哲学学科范式辨析》，《云南社会科学》2016年第3期。

名实、群己)①，只不过在三种范式中，作为本原或起点的基本问题有所不同，或者说三大基本问题在三种范式中的首要性地位有所差异。

由是观之，我们认为当代人的"具体个体"在伦理道德理论上，在个体的层面上表现为道德偶然，在社会的层面上要注重伦理理解。托尔斯泰曾经说过，幸福的生活都是一样一样的，不幸的人生各有各的不同。偶然性的时代，似乎生活发生了反转：不幸的人生都是一样一样的，幸福的生活各有各的不同。在现代性体同质化生活之下，不幸的生活就像复写纸或复印机那样重复发生，而人们的幸福生活却在创新的名义下不断翻新，一次次突破伦理道德的传统，不断涌现"新新人类"形象。这个反转是如何发生的？这种反转又当如何理解？这种反转是否需要伦理道德的意义确证与价值证成？在现代人的生活中，如何超脱流水线与现代性体系之外，发现一种新的伦理道德价值，开启一种新的可能生活，甚至创造一种新的幸福生活，是我们在现代性边缘寻找生活的意义和价值所在。也正是这些新价值的偶然发现，不断地拓展现代性体系的广度与深度，凸显现代性文明的更高价值。人类正在进入一个"渴望偶然"的时代，"论可能生活"成为这个时代的哲学主题，解构主义与建构主义交替出场，个人主义与存在主义不断张扬。具体个体的伦理道德需要一场世界观的革命，我们提出"道德偶然"，希望阐释一种"拥抱偶然"的伦理道德理论，将个体道德从形而上学的知识论与宗教学的终极信仰中真正解放出来，进入一个人类道德创新的时代。

另外，具体个体需要理解世界。马克思说，哲学不仅仅在解释世界，更重要的是改造世界。今天的人们在还没来得及理解世界的时候，就开始了热火朝天地改造世界的事业。当代的具体个体在无法把控现代性的宏大谱系的绝望中，退缩到具体自我的具身性情景之中，某种意义上是一种理解的匮乏。道德偶然离不开伦理理解，如果说道德偶然解决的是具体个体

---

① 黄勇教授在讨论美德伦理学时，曾经指出在伦理学理论中，美德、行动规则与后果三者之间在伦理学理论中的首要性问题，提出美德、义务与后果三者在伦理道德中都很重要，都需要得到回应。只不过在不同理论中三者的首要性不同，美德伦理学以美德为首要特征，义务论以义务为首要性，后果主义以后果为基本皈依。（参见黄勇《美德伦理学：从宋明儒的观点看》，商务印书馆2022年版，第17—18页。）这个讨论可以类比到伦理学、道德哲学与实践哲学对于伦理道德三大基本问题的首要性来理解。事实上，三种伦理道德学科范式，与美德伦理学、义务论以及后果主义也有一定的相关性，古典伦理学理论的主要范式就是目的论视阈下的美德论，近现代道德哲学是注重知识论的义务论，当代实践哲学是后果主义滥觞之下的新呈现。

的道德世界观，那么伦理理解就是建构具体个体之间相互理解的文化系统，为人类可能生活提供类本质理解平台。人既是个体的人，也是大写的人。作为前者，我们需要解放自我，实现自身在此时此地此世的最大生命价值，凸显具体个体的生命意义；作为后者，我们需要相互理解，将自我有限的生命融贯在社会无限的绵延之中，实现人之为人的类本质价值，承续人类文明的文化基因。人与人之间的理解就是理解人类学的基本问题，人与自然、人与人、人与自身三大关系，构成了理解人类的基本关系。根据马克思主义主要矛盾的基本原理，就产生了以人与自然关系为中心、以人与人关系为中心以及人与自身关系为中心理解三大人类学问题的区别。伦理理解简单来说，就是以伦理理解世界，以人与人的关系为中心或优先性来理解人与自然、人与自身的关系，以伦理学为第一哲学，进入一种民胞物与的真正的人类中心主义。伦理理解又以理解伦理为前提，理解问题归根结底是人的理解，是人与人的理解。人的理解、人与人的理解问题，本质在于伦理道德。因而，才有古今中外的文明，不管是从幸福目的出发，还是从天道出发，抑或是从万能的真主或上帝出发，在说明了终极的价值和意义之后，自然而然地都转换到对人的美德、品德与道德的阐释。伦理理解是要我们从现实的伦理道德生活出发，将人的伦理道德属性作为首要性原点，进而去理解不同的形而上学本性与宗教学的终极关怀，从而找到多元文化相互理解的"共通"范式，为当下具体个体提供美好生活的文化间相互理解的叙事方式，从一种主体间（或主体间性）理解走向一种文化间理解。

伦理道德是人的双重属性，道德偶然与伦理理解是伦理道德的意义统一体。人作为第一实体，是具体的个体，自身的生命意义与人生价值问题是其确立自身生活世界实践的基本原点，表现出来就是人的道德性问题；作为第二实体，大写的人，如何成为"我们"，怎样"学会在一起"，就是人的伦理性问题。人的道德性与伦理性问题，是人自身内在的价值张力，是人不断激发个体生命意义与彰显人类文明能力的动力源。人自身内部的道德性与伦理性的矛盾是永恒存在的，正如黑格尔所言，人的可贵和伟大之处，就在于"能够保持这种矛盾"，这是任何其他生物所"不能承受的"。我们认为，这种矛盾在当代的伦理道德表现就是道德偶然与伦理理解的互系性共生，道德偶然激发生命，伦理理解包容发展。本研究的主题是道德偶然，以道德偶然为主题进行研究。但是，需要提醒读者的是，道德偶然需要在伦理理解的观照下阐发，否则我们随时都可能被冠上道德虚无主义的标签。同样，伦理理解也需要道德偶然的激发，否则伦理理解会变成毫无意义的逻辑循环与同语反复。道德偶然理论离不开伦理理解论，伦理理解论也需要道德偶然理论。我们在此重点阐释道德偶然理论，"物有本末，事有始终"，伦理理解论是道德偶然理论出场之后的理论任务。

第一章　道德偶然

开宗明义，道德是偶然的，持有一种偶然性的道德世界观，是一种承认偶然的道德理论。长期以来，"伦理学是一门实践哲学，正如理论哲学要清楚地说明一种必然的思维的体系，实践哲学也要彻底地阐明一种必然的思维的体系"①。道德必然性一直是伦理学、道德哲学研究的基本的知识目标，道德是一种应该，应该要求必须和能够，意味着必然。随着多元文化主义兴起、后现代文明发展以及互联网时代的到来，偶然性得到越来越多的关注。自然科学家宣告"确定性的终结"②，人文社会学者提出"自由主义社会的偶然"③。人类终于到了正视偶然性的时代，拥抱偶然、渴望偶然成为当代人尤其是当代生活下具体个体的心灵呼唤，道德偶然不再是道德必然需要克服的对象，而是我们每个个体生命与人生出场的原始价值竞技场。

一　具体个体、此在与偶然

道德偶然研究的不是精英道德，而是大众道德、凡人道德，甚至是俗人道德，从而也是真正意义上的每个人的道德，是每个具体个体的道德。如前所述，当代文明的价值在于具体个体价值的自觉。每一个个体的生命都是独一无二的，每一个具体个体的生命都是有其独特价值的。具体个体

---

①　[德] 费希特：《伦理学体系》，梁志学、李理译，商务印书馆2007年版，第4页。
②　[比] 普里戈金、[比] 斯唐热：《确定性的终结：时间、混沌与新自然法则》，湛敏译，上海科技教育出版社2009年版，第4—6页。
③　Richard Rorty, *Contingency, Irony, and Solidarity*, Cambridge: Cambridge University Press, 1989, pp. 44-69.

就是其在哲学本体论上的预设，仅仅承认具体个体的生命价值与生活意义也是不够的，我们还要描绘和阐释具体个体的可能生活样态。在我们看来，可以用道德偶然理论为具体个体点燃生命之光，开启开放性的未来。

在前现代文明中，人类还匍匐在大自然面前，认识自然是人类集体的梦想，寻找世界本原成为哲学基本任务。在寻找世界本原的本体论世界观指引下的人类，是人对人的依赖，以一种自然的"类"本体去面对世界。因而，个体生命的意义和价值就表现为追求一种"万物皆备于我"，去寻找一种普遍性来确证人本身，人类历史的绵延也表现为一种精英、圣人、君子的"为往圣继绝学，为万事开太平"。普通人的生活，表现为"人人皆可为尧舜"的豪迈与身份平等性的企求。在现代文明中，人类开始渐渐认识到自然的基本规律，甚至喊出了征服自然的口号，我们进入一个人对物的依赖阶段。在人类长期物质欲望压抑终于得到实现的现代，个体生命中的个人主义、物质主义、消费主义一度成为主流，高尚是高尚者的墓志铭、卑鄙是卑鄙者的通行证。人类从美德即知识，经过知识就是力量的确证之后，直接说出了知识就是财富、知识就是金钱的心声。在当代文明进入后现代之际，资本主义的极端发展带来生态文明危机，以及消费主义所带来的虚无主义文化难题。一方面，现代文明需要人类不断激发个体的创造力来延续文明的周期性经济危机与发展极限悖论；另一方面，个体在周而复始的现代性牢笼中，开始重新审视自己的生命意义。人类从透过"现象"看"本质"的形而上学时代，进入了"存在"先于"本质"的存在主义时代。

海德格尔是第一个关注具体个体的当代文明价值的哲学家。在对传统的形而上学"存在"的反思基础上，他第一个标识性地指出了具体个体的哲学本体论存在样态"此在"。在海德格尔看来，以往形而上学在柏拉图理念论的影响下，"存在"作为一个去除了一切杂多的空洞的观念而被悬设了起来，在"是什么"（what is）的苏格拉底式追问下，一切过往的形而上学发现的都是"存在者"，而偏离了"存在本身"。这种追问"存在者"的哲学表达方式，注定最后都是黑格尔式的"傍晚起飞的猫头鹰"。而前者那种柏拉图式的理念悬设，又会像康德式的"真空中飞行的鸽子"。海德格尔说，"哲学领会存在问题的第一步在于'不叙述历史'，不要靠把一个存在者引回到它所由来的另一种存在者这种方式来规定存在者之为存在者,仿佛存在具有某种可能的存在者性质似的"①。这个去除了一切历史、绝对的、直接的存在者就是"此在"。"此在(Dasein)"意即"在此时此地"。"对于海德格尔来说,'在此时此地'的,只能是个人,具体的人。换句话说,'在此时此地',就是'我的存在''你的存在''他的存在',即个人的具体的存在的代名词。"② 此在就是具体个体的存在,就是当下个体"在此时此地"的存在。

"此在"是具体个体的"在此时此地"的存在,因而其首先就是"我在"。"只有从'我在'出发才能了解一切,才能体验存在。而体验'我在',只有从我自己的'我在'开始。"③ 这个"此在"的"我在"必然是包含道德性的,海德格尔说,"存在之领会不仅仅一般地属于此在,而且随着此在的种种存在形式本身或成形或毁败,因此,可以对存在之领会作出多种解释。哲学、心理学、人类学、伦理学、政治学、诗歌、传记、历史记述一直以形形色色的方式和等等不同的规模研究着此在的行止、才能、力量、可能性和盛衰。"④ 道德偶然研究,就是在伦理学方面延续对于"此在"的理解,这种具体个体的道德存在是"在此时此地此生"的存在。

那么如何理解这个"此在"优先性呢?从道德偶然理论来说,如何理解道德偶然的优先性呢?"要想解决这个问题,就要把审视存在的方式说清楚,要把领会意义、从概念上把捉意义的方式解说清楚,要求把正确选择一种存在者作为范本的可能性准备好,把通达这种存在者的天然方式清理出来。"⑤ 在我们看来,道德偶然性言说具体个体、通达"此在"的天然方式就是对偶然性的承认。作为具体个体的"此在","此时此地的"存在,"此时此地此生的"存在,以及"此时此地此生的美德"的存在,总是偶然性的存在。在存在论的"此在"意义上谈论道德,我们需要一

---

① [德]海德格尔:《存在与时间》,陈嘉映、王庆节译,生活·读书·新知三联书店1999年版,第8页。
② [法]高宣扬:《存在主义》,上海交通大学出版社2016年版,第62页。
③ [法]高宣扬:《存在主义》,上海交通大学出版社2016年版,第58页。
④ [德]海德格尔:《存在与时间》,陈嘉映、王庆节译,生活·读书·新知三联书店1999年版,第19页。
⑤ [德]海德格尔:《存在与时间》,陈嘉映、王庆节译,生活·读书·新知三联书店1999年版,第9页。

次哲学本体论的转换。现代性体系的背后，不再是人的实体作为世界本原的哲学本体论预设，而是用人自身的实存或属性（区别于实体）作为哲学本体论的基本原理。走向后现代的"此在"，是一种形而上学的彻底反转。张志扬教授在偶然的视阈中曾经区分"偶在"（Accidens/Akzidens/Contingency）与"偶性"。他认为，偶性是一种与实体相对的范畴，"实体/偶性"表达一种"偶性"依附"实体"的"本体论同一"的形而上学，而"偶在"表达的是一种"本原"性质上不同于以往本体论的"本体论差异"。① 也就是说，这种本体论不是一种必然性的本体论，而是一种偶然性的本体论，在偶然与必然相对性表现为"悖论的永恒性"，在本体论上表现为一种完全不同于必然性本体论的"本体论差异"。具体存在的此在正是这种意义上的本体论，本质上是一种偶然论。在这种偶然论中，"它（指偶性）不仅仅是某种附加的属性，不仅仅是非必然的可能性，也不仅仅是漂浮在语言竞赛中更有用的话语策略，它是实存着的可以叫做'机缘'的相关性，可使任何形态及其关系从僵死中苏醒过来，自我指设而相互影射，由此造成限定与置换的模态演化"②。

道德偶然理论所阐述的就是这样的一种道德偶然本体论，从实体的存在视角来说，它表现为具体个体的此在，从属性的视角来说，道德是实体的一种具体此在的属性。这种道德的属性是一种本体论差异的偶在论，而不是属性（道德）依附于实体（人）的"本体论同一"。进行道德偶然研究，使得人在"道德的属性/此在/偶在"中，获得一种实存的人性，这种人性作为一种人的"边缘性"的"临界"状态（人之为人），从而呈现出一种"机缘"性，可以让我们从现实的生活世界中"苏醒过来"，自我重构，进而形成承续过去和开创未来的当下"模态演化"的无限可能。

二 人禽、人人与人机之别

具体个体取代大写的人、普遍个体和特殊个体对人的界定，同样需要回应人性的基本问题。具体个体的人之为人的尺度何以体现？人之为人的

---

① 张志扬：《偶在论》，上海三联书店2000年版，第36—37页。
② 张志扬：《偶在论》，上海三联书店2000年版，第37页。

人性界定在我们的时代发生了什么样的变化？古今中外，关于人之为人的本性追问，大致是通过人物、人禽、人人、人神之别来凸显出来的。人与物的区别中又包含着人与植物、人与动物的区别，其中更重要的是人与动物区别，即人禽之别。人神之别则更多地需要在人禽之别、人人之别中得到理解。

一般而言，我们所熟知的是"人者别于禽兽者几兮"的人禽兽之别。实际上，人类探讨德性是从人人之别开始的。孔子说："人之初，性相近，习相远。"指出了人与人之间人性的相似性，也指出人与人之间的差异性。接着以"君子喻于义，小人喻于利"（《论语·里仁》）的方式，更是明确地道出了人与人之间的差别，也就是为君子指明了道义的方向。孟子接着追问："人之异于禽兽者几兮？"，虽然孟子没有直接说出人与动物的差别，通过"舜明于庶物，察于人伦，由仁义行，非行仁义也"，指出"君子去之，君子存之"（《孟子·离娄下》）。孟子的思路，是通过人禽之别来突出人人之别，强调伦理道德对于人与人之间的差异。到了《大学》，中国先贤明确提出"大学之道，在明明德"，从而将道德作为成人之道的必要条件。荀子提出："天地者，生之始也；礼义者，治之始也；君子者，礼义之始也……天地生君子，君子理天地……人有气、有生、亦有义，姑最为天下贵也。力不若牛，走不若马，而牛马为用，何也？曰：人能群，彼不能群也……君者，善群也。"（《荀子·王制》）在功用的层次上，将人禽之别提升到伦理的"能群"之功能上。荀子在确立了"人能群"的人之为人的功用之后，又将其用在了人人之别上。首先君子为"礼义之始"，然后是"天地生君子"，最后是"君善群"，最终都是落实在人人之别上。由此可见，人人之别是德性出场的问题的意识，人禽之别是人人之别引出来的功能性认识。可以说，古典中国的人性核心与关键在于人人之别的德性。

亚里士多德从功能性角度出发，提出"什么是给予人的共同功能"。"生命对于植物显得是共同的，要寻求人所固有的功能，那就要把生命的生长功能、营养功能放在一边……感觉功能……是牛、马和一切动物所共有的……理性部分具有双重意义（实践与理智），我们应该就其为实现能力来把握它，因为这是它的主要意义。如若人的功能就是灵魂合乎理性的实现活动，至少不能离开理性……能手（卓越）就是把出众的德性加之功能之上……我们把人的功能看做是某种生命，它是灵魂的实现功能，合乎理性而活动。如果一个人的功能是优秀美好的,那么他就是个能手(卓越)……人的善就是合乎德性而生成的灵魂的实现活动。"① 亚氏在这里指出了人物、人禽以及人人的区别。人物之别在于人有感觉而植物没有,人禽之别在于人有理性而动物没有,人人之别在于卓越的人(能手)有德性而普通人没有。应该说,亚里士多德是最早意识到人的感性、理性与德性的区分,在最原初的意义上,亚里士多德表达了植物与动物区别在于感性,人与动物的区别在于理性,人与人的区别在于卓越的德性。但是,因为亚里士多德又区分了伦理德性与理智德性,从而将理性与德性联系在一起,使得西方传统一直将理性作为德性的必要条件甚至是充分条件加以明确与发扬。在灵魂学说、身心二元以及心灵哲学的推演之下,将万物之灵的人之为人的根基一直建立在人有能思考的心灵(soul/mind/spirit/brain)之上,而来自心灵的理性、逻各斯以及语言功能,三者是同一逻辑的不同层面的表达与不同阶段的发展。也就是说,西方古典一直将人之为人的人性建基在人物之别的理性之上,进而在理性基础上强调人之为人德性的平等性。

当代新亚里士多德主义者霍斯特豪斯延续亚里士多德的人与植物、动物的区别,在现代科学意义上提出了植物具有个体生命生存与物种延续两种目的,动物具有行为或行动以及关于情感和欲望的心理两种目的,在此基础上提出了社会性动物的特性在于使"社会群体良好运转",人在拥有类似于高级性社会性动物的社会性结构,同时还具有理性的一面。② 不同于亚里士多德的方面,理性还是要服务于人的社会性功能。这个思路与荀子的"人能群"有着异曲同工的效果,但是霍斯特豪斯最终将这个社会性功能加以发挥时,还是关联于人的理性而不是人的德性。

阿拉伯文明和基督教文明,还在"人神之别"的意义上强调了人之为人的意义。在这一传统中,人的理性始终都是人神沟通的桥梁,神义论的人本化或者人义论的神本化,都在人的理性之中相互推演,理性依然是基本的人性假设,人神之别讨论总是离不开人的理性问题。

从上面的梳理中,我们可以看出,亚里士多德与中国传统儒家在原点

---

① 苗力田编:《亚里士多德选集 伦理学卷》,中国人民大学出版社1999年版,第15—16页。

② Rosalind Hursthouse: *On Virtue Ethics*, New York: Oxford University Press, 1999, pp. 198-206.

上的共通之处；人人之别在于人的卓越与德性。德性是人人之别的根本所在，西方人强调人的理性，虽然是人禽之别的特性，但同时也是人与人之间共同的地方。在解决人与人共同性的合作性关系之后，如何解决人与人之间的竞争性关系，人人之别就变得十分重要。"通"与"分"都是个体与人类所需要的，理性解决了"通"的问题，德性解决了"分"的秩序。而德性之分，还将人类弱肉强食的自然本能的竞争性关系引入人与人之间相互共处的"和谐"状态。"人何以能群？曰：分。分何以能行？曰：义。故义以分则和，和则一，一则多力，多力则强，强则胜物。"（《荀子·王制》）反映到具体个体的当代，在一个重视"此在此时此地此生"的个体来说，生命的意义和价值在于人人之别的德性，在于独立人格、个性张扬的德性彰显。而这种德性是一种能够保证"我们如何在一起"以及"我们学会在一起"的，同时还是一种积极进取与积极竞争的"和谐""和平"的价值追求。

不可否认，现代以来，是西方理性文明张扬的时代。或者说，现代文明是建立在西方理性的基础之上的。在英国工业革命、法国政治革命以及德国思想革命的合力之下，西方将感觉主义的经验、启蒙理性以及先验逻辑都统归在"理性"的旗下。学会并自觉使用自己拥有的理性，成为时代的启蒙口号。"树立以善良意志为自己最高使命的理性"，"就是达到一个自身也为理性所决定的目的"。[①] 在康德的指引下，西方现代文明从"合乎德性"的"跟着感觉走"的自然状态中走出来，进入"出乎德性"的理性时代，追问人人可以把握和执行的"绝对命令"。这种"绝对命令"的普遍法则在"纯粹理性"推演中得到了"先验"的确证，人作为一个"有理性的人"只需要通过"实践理性"来践行先验的道德法则。康德的这个理想是十分诱人的，甚至认为是"任何一个理性存在者"都可以实现的目标。然而，十分遗憾的是，作为"有理性的存在者"的人却始终在现实世界里没有实现康德的理想，反而是现代文明带给我们更多的道德困惑与道德危机。

在理性狂飙的进程中，人工智能逐渐进入我们生活之中，那个设定了"人是目的"的"实践理性"没有仅仅听从"纯粹理性"的指引，给我们带来了一个"拥有理性"的"新生物"。人工智能是人类诞生以来，除

---

① ［德］康德：《道德形而上学原理》，苗力田译，上海人民出版社2005年版，第12页。

了人之外，又一个具有"理性的存在者"，而且是第一个具有"纯粹理性的存在者"。康德当年也只是说，人是一个"有理性的"存在者，而不是说人是"仅有理性的存在者"，更不是一个"唯一有理性的存在者"。康德断言的是，所有的"纯粹理性的存在者"都拥有他所推演的那些"先验理念"。我们的当代文明，现在就到了这样一个时刻：一个"有理性的"存在者，创造出了一个"有纯粹理性"的存在者人工智能。在欣喜与担忧并重的精神重塑时刻，我们何去何从。人类的人性之思，在人物、人禽、人人、人神之别之外，又多了一个新的维度，即人机之别：人者别于人工智能者几兮？

不难发现，人工智能是一个"只有理性"或者说"只有纯粹理性"的存在者，而人除了理性，还有感性和德性①，也就是说人是一个"感性—理性—德性"的存在者。由此，我们可以看到言说德性的三重维度：一是从感性的视角出发来说明德性，感觉、直觉、欲望、本能等情绪、情感对于道德的影响，就是通过这些因素呈现出来，在古典时代以神话、诗歌、思辨、哲学等方式呈现，现在以心理学的科学形式呈现，二者结合形成了道德心理学的视阈，也反映在道德社会学、道德人类学等交叉学科之中；二是从理性的视角出发来说明德性，意志、道德规范、道德原则、道德秩序、道德规律、道德应当、规范性等是其思考的主题，能够清晰言说以及普遍化是其基本要求，在这种范式下，感性通过理性的计算被归纳为概率性的规范；三是从德性自身的视角来阐释德性，这样的研究完全在哲学伦理学的视阈范围之内，以元伦理学分析哲学方式呈现，将伦理道德的研究变成对于伦理道德语言的分析。

人工智能对于伦理道德的理解只能是以第二种方式来实现的，虽然也会涉及人的感性的情感问题，但人的感性情感是通过理性计算的"最大公约数"与概率归纳而具有的"最小公倍数"，在这个"最大最小"的背后，永远有"省略"的地方。同时，这种简约性又可能消减人类情感的多样性，那些似乎"无用"的情感在被人工智能简约化之后，有可能一

---

① 在感性、理性与德性之外，一般还有一个知性，知性在康德的体系中，理性某种意义上就是知性的体系，知性最终以理性为皈依，而理性通过知性来呈现，在这个意义上，我们可以将知性归结在理性之下，这样，我们就以感性、理性、德性来界定人的基本特性与功能。

步步退出人类生活，正如我们今天保护濒危物种一样，我们将来有可能要保护"濒危表情"。同时，在理性指引下的道德，是理性计算与所谓普遍规则的程序化，所表现出来的都是"必然性的道德行为"，这些"必然性"是"先验的"，无所谓任何"创新"。人工智能之下的伦理道德世界，人类还有没有创新的可能，我们还能不能有新的美德？

由是观之，在人机之别的人性观照中，我们看到人机之别在于人是拥有"感性—理性—德性"的整全性的有机存在者，而人工智能只是一个"只有理性"的存在者。在人工智能到来的时代，人的道德意义一方面在于保持人的无限性的情感功能意义，另一方面在于对抗人工智能体系下的道德必然性，而具有道德偶然性的无限可能。人工智能理性化地实现了人的"类本质"，人的理性实践性地实现了作为"类本质"的人的道德必然性，将"人类心灵"的实体"概略性"地呈现了出来。具体个体的当代出场，正是对这种"类本质"人工智能的对抗。在人工智能时代，我们更需要实现"个体"的、凸显人的个体生命价值与意义的道德偶然性。换句话说，人工智能是必然性的人造物，而人是具有偶然性的生命体。在纯粹理性的现代性体系与纯粹理性的人工智能所控制下的当代文明，个体逃离必然性的方式就是创造属于自己独特个性的生活，这种独特个性的生活必须超逸于必然性体系之外，需要是偶然性的。渴望偶然、拥抱偶然就成了一种新的时尚。同时，在科学理性相对优越的时代，人类已经拥有了一种征服自然的幻觉，没有意识到现代文明的溃败可能是系统性的彻底毁灭，因而以个体美德的偶然性发现，就是在现代性的文明边缘处为人类文明选择"火光"，去勇敢地走出"洞穴"，是新文明的追光人。

三　虚拟世界、可能生活与造就美德

现代文明在黑格尔绝对体系的指引下，以往一切历史收复于"概念"，完成了"为往圣继绝学"的使命，我们每一个个体都变成了"万物皆备于我"的主体性自我。但是，这一将特殊性与普遍性、个体与实体结合于一体的"概念"，在现实生活中因为没有人有耐心走完全部历史来理解它，从而使得"概念"在我们生活中只留下了"囫囵吞枣"的形式外壳。

而黑格尔的现代性体系，经过逻辑学的数学化，使得一切可以概念化、形式化的语言都可以通过逻辑表达出来，而一切可以表达出来的逻辑都可以通过数学表达出来。一切通过数学表达出来的，又可以转换为计算机的信息化表达，由此，一个"虚拟表达"的"人工逻辑"就可以在计算机中得以实现。人类的"存在"变成了"数"的存在，在人类那里存在的过去、现在和将来的历史性时间，变成了同时性的时间，世界变成平的了。在计算机、互联网与信息时代的合谋之下，我们产生了一个人类前所未有的"虚拟世界"。这个虚拟世界，提供平台与计算法则，互联网世界中人人平等，我们一直期待的具体个体的绝对平等似乎看到了希望。虚拟世界的现代精神逻辑来源于绝对体系的构想，建基于现代以来绝对自由的执念，我们终于拥有了一个可能带来绝对平等的平台。

在虚拟世界中，"是什么"的存在问题与"应该做什么"的实践问题让位，"能够想什么"的想象问题、审美问题成为主流。正如发现了生物进化规律的现代生物学，找到了最基础的基因生物密码，最后发现只有"基因突变"才是生物进化的根本所在。"只有偶然性才是生物每一次革新和所有创造的源泉。进化这一座宏伟大厦的根基是绝对自由的，但又是盲目的纯粹偶然性。"[1] 将必然性逻辑收复于一身的计算机互联网世界所创造的"虚拟世界"，现在变成了一个人类文明发展的"绝对自由的基地"，是每一个个体"想象"的"生活场"。但是这个"生活场"却是"盲目的纯粹偶然的"，我们不知道下一个"人类进化"的"基因突变"何时发生，虚拟世界变成了"柏拉图理念"的"演练场"。偶然性成为现代生物学进化的中心概念，不再是一种现象，而是"唯一可能的假设"，要想改变这种偶然性立场，那是"完全没有道理的"。[2] 当代文明，虚拟世界的出现，让人类"想什么"有了存在场。建基于与客观世界相统一的"发现"式真理，今天开始让位于一种建基在想象上的"创造"式真理。虚拟世界以及当代文明的文化信念在于，"乌托邦的实现，以及构想更多的乌托邦，乃是一个永无止境的过程，永无止境地、日新又新地实现

---

[1] [法]雅克·莫诺：《偶然性和必然性：略论现代生物学的自然哲学》，上海外国自然科学哲学著作编译组译，上海人民出版社1977年版，第84页。

[2] 参见[法]雅克·莫诺《偶然性和必然性：略论现代生物学的自然哲学》，上海外国自然科学哲学著作编译组译，上海人民出版社1977年版，第84—85页。

'自由'，而不是与一个早已存在的'真理'趋于一致的过程"①。创新以前是知识精英的任务，今天创新已经成为社会延续的根基，激发创新、保护创新已经成为重要的意识形态。② 这一切的背后，需要我们认识到偶然性的世界观时代的到来。

　　虚拟世界如数学和逻辑一样，是人工世界，是人所创造出来的世界。正如数学和逻辑一样，一旦被人创造出来，它就有相对独立性，它可以脱离人而存在具有永恒性。我们具体的人不能永恒，但是数学与逻辑可以永恒。人类社会有毁灭的危险，人工智能的虚拟世界作为观念生产的工具可以保存记忆、存储信息、留待未来。正如数学与逻辑作为工具是中性的一样，人工智能的虚拟世界也是工具性的，因而也是中性的。人是有目的的存在者，人是意义生活的创造者。虚拟世界提供了无数想象的多样性，但何种生活会成为未来生活的新方向，何种意义会变成人们汇聚的共识，却是不确定的。每个具体个体对自己的生活都有意义的赋予，这些意义赋予构成了赵汀阳先生所说的"可能生活"的理想。"可能生活"启发来源于莱布尼兹的"可能世界"，"如果给出一组条件而定义了某个世界，无论是现实的、过去的或是未来的，无论是未知的还是纯粹想象的，只要它自身包含逻辑矛盾，那么就是一个可能世界"。在莱布尼兹那里，可能世界是逻辑思辨的产物。但是，在具体个体的生活中，"可能生活"可能就是纯粹想象，还没有一种"定义"的逻辑，因而具有偶然性，不是必然的无逻辑矛盾的乌托邦理念。但是这个"可能生活"的想象中包含着人所特有的意义世界的赋予。赵汀阳教授指出，"可能生活既然不是给定的生活，它就需要创造性"，而"幸福生活只能是一个由人所创造的具有永恒意义的生活"，所有的"幸福"都来自"创造性的生活"，重复性的活动只是"生存"，"生存"只是"自然过程"。③ 当代文明在现代性的体系之中，具体个体感受到同质化生活，从而希望突破重复性的生存，寻找幸福的可能生活。这种生活只能由具体的个体来激发，来创造。

---

　　① ［美］理查德·罗蒂：《偶然、反讽与团结》，徐文瑞译，商务印书馆2003年版，第8页。
　　② 今天人与人、国家与国家之间的竞争正变成创新的竞争，知识产权的保护渐渐成为创新竞争的意识形态。
　　③ 赵汀阳：《论可能生活：一种关于幸福和公正的理论》，中国人民大学出版社2004年版，第22—24页。

赵汀阳的分析有着很重和很强的哲学分析味道，事实上，当代人面临的问题更为严峻，这个问题就是我们还能过出什么样的生活。同质化、躺平和内卷，都是在生存性的空间里挣扎。现代性的社会机制是同质化的设计者，更是其合法化的维护者，唯有具体的个体才是我们幸福的可能生活的创造者。在提出观念化的可能生活时，赵汀阳还从实践可能性上定义了可能生活，"如果一种生活是人类行动能力所能够实现的，那么就是一种可能生活"。也就是说，可能生活需要实现出来，否则就只是一种可能性，而不具有现实性。可能性变成现实性，需要经过"此在"的努力与尝试。可能生活是创造性的生活，"幸福生活等于创造性的生活"，赵汀阳在区分了"幸福与快乐""幸福与欲望满足""幸福与利益"之后，提出真正的幸福的可能生活必然是体现人的美德，"一个幸福的人几乎不可能是个缺德的人"，同时又要求"体现着幸福的那些美德必须表现为行为或者生活，而不仅仅是潜在能力"。①

可能生活是一种幸福的生活，幸福的生活应该是一种美德的生活，美德是能够表现为生活的现实。同时，可能生活还是一种创造的生活，而不是一种重复性的生存。由是观之，所谓可能生活，就是能够创造美德的幸福生活。当代文明的意义以及当代具体个体的生命价值与生活意义，不再是重复历史上的幸福生活，不再是重复人类已有德性的幸福生活，而是创造属于自己的独一无二的美德的幸福生活。我们身处这个意义缺失时代，人之为人的根本在于：造就美德（making virtue）②。

虚拟世界是工具性的世界，具有中立性，它是一把双刃剑。它解放了人的天性，将偶然性的想象力释放出来，将意志绝对自由的天性解放出来。但它同时也有消极的一面，容易使人"躲进小楼成一统"，成就"柏拉图式"的想象性理念生活，而没有勇气走进实践世界。同时，有一种与之相适应的理论趋势，"在当代道德哲学中，尤其是当代元伦理学中，我们发现某种抽掉实际义务和实践的趋向，哲学家运用人类的理论的和想

---

① 赵汀阳：《论可能生活：一种关于幸福和公正的理论》，中国人民大学出版社2004年版，第143—151页。

② 美国学者托德·莱肯（Todd Lekan）提出过造就道德（making morality）的想法，主要还是在一种传统的注重经验的道德真理与实用主义的语境中来谈论实践道德问题（具体内容可参见[美]托德·莱肯《造就道德——伦理学理论的实用主义重构》，陶秀璈等译，张驰校，北京大学出版社2010年版），我们在此提出的造就美德（making virtue），更多的是在创造美德的意义上面向未来实践创造。

象的思辨能力把我们作为道德实践参与者的经验抽象掉了"①。莱肯在这里表达了一种对于当代道德实践现状的不满,更多意义上还是要践行那些人类历史上已经公认的道德义务与传统美德。事实上,我们今天的时代需要实现理性与想象的反转,"我们人类是富于理性和想象力的生物",在传统的时代,"理性思辨把我们从直接经验中解放出来,创造概念和理想以帮助我们理解和控制我们的世界","我们的想象力"在"理性歪曲下","把我们的偶然性生活加以理想化","从而压抑了对我们偶然性本源的意识","编造关于来世救赎的故事或终极的永恒真理"。② 当代文明,我们需要意识到我们就是"生活在一个充满危险世界中的理智动物",我们永远处在一个充满偶然性的世界之中,我们需要不断通过"想象力"来拓展我们理性已经获得的历史知识。建基在想象力之上,我们可以走出我们理性能力自身为自身划定的"先验逻辑"与"绝对体系",或者说不断扩大"先验"与"绝对"的圆圈,不断拓展人的可能性。在人之为人的意义上,我们需要道德想象,通过想象力来不断造就新的美德。人的生命的意义和价值在于我们不断地处在"有""无"边缘"之间",无限地拓展未来与可能世界。而这种类本质必须通过每一个具体个体的"造就美德"的实际行动与道德勇气行动起来,实现出来。

四 好人、善行与美德

涉及道德,我们常用的词语是好(坏)人、善(恶)行、美德等。首先,从这三个词看,道德是涉及人的。好人是指向人的,虽然我们一般也会说好花好狗之类的话,但是对于动植物的描述只是一种功能性意义,而不具有道德性意义。虽然好人的表达也有功能性意义,但在此之外还有人类所特有的道德性含义。善行与美德也是用来表达人的行为与品质,我们一般不会说花或狗有善行或美德,人们在偶尔这样用的时候,也只是修辞学的拟人手法。其次,好人与善行是一个偏正性的词语,因而道德天生具有一种辩证综合的结构。好与善是用来修饰人与人的行为的,在中西话

---

① [美]托德·莱肯:《造就道德——伦理学理论的实用主义重构》,陶秀璈等译,张驰校,北京大学出版社2010年版,第3页。
② [美]托德·莱肯:《造就道德——伦理学理论的实用主义重构》,陶秀璈等译,张驰校,北京大学出版社2010年版,第2页。

语中一般都是由两个字构成的一个偏正性的词组，如君子、圣人等。虽然西方的 gentleman 是一个字，但是内在意义上也是"gentle"与"man"的偏正结构的组合。在一般的意义上，今天我们说好人、善行不同于古典时代的君子、圣人，因为君子、圣人中的君与圣，不仅仅是形容词性的，还有名词性的内涵。而我们今天伦理学或道德哲学讲好性或善性，也试图将好、善变成名词性的结构，凸显其自身的内涵。我们需要注意的是，这种形容词性的名词化是派生性的，而非自然语言的逻辑。在三个词中，美德似乎是比较特殊的，从中文的话语来看它似乎是两个字，也具有偏正结构性质。但从西方话语来看，美德缘起于单个词"arete/virtue"，这个词后来演化为 morals 与 morality，都是一个词。在中文中，我们似乎一直是两个词，德单独成词，俊德、美德、品德乃至后来发展成为"道德"，都是两个字的词语。这也构成了我们今天中西方话语相互阐释必须注意的一个文化背景。因而就有了第三个层次对于这三个词语之间的理解，我们一般说好人或善行时，都会有一个坏人或恶行的对应词，但美德似乎没有丑德或恶德这样的对应词，美德有一种独特的表达，区别于动植物功能的人的道德性的独特含义，是一个具有连绵词性质的词语。当然，中国语境中，区分了更基础的德与美德、俊德。这样就使得德与美德成为我们分析道德时最基本的单元。最后，是不是这三个词就能构成我们言说道德的基本元素？好人从主体或实体的视角来说明道德问题，善行从行动、行为与实践方面来言说道德，美德从属性或功能视角来言说道德。一个人身上是否具有美德的道德元素，有了这种道德元素如何呈现出来，最后会成为一个什么样态。是什么（to be）、怎么做（to do）、成什么（to become），基本呈现了我们一个人在生活世界的基本方面，构成了人的本体状态，当然还有一个为什么（to know）（why）的问题，那还是围绕这三个基本要素来讨论道德问题的。正是对这三个方面的不同程度的关注与侧重，构成了我们对于道德的不同理解。

　　有了这些基本词语，我们就可以表达我们的道德判断。在日常生活中，我们常说张三是好人，张三做了善行，张三有美德。当我们说"是"时，这是一个本体论本原性或本质性的界定，这种界定具有普遍性，说是好人，不是一时一地的好人，而是从本质上来说是好人，是一个根本性的、带有整体性地对某个人的定位，一种质的区分。当我们说"做"时，是一个描述性或实践性的表达，说做了善行，可能是一时一地做了某个善行,是一个时间性的行为或行动。当我们说"有"时,这是一种存在论的区分,"无名天地之始,有名万物之母","有"表达了一种存在,也是一种"现""象"。"是好人、做善行、有美德"三者对于道德的理解存在不一样的范式。以好人为中心的就是我们常说的"以行为者为中心",以善行为主题的讨论就是我们常说的"以行为为中心",当然以美德为中心就构成了我们常常讨论的美德伦理学。正如前面我们讨论三个词语之间的细微差别时所发现的那样,似乎前面两个是成对的,而第三个是相对独立的。同时,无论以行为中心,还是以行为者为中心,都存在美德伦理学,因而又产生了以行为者为中心的美德伦理学与以行为为中心的美德伦理学。追溯到形而上学的根基上,"是、做、有"三者之间存在着相互纠缠与相互定义的问题,当我们说张三是好人时,我们自然就会追问,他/她怎么就是个好人?他/她怎么就成了一个好人?因为他/她是一个有美德的人,因为他/她经常做善事或善行。当我们说张三做了件善事或善行时,我们也会疑惑,你怎么知道这是善事或善行?什么是善?因为,这善事或善行中体现着人与人之间相互关爱、公平正义的美德。当我们说张三有美德时,我们会问这美德又是什么呢?为什么是美德呢?因为这美德是好人具有的德性,这美德是好的或善的。我们用美德来界定人本身,还是用来界定人的行为,构成了行为者为中心或行为为中心的不同的伦理学进路。在行为为中心的善好规范性标准的追问中,我们产生义务论、后果论与美德论的差异,但实质上,无论是义务、后果还是美德,最终都会归根到人或人类所具有的美德属性。虽然功利主义不能简单归结为个体的美德,但也可以归结到人类共同体的美德。

在有了关于道德的基本判断之后,我们接着就会有一些道德观念或道德理想。我们会说,我们应该做一个好人,我们应该做善行,我们应该弘扬我们的美德。有人可能会有疑惑,说我们在日常生活中也常说"做好人",事实上这样的说法是一个省略性的说法,省略了前面的主语的同时,也省略了"要"与"应该"的观念性表达。注意我们在这里的表达,我们一般不会说我们应该"是"好人,而是说我们应该"做"好人。因而我们发现"应该"是一个实践论的,而不是存在论或本体论的。"做"是面向实践的,也是面向未来的。我们一般也不会说"应该做美德""应该有美德",在实践论意义上,我们常要表达的是"我们应该弘扬美德""我们应该发现美德","明明德"是实践性的,是面向未来的。道德偶然研究要将这种发现式美德解放出来,不仅仅是"明明"的发现与实践,而是要回到"德"本身来"造就美德",从而开放人之德性的无限可能性。

好人、善行与美德之间也有一定的内在关联。是个好人、做个好人,成为好人,是不是我们做了一件好事就是一个好人了?一个好人今天做了一件好事,是不是能够保证每天都做好事,是不是能够保证做的每件事都是好的?好人从来不做坏事吗?好人是个整体性的归纳还是本质性的规定?因而,说到好人时,我们总是会涉及善行与美德。用善行来描述好人,进行外在的、量化的、工具善的描述、归纳与证成;用美德来对好人进行内在的、本质的、目的性的定性、认识与界定。从善行的视角,必定会涉及什么是善行,善行的标准是什么,这就必然走向规范性问题。从美德的视角,就会涉及人之为人的本性,涉及人性问题,涉及人自身的本体认识问题。从美德的视角看好人,存在着美德的一与多的问题,好人是整体的好人,还是某个方面是好人,美德是一还是多;从善行的视角看好人,存在着时间性问题,"一燕不成夏",一时一地的善行就是好人,还是每时每刻的善行才是好人。在道德中,我们永远也无法"掩盖我们对实在进行概念解释的暂时性和偶然性根源",① 从外在偶然到内在偶然都是道德必然需要面对的问题。

最后,在说好人、善行与美德时,我们总是指向个体性的。虽然,我们也常说我们要做好人,但这个"我们"也是一个个个体构成的我们。好人、善行与美德根本是指向个体的,是涉及道德的,不是伦理关系、伦理秩序或伦理共同体。道德涉及的原子式的个人,好人、善事与美德总是具体地体现在一个个个体身上,一个个个体所表现出来的普遍性东西是一种道德性,这个道德性是抽象的,而道德本身永远离不开个体来进行理解与阐释的,这也是我们道德偶然研究首先要阐释的其个体性内涵。

在古典的时代,道德偶然是一个需要加以克服的问题,是人类文明进步的敌人。可以说,整个伦理思想史与道德哲学史,都在追寻克服道德偶然性的方式和方法。稍微有点差异的是,西方道德哲学将偶然性与必然性以二元对立的方式,以一种绝对否定的方式来否定道德偶然,中国伦理思

---

① [美]托德·莱肯:《造就道德——伦理学理论的实用主义重构》,陶秀璈等译,张驰校,北京大学出版社2010年版,第2页。

想在一种偶然性与必然性的互系结构中，始终保持对偶然性的警惕与敬畏。当代文明已经进入一个可以全面拥抱偶然的时代，承认偶然甚至渴望偶然，因而我们也到了能够直面我们自身人性中的道德偶然性谜题的时刻。

第二章　道德偶然的西方逻辑

西方道德知识论的主流是道德必然性逻辑，在源初性"美德是否可教"问题的指引下，确立了"美德即知识"的道德认知传统。从柏拉图的理念与亚里士多德的目的论的古典伦理学，到中世纪神义论指引下对人的自由意志的引领，再到康德的道德形而上学与黑格尔的绝对精神，一步步走向道德必然性的顶峰。当代元伦理学与规范伦理学更是追求可以清晰言说的、具有普遍性标准的道德哲学理论。然而，在这个过程中，道德偶然性始终如影随形，伴随人类发现偶然、害怕偶然、拒绝偶然，到承认偶然、征服偶然，再到拥抱偶然、渴望偶然的发展历程。

一　美德可教吗？

在西方道德哲学史上，第一个揭示道德偶然性问题的人是苏格拉底，揭示的方式就是对"美德是否可教"的追问。在《普罗泰戈拉》中，苏格拉底通过与普罗泰戈拉的对话，第一次质疑了"美德可教"的问题：

> 普罗泰戈拉说："……希波克拉底到我这里来，他不会受到其他智者惯常的给学生的那种罪……在我这里他可以学到他想学的东西。……这就是学会恰当地照料他的私人事务和国家事务，这样他就能把自己的家庭管理得井井有条，也能够在城邦中成为强大的人，就国家事务作最好的发言和采取行动。"
> 我（苏格拉底）说："我认为你说的是政治技艺，你许诺把人教成良好的公民。我没误会你的意思吧？"
> "苏格拉底，这正是我从事的职业。"
> （苏格拉底）"我得告诉你，从我这里只能听到真心话。事实上，

我并不认为这种事情可以拿来教别人……

"……我们最聪明、最优秀的同胞也不能个别地将他们拥有的美德赋予他人。例如，伯利克利有两个孩子，他们在各方面都受过最好的教育，但就伯利克利自己特有的智慧来说，他既没有专门训练他们，也没有把他们托付给其他老师，他们就像献给神的牛犊一样被自由自在地放出去吃草，偶然碰上什么美德就自己吃了进去……

"普罗泰戈拉，基于这些事实，我不相信美德可教……"①

在这篇对话中，苏格拉底明确提出美德不可教，我们的美德似乎是"偶然"碰巧获得的。由此而引出了普罗泰戈拉对我们拥有的美德的论证。在对话中，普罗泰戈拉提出了两种证明美德存在或美德可教的方式：一种是讲故事的方式，一种是论证的方式。注意在这次对话中，苏格拉底第一次遇到这样的问题，他似乎也没有意识到这两种论证方式会带来什么，而是以"许多听众都说随他（普罗泰戈拉）便，无论哪种形式都可以"的方式决定了普罗泰戈拉证明的方式。普罗泰戈拉选择了"讲故事"的方式。某种程度上说明了这也是当时"大众"可以接受的方式。由此有了一个关于厄庇墨透斯和普罗米修斯给人间万物分工的故事，因为忘了人类，普罗米修斯偷了神性的技能给予人类，造成了人类半神半人的生活，同时也造成了人与人之间的纷争，甚至带来毁灭。宙斯再次让赫耳墨斯把"尊敬和正义"的德性带给了人类。因而，美德是宙斯给予的，是神给予的，因而是神圣的、绝对的。但是，这样的给予又产生了问题，是"给予一个人"，还是"所有人"？普罗泰戈拉选择了"宙斯说：'分给所有人。让他们每人都有一份。如果只有少数人分享道德，就像分享技艺那样，那么城市就决不能存在。'"进而指出："所有人事实上都相信每个人都拥有一份正义感和一份公民美德……每个人都必须说他是个好人，而无论他事实上是好是坏。"但是，虽然每个人都相信拥有一份美德，但"他们认为并非天生的或自然而然拥有的，而是通过学习和接受教育获得的"。② 在普罗泰戈拉进行了冗长的论证之后，苏格拉底"出神地凝视着

---

① ［古希腊］柏拉图：《柏拉图全集》第 1 卷，王晓朝译，人民出版社 2002 年版，第 439—441 页。

② ［古希腊］柏拉图：《柏拉图全集》第 1 卷，王晓朝译，人民出版社 2002 年版，第 444 页。

他",承认他有"一项罕见的造诣"。似乎苏格拉底还沉浸在普罗泰戈拉的故事与论证中,抑或他还没有回过神来进行反思,接下来苏格拉底没有对普罗泰戈拉的这段论证进行反驳,似乎是认同了普罗泰戈拉的观点,进而追问"现在只剩下一个小问题……美德是一个整体,并以正义、自制、虔诚为其组成部分,还是这些名称全部都是同一事物的不同名称?"① 从而转换了话题。事实上,普罗泰戈拉的故事中已经包含着悖论,既然是宙斯授予了每一个人,那么就是人人天生具有的,那么怎么还需要教化与传授,美德教师的那一份正义与被传授的学生有什么差异,这种差异是如何诞生的,这些问题都因为普罗泰戈拉冗长的故事给遮蔽了,正如我们在哲学课堂上被老师绕晕了一样,失去了反驳的机会。

当苏格拉底转换了主题之后,通过一系列的追问。在《普罗泰戈拉篇》的最后,苏格拉底自我总结他与普罗泰戈拉对话的悖论:

> 苏格拉底和普罗泰戈拉,你们真是荒唐的一对。你们中有一个(苏格拉底)在开始时说美德不可教,但是后来却自相矛盾,想要证明一切都是知识,比如正义、节制、勇敢,等等,以为这是证明美德可教的最佳方式。如果像普罗泰戈拉想要证明的那样,美德是知识以外的某种东西,那么显然它是不可教的。但若它作为一个整体是知识,这是苏格拉底热衷的,那么如果美德不可教,可就太奇怪了。另一方面,普罗泰戈拉一开始假定美德可教,现在则矛盾地倾向于说明它是知识以外的任何东西,而不是知识,而只有把它说成是知识才最容易把它说成是可教的。②

坚持美德不可教的苏格拉底最后得出了美德是整体的、具有普遍性的知识,从而可以传授;坚持美德可教的普罗泰戈拉却不承认美德是整体的、普遍性的知识,而是神授性、特殊性的东西,从而变得不可教。一个坚持美德不可教但是是知识,一个坚持美德可教但不是知识。事实上,在

---

① [古希腊] 柏拉图:《柏拉图全集》第1卷,王晓朝译,人民出版社2002年版,第450页。
② [古希腊] 柏拉图:《柏拉图全集》第1卷,王晓朝译,人民出版社2002年版,第488页。

普罗泰戈拉的神话故事中,存在着一个美德悖论。如果美德是神给予"每一个人的",而且"每人都有一份","不多也不少",那么何以美德"并非天生的或自然而然拥有的",需要我们"通过学习和接受教育获得"呢?当然,普罗泰戈拉知道,如果回答美德是神授予"一个人"的,他还将无法回答苏格拉底美德"是否可教"以及"如何交给他人"的问题。这个问题是由美德可教问题引出来的更为深层次的悖论性问题,亦即神赋予人类的这份德性是人的必然性德性,还是偶然性德性?人类要为赫耳墨斯的这份赐予,承担永恒的道德负担吗?赫耳墨斯理解了宙斯所最终希望的人类生活吗?还有就是尊敬与正义是解决人类争端的唯一德性吗?这些问题在苏格拉底的这次转换中都被神奇地遮蔽了,似乎就在苏格拉底"出神地凝视"间。但是,在这个对话中,蕴含了一个条件性的命题:只有美德是知识,美德才可教。

神话退场,对话继续。在《美诺》中,从苏格拉底追问普罗泰戈拉美德是否可教,变成了美诺追问苏格拉底美德是否可教。

> 美诺:你能不能告诉我,苏格拉底呀,品德是可以传授的呢,还是锻炼成功的?如果既不能教,又不能练,是不是人本来就有的,还是用什么别的方法取得的?
>
> 苏格拉底:美诺啊,你们帖撒利人……养成了一种习惯,只要有人向自己提出问题,总是坦率地、大大方方地做出回答,正如有知识的人所做的那样。任何一个希腊人,只要问他,他从来不闭口不答。
>
> 可是在我们这里,亲爱的美诺啊,情况正好相反,智慧是非常缺乏的……你似乎认为我很幸福,至少知道品德是可以传授的,还是可以用什么别的方法取得的;其实我根本不知道品德是不是可以传授的,因为我并不知道品德本身到底是什么。①

如果这个追问是连贯的,苏格拉底一定是尝到了以己之矛攻己之盾的感觉。不过,苏格拉底这一次一定是从普罗泰戈拉冗长的叙述中回过神来,进行了自己的反思。他在回答这个问题时,完全是反套路而行,没有

---

① [古希腊]柏拉图:《柏拉图对话集》,王太庆译,商务印书馆2004年版,第154—155页。

直接回答美德是否可教的问题，而是说在回答美德是否可教的问题之前先要搞清楚"美德是什么"的问题。这样"美德是否可教"的实践论问题，就变成了"美德是什么"的知识论问题。在讨论"美德是什么"的过程中，通过美诺四次对美德的定义，揭示了美德定义中"部分与整体""复数（多）与单数（一）""手段与目的""美（诗）与善（哲学）"之间的矛盾与对立，每一次美诺试图用一种共识的、共通的、统一的方式得出"美德"普遍的定义，苏格拉底总是以部分的、多样的、差异的方式指出其特殊性。由此，得出"美德"的内容难以确定，道德教育的内容具有偶然性。然后在此基础上，发现根本没有人具有普遍的"美德"，进而发现"曾经翻来覆去地求问是不是有品德的教师，可是寻来寻去还是没有这样的人"①，能够传授道德的教师是不存在的。那么在生活中，那些还在进行道德教育的人到底是在教什么呢？苏格拉底发现，他们教的都是"意见"，"那些真的意见是美好的东西，只要它们留在那里就给我们带来好事情，但是它们不能常住不迁，是要离开人的灵魂的，这样就没有多大价值了"②，"意见"并非恒常的，而是偶然的、不确定的。最后苏格拉底得出，"品德似乎是它的具有者由于神授而得到的。但是我们对此还不能作出定论，在问人们是以什么方式取得品德之前，要先就其本身研究明白品德是什么"③。一方面肯定了普罗泰戈拉的神授观，另一方面又开辟了"美德是什么"的知识论路向。

今天的伦理学史家与道德哲学史家总是习惯将"美德即知识"的论断放置在苏格拉底的名下，事实上这是一个"残酷的误会"。我国学者张少雄教授通过十多年资料收集与学术研究发现，"在中国教育界（哲学界也差不多），几乎存在一种公识：苏格拉底提出过'知识即美德'论"，认为"知识即美德""是一种重要哲学理论、教育理论、道德教育理论"。然而，所谓苏格拉底"知识即美德"既没有文本的支持——"'知识即美德'论没有文本存在，在记录苏格拉底言论与思想的柏拉图与色诺芬著作流行英文译本、希腊文原本和中文译本中，均不见苏格拉底说过'知

---

① ［古希腊］柏拉图：《柏拉图对话集》，王太庆译，商务印书馆2004年版，第190页。
② ［古希腊］柏拉图：《柏拉图对话集》，王太庆译，商务印书馆2004年版，第202页。
③ ［古希腊］柏拉图：《柏拉图对话集》，王太庆译，商务印书馆2004年版，第206页。

识即美德'";也没有意义的支撑——"'知识即美德'论也没有语境逻辑,苏格拉底所说知识是一种状态,美德是一种品质,二者不等同……其言论中,没有潜在的或隐藏的'知识即美德'论。"最后,张教授痛心疾首地指出:"所谓苏格拉底'知识即美德'论是凭空臆造之说,一旦得到采信,可能会误导教育知识承传,误导教育理论研究,误导教育实践探索。在教育领域少一些伪学说、丑学说与恶学说,多一些真学说、美学说与善学说,教育理论研究与实践探索的品质才能持续提高。"① 正如今天的中国一直都在进行道德教育,但从来都没有认真反思过"美德是否可教"的问题一样,"知识即美德"一直都是作为从未反思的命题变成教育界的共识,这种"误会"在某种程度上导致了中国道德教育甚至中国教育的某些"残酷"现象。

然而,在这个"残酷的误会"中,还有一个"学术的误会"。"知识即美德"表述的学术源头应该是来自苏格拉底关于"美德是否可教"所带来的"美德即知识"的假设。"美德即知识"的遐想到"知识即美德"的"教育理念"误导,事实上是人类知识追求中"道德必然论"的历史选择。苏格拉底在《美诺篇》中指出,"道德"是一种"意见","意见""不能常住不迁"之后,还有一个假设性的论断:"除非把它们拴住拴牢,用推理的方法追索出它们的原因"②,亦即"知识"。这就是苏格拉底"美德即知识"的假设,苏格拉底在回答"美德是否可教"的最后,给美诺指出:"如果我们现在整个讨论中进行得很正确,把该说的都说了,那意味着品德既非处于天性,也不是可以传授的,却是由于神授而具有的,人们受赐而不自知。"但是,"如果不是这样的话,政治家当中就必定有那样的一个人能够使别人成为政治家",可是,"如果真有那样一个人,那他就可以描写成活人中间的一个特殊人物",这个人物如在"死人中间一样:只有他能预言,因为别人都是飘来飘去的黑影"。③ 这个结论,说出了人的悲哀,也说出了偶然的恐怖。但是苏格拉底没有完全阻隔了人的道德可能,而是说"除非","除非"我们能够坚持"美德即知识"。

---

① 参见张少雄《所谓苏格拉底"知识即美德"论是臆造之说》,《现代大学教育》2017年第6期。
② [古希腊]柏拉图:《柏拉图对话集》,王太庆译,商务印书馆2004年版,第202页。
③ [古希腊]柏拉图:《柏拉图对话集》,王太庆译,商务印书馆2004年版,第205—206页。

"美德即知识",现在成为苏格拉底道德哲学的思想标识。事实上,综观柏拉图对话集相关可信的苏格拉底言论,我们发现,苏格拉底从来没有明确说过"美德即知识"。"美德即知识"不是"Virtue is knowledge",在苏格拉底那里,最为准确的表达应该是:如果美德是知识的话,那么美德就是可教的。所以,"美德即知识"苏格拉底式的表达应该是,"If Virtue is knowledge"。结合《普罗泰戈拉篇》,只有美德是知识,美德才可教。这样,只要而且只有美德是知识,那么美德才可教。美德是知识就成为美德可教的充分必要条件。苏格拉底之后,西方伦理思想史开始将"美德即知识"作为伦理道德的真理与信念,从某种意义上说,整个西方伦理学与道德哲学史都是"美德即知识"命题的悬设与注解。而这一切都是由美德是否可教的前提性问题所引出来的,但是在源初性问题域中,还存在着相信美德可教的人不认为美德是知识,不相信美德可教的人相信美德是知识。这个悖论的开端一直被忽视了。

苏格拉底的美德是否可教隐含着谁有资格教授美德、美德的来源以及教授什么样的美德等一系列问题,而每个问题的背后都隐含着挥之不去的偶然性。首先,在谁有资格教授美德方面,有美德的好人似乎必然是最好的选择。但是,事实的经验并非如此,总是出现有美德的父母教出没有美德的孩子的例外。同时,好人的道德是怎么来的,是"偶然碰上吃进去的吗",美德的起源成了一个问题。在转换到美德起源方面后,说明美德起源走向了神启论,神启论的美德起源论本身就是为了弥补因为普罗米修斯将技术——某种意义上是人类实践生活的象征——给予人类而带来的人类永无止境纷争的"无常"后果。在将美德给予人类之后,又面临给予一个人还是所有人的困境,给予所有人可以说明普遍性,但无法回答生活的无常性。给予一个人,更是直接说明了美德的偶然性。而且,人类被给予的德性本身也只是普罗米修斯对人类生存技能的"偶然性""遗忘"造成的"临时性"补救与赠予。在"讲故事方式"的神启论获得失败之后,对于美德可教问题走向了"论证"方式。经过反思,要想知道美德是否可教,首先要明白教什么,明白教什么又必须得知道"美德是什么"。在"美德是什么"的追问中,依然发现一与多、整体与部分、手段与目的等一系列问题,无法找到恒常不变的美德定义,最后只能变成一种"理性的决断":美德即知识。这样,就将美德探讨中的偶然性问题遮蔽,变成了对于"什么是知识"的确证与追求。苏格拉底是第一个道德哲学家,也是第一个揭示道德偶然性的思想家,从某种意义上说,道德偶然性问题就是道德哲学史的源初性问题。

二 从害怕偶然到拒绝偶然

道德内容是不确定的,道德教师是不存在的,道德意见是偶然的。苏格拉底全面地揭示了"道德偶然性"的内涵,发现了现实世界中以政治实践与伦理实践为核心的实践世界的荒诞。"举世皆浊我独清",必然是悲剧,苏格拉发现了偶然,却毁灭了自己。整个雅典城邦都在"意见"之中,无人理解"真理"。苏格拉底发现"偶然"和追求"真理"之路,是实实在在的哲学实践与生活实践,对实践世界的反思以实践的方式走向毁灭,他的"哲学实践"导致了两个"现实实践"后果:蛊惑青年与亵渎神灵。用对"真理"的否认"蛊惑""青年",对"真理"的终极揭示"亵渎"了"神灵"。苏格拉底发现了道德偶然、否定道德"真理"的后果,是导致了自身的"道德悲剧"。苏格拉底必然死,苏格拉底必须死,苏格拉底的命运也是道德的命运,更是道德偶然被拒绝的命运。

柏拉图在苏格拉底悲剧之后,有两个现实问题需要学理的回答:我的老师,苏格拉底如此优秀的一个人怎么会被城邦处以极刑?一个优秀的城邦怎样可以避免苏格拉底悲剧?由此出发,柏拉图将苏格拉底的"美德是知识"的"除非"变成了对"美德即知识"的事实。能够保证"美德是知识"的"理智的推理"变成了柏拉图值得追问的"理智的世界"。这样对于"美德是什么"的苏格拉底追问,到了柏拉图,因为"美德即知识"的转换,就变成了对如何获得"知识"的追问。在这里苏格拉底发现了"辩证法",因为辩证法"能够不用假设而一直上升到第一原理本身,以便在那里找到可靠的根据"。我们在"陷入无知的泥沼时",辩证法"能轻轻把它拉出来",利用一些"学习科目"帮助我们完成从"无知"到"有知"的转换,而这些学科,"需要一个另外的名称",即"理智"。从而将世界分为理智的世界和意见的世界,可知的世界和可感的世界。但是"至于和这些灵魂状态对应的事物的关系,以及再细分为两部分,能意见的部分和能理知的部分。这些问题……我们还是别去碰它吧"①。柏拉图通过"美德即知识"以及在"理智的世界"里追问"知识",进而成功地避开了偶然,同时也消除了对于"道德偶然"的恐惧。现实道德行为的世界属于可感世界,充满了意见;道德理念的世界属于可知世界,才是真正值得追求和把握的必然性的知识。在苏格拉底"美德即知识"的召唤下,柏拉图给出了第一个答案:道德是一种理念,诸种美德之上有一个"美德一般"。在柏拉图看来,只有把握了这个"美德一般"的美德定义,美德才具有永恒性的、普遍性的内涵,美德才能走出苏格拉底式"美德是否可教"的诘问。但是对于什么是"美德一般",柏拉图却语焉不详。虽然柏拉图在有些场合也把某些具体的美德或美德经验作为某种知识,但是他始终把严格意义上的"美德理念"与"美德一般"作为美德定义追求的目标。我们都知道,柏拉图的这种理想的理念知识是难以达到和极其稀有的,这个理念的理想性与形式性,以"柏拉图式的爱情"得以流传至今。在柏拉图对话中,也常常以"洞穴"内外、线段比喻等方式得以呈现。

在思辨的理论世界里解决"道德偶然"问题,无法解除现实世界里的"人"面对"道德偶然"所必然产生的实践问题。苏格拉底通过思辨建立了一个只有"透过可感世界"才能"发现可知世界"的真理的"知识"的领域。可是这种"知识"的"真理"追求如何可能?这些拥有"知识真理"的人依然无法走出"举世皆浊我独清"的"孤独"尴尬。柏拉图需要将"知识"变成"信仰"与"信念",因而在《理想国》中,柏拉图让"洞穴"出场,让大众理解哲人,让哲人与大众和解,相互认识,洞穴之中的大众可能成为走出洞穴的哲人;让"哲学王"出场,说明追求真理的现实意义,哲学王成为政治家,为共同体指明了方向。从而我们可以自然得出,哲学是追求真理的知识,哲学家是城邦最重要的部分,哲学王是最高贵的生活,哲学王引领的城邦是最卓越的最好城邦。"美德是知识"的假设经过"美德即知识"的定义变成了"知识即美德"的信仰与信念。

柏拉图在道德哲学史上,最重要的意义在于转换了道德偶然的主题,从此道德偶然被遮蔽,道德必然论成为知识追求。综观柏拉图的著作很少提及偶然,但是他却处处都以苏格拉底的道德偶然为问题意识,去寻找走

---

① [古希腊]柏拉图:《理想国》,郭斌和、张竹明译,商务印书馆1986年版,第300页。

出道德偶然的知识论与苏格拉底式实践悲剧的可能。

从亚里士多德开始，抛弃苏格拉底，沿着柏拉图的足迹，正式地走上寻找道德必然性的普遍真理之路。亚里士多德认为，"苏格拉底正忙着谈论伦理问题，他遗忘了作一整体的自然界，却想在伦理问题中求得普遍真理；他开始为事物觅取定义"。柏拉图接受了苏格拉底从定义出发的想法，但他"主张将问题从可感觉的事物移到另一类实是上去——因为感性事物既然变动不居，就无可捉摸，哪能为之定义，一切通则也不会从这里制出。这另一类事物，他称之为'理念'"。从而，柏拉图认为，"事物之存在，'参'（分有）于'理念'"，但是，至于如何"分有"，"他们留给大家捉摸"。① 亚里士多德承认了苏格拉底从定义出发的方法，但是否定了苏格拉底从伦理学出发去发现普遍真理的可能；他承认了柏拉图从可知事物出发的方法，但是却对柏拉图的"分有"论的神秘性有所质疑。事实上，正是苏格拉底从自然哲学转向伦理学，才发现了道德偶然性，发现了道德偶然性，才发现了美德定义的不可能性。而柏拉图之所以在"理念论"中无法解决"分有"的神秘性问题，也是因为其对偶然性的回避与克服。亚里士多德没有正视道德偶然性问题，而是将苏格拉底对"伦理"的思考转换到对"整体的自然界"的思考，从苏格拉底的伦理学世界观转向了形而上学世界观，转换了讨论主题，也转换了道德偶然性的话语路径，发现了"道德偶性/偶然属性"。

亚里士多德之所以认为"形而上学"的世界观高于"伦理学"的世界观，某种意义上还是在回答进而回避和防止苏格拉底问题所带来的"美德是否可教"问题。亚里士多德在《形而上学》开篇中即言，"求知是人类的本性"，求知的方式有"经验、技术与知识"，在实践上，"似乎经验并不低于技术"，因为"经验是个别知识，技术为普遍知识，而实践都是有关个别事物的"。但是，亚里士多德认为，"知识与理解属于技术，不属于经验，技术家较之经验家更聪明"，因为"前者知其原因，后者则不知"，是因为"他们有理论，懂原因"。而"有无理论"则至关重要，因为，"知其所以然者能教授他人，不知其所以然者不能执教"，所以，"与经验相比较，技术才是真知识，技术家能教人，只凭经验的人则不

---

① ［古希腊］亚里士多德：《形而上学》，吴寿彭译，商务印书馆1959年版，第16—17页。引用中个别术语根据目前学术界惯例有所更改。

能"①。亚里士多德从伦理学出发，最后追溯到形而上学，念念不忘的还是要解决"美德是否可教"的问题，"美德"属于"技术"与"知识"，不能仅属于"经验"。正如苏格拉底与柏拉图面临无法回避的道德偶然性困境一样，换了话题与路向的亚里士多德依然无法解决在道德偶然性中存在的问题，因而，在《尼各马科伦理学》中，当亚里士多德遇到前辈们的问题时，机智地说，"有的道理自本原或始点开始，有的道理以本原或始点告终。……柏拉图提出……探索路径到底是来自始点或本原，还是回到始点或本原？正如跑道上既可以从裁判员站的地方跑到终点，也可以反过来跑一样。最好是从所知道的东西出发。……所以那些想学习高尚和公正的人，也就是学习政治事务的人，最好是从习性或品德开始"②。这样，亚里士多德就区分了"伦理德性"和"理智德性"，前者是关于习俗的、经验的，后者是关于知识的、实践的。同样，在这个区分中，偶然性与普遍性同在。无论是在经验的个别性上升为知识的普遍性中，还是从知识的普遍性应用到实践的个别性之中，偶然性的阴影与存在都不可忽视，所以，我们这才看到了在《尼各马科伦理学》中，亚里士多德最后得出了一个偶然性与必然性统一的"中道"理论，即"应该的时间，应该的地点，对应该的人，实施应该的行为"。从而达到了古典伦理学的顶峰。这样的表述也只是"理论"上的，"时间""地点""人""行为"等都具有偶然性，"应该"是一种必然，但是二者的统一也只是语言上、理论上的统一，在现实生活中，这样"中道"的行为是微乎其微的，从而使得"中道"本身表现出一次性、唯一性，或者说就是偶然性。

不以伦理学为普遍性世界观，而去追问形而上学普遍性的亚里士多德，在形而上学之下，依然给我们留出了讨论道德偶然性问题的空间。在《形而上学》中，亚里士多德没有再谈论伦理道德问题，但是却开始直面"偶性"问题，直面"偶性"的客观存在，试图潜在回应道德偶然性问题。亚里士多德认为，"偶然（属性）的命意是凡附属于某些事物，可以确定判明为附隶，但其所以为附隶者既非必需，亦非经常"③。也就是说，"偶性（偶然属性）"在本质上是一种"属性"，是属于"某些事物"

---

① ［古希腊］亚里士多德：《形而上学》，吴寿彭译，商务印书馆1959年版，第2—3页。
② 苗力田编：《亚里士多德选集　伦理学卷》，中国人民大学出版社1999年版，第7—8页。
③ ［古希腊］亚里士多德：《形而上学》，吴寿彭译，商务印书馆1959年版，第116页。

的；在性质上，"既非必需，亦非经常"。上述两个特点决定了"属性"本身的"偶然"，我们可以称它为一种"偶性"。这种"偶性"在日常的学术研究中，是不可忽视的。但是，亚里士多德说，"属性，实际仅仅是一个名词，这是自然间的遭遇"，"诡辩论者总是纠缠于事物之属性"，"在实是的许多命意中我们现须说明，关于偶然属性是不能做成科学研究的"。① 在这里，亚里士多德一方面继续认为"属性"是偶然的，只是"自然间的遭遇"。也正是因为"属性"的"偶然性"，它不能成为"科学研究"的对象，这样就将"偶然性"从真理与知识中剔除出去，"拒绝偶然"是亚里士多德明确表明了的。但是在日常学术与理论探讨中，"诡辩论者总是纠缠于事物之属性"，或者从某种意义上说，偶然性无法回避。

在明确提出"属性"（偶然、偶性）概念之后，亚里士多德又进一步对"属性"（偶然、偶性）进行了分类。一类是附属于某些事物和某些主题的"属性"，这些"属性""既非必需，亦非经常"，因而是偶然的。如某人植树而得金，得金对于植树的人来说是偶然的。另一类是"出于事物自身而非事物之怎是者"的属性，这类属性"可以是永久的"。如所有三内角的总和等于两直角是附属于三角形的一个属性。② 由此而来的，对于"道德偶然性"就产生了新的问题，"道德"是"附属"于某些事物或附属于某些主题的吗？还是事物本身所具有的？如果是前者，道德就必定是偶然的；如果是后者，"道德"是哪个事物本身所具有的呢，它的实体就成了一个问题。前者是亚里士多德明确拒绝了的，这种道德偶然性，它不是科学研究的对象。关于后者由此而来的问题就是，"道德是不是人本身所具有的""道德是不是人的本质属性"就成了一个新的道德哲学理论问题。

对于这个问题，在方法论上，亚里士多德一方面肯定苏格拉底在普遍定义中坚持辩证法，"苏格拉底竭诚于综合辩证，他以'这是什么'为一切论理的起点，进而探求事物之怎是……两件大事尽可归于苏格拉底——归纳思辨与普遍定义，两者均是有关一切学术的基础。苏格拉底并没有使

---

① ［古希腊］亚里士多德：《形而上学》，吴寿彭译，商务印书馆 1959 年版，第 120—121 页。
② 参见［古希腊］亚里士多德《形而上学》，吴寿彭译，商务印书馆 1959 年版，第 116—117 页。

普遍性或定义与事物分离"①，也就是说在道德偶然性问题上，苏格拉底是坚持实体与属性，人与道德的统一的；另一方面，亚里士多德对待"既是又是"的辩证综合又有怀疑，"事物之偶然属性为数无尽，不胜枚举……同一事物会一千次做过'人'，又一千次的做过'非人'，但当我们被问到这是否为一个人的问题时，他决不能说这是一个人而同时又是非人，这样他还得将这事物前前后后所曾经为'是'与曾经为'不是'的一切偶然属性，悉数列出来；他这样回答，他就违反了辩论的规矩"②。由此，亚里士多德指出，第二种方法是违背辩证法的，是将"本体"与"怎是"都取消了——这也是人们害怕道德偶然的地方，苏格拉底的悲剧亦是，苏格拉底的生命与生活都被取消了——因为"他所列举出于偶然的属性，这样凡所以成其为'人'或'动物'的主要性质就没有了"③。道德是人的本质属性吗？如果是，"一燕不成夏"，做了一件好事就是好，还是一辈子做才是好，"德性是完满的，须终其一生"④，所以对于德性，我们最后能做的只是"列举"。

亚里士多德无法回答这个问题，因为他拒绝偶然的同时，无法拒绝道德，拥有道德同时又必须面对"人之为人"的质难。亚里士多德在拒绝偶然的同时，巧妙地避开了这个道德难题，他将人定义为"理性的动物"，又将人的"理性"分为"伦理德性"与"理智德性"，给道德偶性留有空间，又拒绝其作为真理的可能。亚里士多德在拒绝偶然的道路上给我们留下了新的道德难题：道德是人的属性吗？是偶然属性还是本质属性？人的本质是德性吗？

三 全能上帝与自由意志

由苏格拉底引发的"美德是否可教"的问题讨论，在《美诺》的最后，最终的结论是，"美诺啊，根据这番研究，品德似乎是它的具有者由于神授而得到的。但我们对此还不能做出定论，在问人们以什么方式取得

---

① ［古希腊］亚里士多德：《形而上学》，吴寿彭译，商务印书馆1959年版，第266—267页。
② ［古希腊］亚里士多德：《形而上学》，吴寿彭译，商务印书馆1959年版，第66页。
③ ［古希腊］亚里士多德：《形而上学》，吴寿彭译，商务印书馆1959年版，第66页。
④ 详细论述参考苗力田编《亚里士多德选集　伦理学卷》，中国人民大学出版社1999年版，第20—26页。

品德之前，要先就其本身研究明白品德是什么"①；当柏拉图沿着"美德即知识"的假设，找到辩证法"坚持依靠思想本身理解到善者的本质时"，从而达到"可理知事物的顶峰"时，发现在如何应对"理知事物和灵魂状态对应的事物之间的关系"问题上，柏拉图无奈地说，"这些问题，格劳孔，我们还是别去碰它吧"②；抛弃"理念"论的亚里士多德，坚持用"因果"去认识事物的"怎是"，从而解决"可教"的道德知识，发现了"道德是一种属性"，在永久属性与偶然属性模棱两可的地带，亚里士多德试图从"我们知道的东西出发"，找到"合乎德性的灵魂的实现活动""至善"的"幸福"，但是至于"幸福"，亚里士多德说，"神赐给我们幸福""神到底思考什么，就让它不了了之吧"。③ 从苏格拉底发现道德偶然事实的客观存在，到柏拉图用知识普遍性去拯救德性，再到亚里士多德将道德变成人的属性，他们一步步遮蔽了道德偶然的事实，总是无法彻底解决由于解决道德偶然所预设的道德理论最终所面临的根本问题。亚里士多德说得好，有的道理自本原或始点开始，有的道理以本原或始点告终。在形而上学的视野里，以"本原或始点开始"的道理，其"终点"总是"玄而又玄"，以"本原或始点告终"的道理，其"始点"总是"恍兮惚兮"。

在自然宇宙论与形而上学笼罩下的古典伦理学，得出了"道德是人的一种属性"，由此而来的问题是，这个"德性"是偶然的属性还是永久的属性？是一个人的德性还是所有人的德性？这个问题事实上是两面一体的。古希腊的哲人们虽然在"思辨"的世界"演绎"了"美德即知识"，但是那也只是部分"哲人"所"信仰"的"德性"。虽然希腊诸神不断出场，但是还需要一个真实而实在的"上帝"亲临"世间"，赋予"人类"以"整全"的"德性"，基督教完成了这个使命，延续了古希腊形而上学的文化命脉的同时，也将道德偶然性带向了新的视阈。

古典伦理学的德性，说大点是城邦公民的生活，说小点只是苏格拉底之类的一些知识分子辩论的主题，而基督教伦理学是整个以色列民族的故

---

① ［古希腊］柏拉图：《柏拉图对话集》，王太庆译，商务印书馆2004年版，第202页。
② ［古希腊］柏拉图：《理想国》，郭斌和、张竹明译，商务印书馆1986年版，第298—301页。
③ 苗力田编：《亚里士多德选集　伦理学卷》，中国人民大学出版社1999年版，第353—354页。

事，不仅仅是贵族显要的知识理想，而是所有信教民众参与的道德生活。把"幸福"作为"至善"，从而成为"德性"的原因与保障，在一定程度上缓和了苏格拉底"美德是否可教"的质难，也符合柏拉图"理智世界"可知的理念论要求。但是"幸福论"也面临许多重要的问题，一是幸福本身如何普遍化，如果"幸福"正如亚里士多德那样而言，是"神"赐予的，它的神秘性就会成为少数人的专利，普通人如何理解和获得幸福；二是幸福是如何可能的，在亚里士多德的伦理学中，幸福虽然值得欲求，但是似乎幸福很难得到，尤其是幸福还要看死后子孙的情况；三是配享幸福的问题，谁有资格获得幸福。幸福追求中充满着机遇、运气与偶然。这些问题是幸福目的论的问题，却也是基督教神学的起点。基督教神学通过一系列的神学启示、教义和故事（生活）将这一切疑难化解，让幸福降临人世，也让上帝凌驾于人之上。首先，上帝让获得幸福的理性普遍化。古希腊的形而上学将真理建立在理性之上，将美德假设为道德。理性让世界可理解，进而可教。但是事实上"你已见到许多人类不能理解的事"，超越理性的真理如何获得？"一些超越人的理性的真理之通过上帝启示为人类所认知，对于人的救赎就是一件不可或缺的事情了。"但是，"理性所能发现的关于上帝的真理，只有极少数人能够认知，而且要花费很长的时间，并且往往还同许多错误混杂在一起"。在道德偶然性问题上，理性的尽头是对幸福至善的目的论预设，这样的真理就是超越理性的真理，这样的真理如果局限在理性的范畴内，只能为"极少数人能够认知"，因而"为了使世人的得救（幸福）更为容易也更有把握，人们藉上帝的启示来领悟上帝的真理就非常必要了"[①]。其次，基督教让幸福从有限走向无限。幸福不仅是现实实践的，还是关于未来的。偶然的幸福如何连续成为整全人生的幸福；有限的当下如何延续到未来的幸福，有限的人生如何获得无限幸福的可能。在亚里士多德那里，这些都是成问题的，基督教世界的今生与来世、救赎与永生、伊甸园与末日天堂，将这样的问题迎刃而解。最后，配享幸福的人是有道德的人。在《旧约·弥迦书》中"神对世人的要求"是："世人啊，耶和华已指示你何为善，他向你所要的是什么呢？只要你行公义，好怜悯，存谦卑的心，与你的神同行。"在

---

① [意]托马斯·阿奎那：《神学大全 第一集 论上帝 第 2 卷 论三位一体 第 3 卷 论创造》，段德智译，商务印书馆 2013 年版，第 3—4 页。

《新约·马太福音》中，耶稣面对大众，直接训示："虚心的人有福了……哀恸的人有福了……温柔的人有福了……饥渴慕义的人有福了……怜恤的人有福了……清心的人有福了……使人和睦的人有福了……为义受迫的人有福了……"德福一致从亚里士多德的理性的实现活动（其中肯定会有偶然性），走向了上帝启示的绝对必然。幸福从少数走向全体，从有限走向无限，从道德偶然走向上帝必然。中世纪的上帝将幸福生活的可能赋予了全体信仰耶和华与基督的人，将古希腊哲人追去的德性给予了所有人，在扩大道德必然性信念的同时，也让更多的人或所有人有了认识道德偶然与反思道德偶然的机会。

在基督教神学中，道德偶然性问题从客观偶然性走向主观偶然性，由此而来产生了自由意志问题。古典伦理学通过美德的个别性偶然、时间性偶然、空间性偶然等将德性归结为一种偶然的属性，亦即偶性，通过幸福的目的论将道德偶性限制在人的实践目的范围之内，从而消解了道德偶然性问题。在基督教神学中，更是用"上帝"实体彻底征服"偶性/偶然属性"。根据自然哲学，一方面，实体"不可能是一种偶性"，"所以，在一件事物中作为偶性的东西，在另一件事物中不可能为一个实体"。因而，有些人据此认为，"智慧、德性等等，这些虽然是我们身上的偶性，却可以归结于上帝的，所以上帝之中是有偶性的"。但是，另一方面，"每个偶性都存在于一个主体之中"，但是，"上帝不可能是一个主体……所以上帝之中是不可能有什么偶性的"。这样，偶性问题在上帝那里成了"两难"。托马斯·阿奎那认为，偶性植根于潜在性之中，而"在上帝之中不可能有任何的潜在性"；"上帝即是他的存在"，上帝本质与存在同一；"自行存在的事物都是先于藉偶性而存在的东西"，上帝是"绝对的第一存在"，因而"不可能有任何偶性东西"[①]。由此得出，上帝之中没有任何偶性，进而道德偶然性在上帝那里也就不复存在。我们由此可以看出的是，托马斯·阿奎那所指出和列举的都是在客观意义上的偶然，主观意志的偶然是避而不谈的，而这些正是基督教神学下道德偶然性无法回答的问题。

西方知识论总是站在巨人的臂膀之上，不断回答前人提出的问题，提

---

① ［意］托马斯·阿奎那：《神学大全 第一集 论上帝 第 2 卷 论三位一体 第 3 卷 论创造》，段德智译，商务印书馆 2013 年版，第 54—55 页。

出自己的理论。这个形而上学的基本路向，有两个结果：一是源初的问题不断得到遮蔽，到最后万劫不复，只有依靠革命性方式颠覆重来，回到源始性问题，所以西方文化总是有一种革命循环性，而每一次革命都是要回到原点，重新出发；第二个结果就是，在第一个结果没有触底的过程中，每个回答前人问题的理论又产生自己的理论问题，留给后来者继续耕耘，黑格尔将其美言为"螺旋式上升"。同样，基督教神学在解决古典伦理学幸福论至善的道德偶然性之后，也产生了一个新的问题，即学界所称之为的"神义论"问题，亦即如何替恶辩护的问题。"所谓神义论问题，在西方基督教神学语境中乃是协调和解决如下一对矛盾：即世界上存在着恶这一事实与作为世界的创造者上帝的全能和至善这一信仰性预设的冲突。或者可以转化为这样一个问题：既然上帝是全能的、至善的，那么恶源于何处？"① 万能的上帝与客观存在的恶的事实，这个恶是偶然的还是必然的，是上帝的意思还是教民的自由意志。根据林国基教授的研究，在神义论的回答中，有两种路向：一是以奥古斯丁为传统代表，最后体现在莱布尼兹哲学中，以"理智—必然性—自由"为核心语域的审美的神义论；二是以邓·司各特为代表的，以"意志—偶在性—自由"为三位一体的概念域的非审美的神义论。② 前者可以说是正统的基督教神学传统，从奥古斯丁到托马斯·阿奎那基本上都是这一思路的延续者，也是道德必然性的坚定支持者，从而使得基督教神学始终坚持"道德—神论"，进而成为"圣经神学的入门基础"。③ 我们的研究更关心的是后者，也是前者走到极致时的必然问题。"邓·司各特……通过视上帝的意志为唯一的创世法则，上帝的不可知性成了他的出发点。与阿奎那不同，信仰与理智之间的断裂而非和谐乃是其始终关注的……此举使得上帝从决定论中解脱出来……其中最为引人注目的特征在于自然与超自然之间的非连续性。……通过强调上帝与其造物主之间的非确定性关联，邓·司各特实际上将理智逐出信仰的论域而将其限定于自然现象之中。"④ 邓·司各特为后来道德发展提供

---

① 林国基：《神义论语境中的社会契约论传统》，上海三联书店 2005 年版，第 40 页。
② 具体内容可参见林国基《神义论语境中的社会契约论传统》，上海三联书店 2005 年版。
③ 李思敬：《〈基督教旧约伦理学〉三问》，参见 [英] 莱特《基督教旧约伦理学》，黄龙光译，中央编译出版社 2014 年版，第 i 页。
④ Gordon Leff, *Medieval Thought: from Saint Augustine to Ockham*, London: Penguin Books, 1958, p. 271. 转引自林国基《神义论语境中的社会契约论传统》，上海三联书店 2005 年版，第 72 页。

了两个视角：一是信仰与理智关系的偶然性世界观的揭示，二是神的自由意志的问题。前者直接就是近现代道德启蒙直面的问题，后者也间接地为人的自由意志出场奠定了基础。"意志是优先于理智的，且是上帝创世的首要原则。与理智相比，意志之所以更加高贵，乃是因为它是它自身的原因，在很大程度上可以不受其外在选择对象的约束和规范，对其对象既可说'是'也可说'不'。"上帝拥有了自由意志，"上帝创世的行动本身乃是一种自由或说偶然的意识的抉择，并不具有理智的必然性。也就是我们这个世界只是上帝无数的可能世界中偶然选择。……这样一来，由强调理智的优先性所导致的上帝与其造物之间的必然性关联被打破了，两者之间的关系乃纯粹偶然的；造物即宇宙万物并非充满了上帝赋予的有机的、必然的理智秩序，而是偶在的"①。邓·司各特开启了道德偶然性中自由意志的主观偶然性之幕。上帝从理智出发还是意志出发，也是将上帝归结于决定论的必然还是归结于自由创造的偶然的分野，必然的上帝还是偶然的上帝在基督教中依然是个问题。

邓·司各特之后，上帝信仰与理智之间的必然性世界观得到解构，道德解放与自由意志问题开始登上人类道德发展史的舞台。由此而来的，去除上帝之后的世界秩序如何可能，以及这个没有上帝的世界秩序是否必然的问题，正如在中世纪涉及上帝与神的自由意志一样，未来的道德哲学也就必然会涉及科学与人的自由意志。

近代道德哲学，经过宗教改革、文艺复兴与启蒙运动，出现了一种新的"道德当事人"形象，在这种理论中，"个人是终极的社会单元，权力是终极的关切，上帝变得与世俗事务不相干，但却是驱除不了的存在物，而一种前政治、前社会的永恒的人性，则是变化着的社会形态的背景"②。"永恒的人性"成为前现代的背景，上帝则是世俗的参照物，个人开始走上历史舞台。现代性走向我们，自由与理性、自由与必然的关系，不再是上帝一个人的事，而是所有人的事，单一的个体走向了普遍的个体。从"爱智慧"的哲学到"智慧本身"的科学，"美德即知识"的本体论追问变成了"知识是什么"的认识论问题，本体论的偶然开始走向认识论的偶然。

---

① 林国基：《神义论语境中的社会契约论传统》，上海三联书店2005年版，第73页。
② [美] 阿拉斯代尔·麦金太尔：《伦理学简史》，龚群译，商务印书馆2003年版，第181页。

四 从承认偶然到征服偶然

在认识论中，首先对"理知世界"所要遵循的"因果关系"提出最为重要也最为致命挑战的是休谟。休谟从经验论立场出发，认为"我们的全部观念都是由印象复现而来的"，可是以往的哲学家们总是"喜爱某些细致的和精微的知觉这个概念"，从而"掩盖了他们的许多谬误"，休谟立志要"打破这个诡计"。① 休谟把哲学关系分为类似、同一、时空关系、数量比例关系、性质程度、相反关系和因果关系七种，这七种关系可以分为两类："一类完全决定于我们所比较的各个观念，一类是可以不经过观念的任何变化而变化的。"前者有"类似、相反、性质的程度和数量或数的比例"四种关系，后者有"同一、时空与因果"三种关系。前四种关系都属于"直观的范围，而不属于理证的范围"，所不同的是前三种是"一看便可以发现"的直观，"无需任何研究或推理"，第四种是稍加"观察"可以决定的直观，他们能够依据推理，"比较和发现两个或较多的对象彼此之间的那些恒常或不恒常的关系"，能够成为知识和确实性的对象，因而是科学的基础。后三种关系中，"两个对象连同它们的关系"是"呈现于感官之前的"，因而它们是"知觉"而不是"推理"。②

但是，在"知觉"而不是"推理"的"同一、时空与因果"的三种关系中，因为，"同一关系和时空关系"中间，"心灵都不能超出直接呈现于感官之前的对象，去发现对象的真实存在或关系"，所以，对于同一关系和时空关系的任何观察就都不是"推理"。然而，在因果关系中却存在着两个对象或较多对象之间的"一种联系"，从而使得"我们由于一个对象的存在或活动""相信""在这以后或以前有任何的存在或活动"③，进而将"同一关系"和"时空关系"也纳入"推理"之中。事实上，在

---

① ［英］休谟：《人性论》（上册），关文运译，郑之骧校，商务印书馆1980年版，第88页。
② ［英］休谟：《人性论》（上册），关文运译，郑之骧校，商务印书馆1980年版，第85—89页。
③ ［英］休谟：《人性论》（上册），关文运译，郑之骧校，商务印书馆1980年版，第89—90页。

休谟看来，后三种关系都是无关观念的，是我们直接呈现于我们感官之前的，因而其本质也是在我们感官之外的，不可言说的。但是，正因为人们对于"因果关系"的错误认识与习惯性思维，使得我们将三种关系都列入了知识的范畴。休谟揭示了这个错误的根源，因果关系的一般原理认为，"一切开始存在的东西必然有一个存在的原因"，这个原理被认为是公理，是无须证明的，是建立在直观之上的。但是休谟发现，这条原理既不具有"直观确实性"，它无法归入上述那四个直观性的关系之中；也不具有"理证确实性"，"对于原因的必然性，人们所提出的每一个理证，都是错误的、诡辩的"。① 由是观之，休谟认为，因果关系"不是由知识或任何科学推理得来的"，而是"由观察和经验得来的"。这样的"观察和经验"属于"概然判断"。"概然判断""不是发现观念本身间的关系"，"只是发现对象间的关系"，因而它一方面必然以"我们的记忆和感官的印象作为基础"，另一方面又以我们的观念作为基础②，这两个方面导致了因果关系的复杂性。"一切概然推理都不过是一种感觉"，同样，建立在感觉基础之上的"观察和经验"也是一种"概然推理"，因果关系只是一种"想象上的习惯"③，而非哲学家所认为的"必然性"真理。

休谟说："古代哲学家们的意见，他们的实体与偶有性（偶性）那种虚构，和他们关于实体形式及其奥秘性质的推理，正如黑暗中的幽灵，并且是由虽是通常，而非人性中普遍而不可避免的原则得来的。近代哲学自认是完全摆脱了这个缺点，是由坚实、永恒和一致的现象原则产生的。"④ 本体论的偶然性是在实体的统一性之下来谈论的，认识论的偶然性转化为对于实体内在及其关系中的规律性的探究。休谟要破解近代哲学中对于必然性信念的"自负"，发现这些作为知识关系的"因果关系"的核心地位，及其偶然性特质，并在其中揭示了它，使得偶然性理论重获生机。"经验是以对象的过去某种结合来教导我的一个原则，习惯是决定我预期

---

① ［英］休谟：《人性论》（上册），关文运译，郑之骧校，商务印书馆1980年版，第96页。
② ［英］休谟：《人性论》（上册），关文运译，郑之骧校，商务印书馆1980年版，第107页。
③ ［英］休谟：《人性论》（上册），关文运译，郑之骧校，商务印书馆1980年版，第123页。
④ ［英］休谟：《人性论》（上册），关文运译，郑之骧校，商务印书馆1980年版，第254页。

将来有同样现象发生的另一个原则。这两个原则联合起来作用于想象，并使某些观念比其他没有这种优势的观念、能在较强烈而较生动的方式下被我所形成。心灵借这种性质才使某些观念比其他观念较为生动……像这样一个无常而易误的原则，人们如果在它的一切变化中都盲目地加以信从……使我们根据因果进行推理的，正是这个原则。"① 人类的知识某种程度上都建立在常识的"因果"信念之中，休谟将"因果关系"从必然性的独断论中解放出来，发现因果关系的经验性与习惯性，发现了因果偶然性。

沿着因果偶然性的逻辑发现，休谟将道德学从理性中解放出来，建立在情感之上。自然而然地发现了以往以理性必然性为根基的道德哲学问题，亦即"是"与"应该"断裂的"休谟问题"。"在我所遇到的每一个道德哲学体系中，我一向注意到，作者在一个时期中是按照平常的推理方式进行的，确定了上帝的存在，或是对人事作一番议论；可是突然之间，我却大吃一惊地发现，我所遇到的不再是命题中通常的'是'与'不是'等联系词，而是没有一个命题不是由一个'应该'或'不应该'联系起来的……我相信，这样一点点的注意就会推翻一切通俗的道德学体系，并使我们看到，恶和德的区别不是单单建立在对象的关系上，也不是被理性所察知的。"② 休谟的起点是"在我所遇到的每一个道德哲学体系中"，休谟的终点是"推翻一切通俗的道德学体系"，休谟没有注意到的是他所遇到的每一个道德哲学体系的起点到底是什么。事实上，休谟所遇到的每一个道德哲学体系，都是苏格拉底以来"美德即知识"的必然性信念以及亚里士多德的理性人预设所带来的理论成果，这个谱系的起点是必然性，必然性规则的背后的隐秘逻辑是因果律。休谟发现了因果律的问题，自然也就会发现"是"与"应该"的断裂。人者别于禽兽者几兮，几兮的"善"与多兮的"恶"都是客观的事实，为什么我们应该向几兮的善前进而不是从多兮的恶出发，二者总是会有缝隙，因果总是会有中断。休谟发现了因果问题，找到了情感，但是休谟还没有理直气壮地为偶然呐喊，还是"期望通过采用实验的方法和通过特定事例的比较中推演出一般的准

---

① [英]休谟：《人性论》（上册），关文运译，郑之骧校，商务印书馆1980年版，第296页。
② [英]休谟：《人性论》（下册），关文运译，郑之骧校，商务印书馆1980年版，第509—510页。

则来"①。休谟指出,"古代人在其道德推理中往往将'德性是否可以传授'这个问题看作相当值得怀疑的,很少重视自愿与非自愿的区别"②,通过情感为偶然性的道德世界观提供了内容。

休谟哲学的起点是知性、知识与观念,但是休谟哲学想要表达的却是其《人性论》的副标题:在精神科学中采用实验推理方法的一个尝试。休谟之所以让知识界感到头疼,在于休谟否定了由苏格拉底"美德是否可教"问题引出的"美德即知识"结论所产生的"理知世界"依靠推理的"因果关系"。我们发现,否定了"因果关系"的休谟必然导致回溯性问题的出现:一是"理知世界"是否存在,二是"美德是否可教"。前者就是休谟坚定的怀疑论,后者就是休谟在道德哲学上著名的论题"是与应该"断裂。像在古典伦理学中作为源始性问题一样,道德偶然性问题又一次在认识论中成为近代道德哲学的起点,休谟问题成为近代道德哲学始终需要解决的问题,而对于这些问题的新的知识论建构则留给康德、黑格尔了。

康德说,是休谟让他从独断论的迷雾中警醒过来,走上批判哲学的道路。但是,康德走向批判哲学的目的,却不是要去拥抱偶然,而是要克服休谟问题,但在这个克服过程中,康德第一次给予了偶然性以明确的地位。康德区分了经验知识与纯粹知识,去追问"先天"的纯粹知识,并且认为,"必然性和严格普遍性是一种先天知识的可靠标志,而两者也是不可分割地相互从属的"③。必然性追问在康德那里达到了巅峰。休谟关于因果关系的怀疑,在康德那里变成了分析判断与综合判断的区分。康德认为,形而上学直到近代还处在"如此不确定和矛盾的状态的动摇状态中"的根本原因在于,人们还没有意识到"分析的和综合的判断的区别",而大卫·休谟是"在一切哲学家中最接近于这个课题"的人,但是"还远远没有足够确定地并在普遍性中思考它",因为休谟"只是停留在结果和原因相联结的综合命题(因果律)之上",休谟这样做的后果只会是"一切称之为形而上学的东西,结果都只是妄想,即自以为对其实不过是从经验中借来的东西及其通过习惯留给我们必然性幻相的东西有理性

---

① [英]休谟:《道德原则研究》,曾晓平译,商务印书馆2001年版,第26页。
② [英]休谟:《道德原则研究》,曾晓平译,商务印书馆2001年版,第172页。
③ [德]康德:《纯粹理性批判》,邓晓芒译,杨祖陶校,人民出版社2004年版,第3页。

的洞见"。① 康德与休谟的分歧注定了二者对于偶然性的不同理解。正是在纯粹知识以及必然性与普遍性的视野下，康德对于偶然性的承认只是一种"形而上的承认"，而不是"事实的承认"与"生活的承认"。通过对于抽取了内容的纯知性范畴的"先天综合"，康德发现了十二范畴表，在范畴表的"模态关系"中给予了偶然性（或然性）应有的地位。但是随着范畴表的出场，康德就说，模态（可能、偶然）对于"判断的内容毫无贡献"，而只是"关系到系词在于一般思维相关时的值"（只具有逻辑的意义），"或然性命题"是这样的一种命题，"它仅仅表达出一种逻辑可能性，也就是表达出使这样的一个命题有效的自由选择，即只是任意地把它接受进知性中来的"。② 在康德的模态范畴中，我们首先或然地判断某物，然后也可能实然地把它看作真实的，最后才"断言与知性不可分""断言为必然的和无可置疑的"。

正是这种对"形上偶然"的形式承认，造成了实践理性上康德道德哲学的困境。一方面，按照纯粹理性的逻辑，康德区分了道德的质料与道德的形式，提出"人们是否有必要制定出一个纯粹的完全清楚了一切经验、一切属于人学的东西的道德哲学"③。康德从通俗道德哲学出发，一步步清除掉具有偶然性的道德经验与道德质料，从而走向道德形而上学，最后达到"实践理性"的"绝对命令"，将"合乎道德"的"偶然性"上升为"出乎道德"的"必然性"。但是另一方面，"虽然道德的至上原理及其基本概念是先天的知识，但它们却不隶属于先验哲学"，因为在道德规范的基础中，我们必须将"愉快和不愉快、欲望和爱好等等这些有经验性起源的概念""一起纳入对纯粹理性体系的构思中来"④。这样，在道德形而上学的追问中，康德不可避免地面临两个问题：一是道德形而上学是在理性限度内思考的，二是在理性限度内的实践理性面临纯粹理性中的"自由与必然"的二律背反。作为纯粹理性终点、实践理性起点的"自由意志"依然具有"偶然"的阴影。因而"实践理性批判"就再也不"纯粹"了。康德自己也意识到向他提出的"针对批判的最大反驳"一直都围绕"两个点打转"：一方面，被用于本体上的范畴在理论知识上

---

① ［德］康德：《纯粹理性批判》，邓晓芒译，杨祖陶校，人民出版社2004年版，第15页。
② ［德］康德：《纯粹理性批判》，邓晓芒译，杨祖陶校，人民出版社2004年版，第68页。
③ ［德］康德：《道德形而上学原理》，苗力田译，上海人民出版社2005年版，第3页。
④ ［德］康德：《纯粹理性批判》，邓晓芒译，杨祖陶校，人民出版社2004年版，第21页。

被否定而在实践知识上被肯定的客观实在性；另一方面，使自己作为自由的主体成为本体，同时却又在自然方面使自己成为独特的经验性意识中的现象。① 现象界与物自体的分裂与不可知论的恶魔就成了康德理论的思想遗产。

到了黑格尔，康德的"纯粹理性"被"绝对精神"理念所代替，物自体与现象界的矛盾被"实体即主体""主体即实体"的"和解"代替，知性范畴被自我意识成长的圆圈运动代替，康德的必然性和普遍性变成了黑格尔的必然性体系。不同于康德拒绝道德质料与否定偶然的作用，黑格尔肯定偶然与道德偶然的作用。"虽说偶然性只是现实性的一个片面环节，因此不可与现实性本身相混淆，但偶然性作为理念的一个形式，也是在客观世界里有其存在的权利。""特别重要的是对意志方面的偶然性做出适当的评价，在说到意志自由时，它常常单纯被理解为任性，即具有偶然性形式的意志……无疑（任性）按其概念来说是拥有自由意志的一个重要环节。"② 黑格尔对于道德偶然性的承认是有限度的，"克服偶然是认识的任务"，"在实践领域里非常重要的事情是不要停留在意志的偶然性或任性上"，黑格尔批评近代人"把偶然性抬高到不适当的地位，无论在自然界方面还是在精神世界方面，都把偶然性实际不具有的价值赋予了偶然性"。③ 黑格尔一方面承认偶然性的地位与作用，另一方面在总体性上将其赋予附属的地位。同时，从黑格尔的表述中可以看出，近代也是一个偶然性张扬的时代，但是最终人们还是坚持了必然性的优先地位。

我们需要指出的是，黑格尔对于道德偶然性的承认，是在一种精神哲学的整体性的体系之中进行的，这个精神哲学体系是以意识为起点、绝对精神为终点的普遍必然性的意识形态体系。而黑格尔的精神哲学又是以"逻辑学—自然哲学—精神哲学"的"哲学全书"为基础的，是一个更大的形而上学体系中的环节。黑格尔将康德的范畴知性辩证法发展为一种"绝对精神"的总体性。这样，偶然性在必然性体系中，只是一个过渡性环节。"道德的偶然"只是一种自由意志的"任性"，是一个需要扬弃和

---

① ［德］康德：《实践理性批判》，邓晓芒译，杨祖陶校，人民出版社2003年版，第6页。
② ［德］黑格尔：《哲学全书·第一部分·逻辑学》，梁志学译，人民出版社2002年版，第270页。
③ ［德］黑格尔：《哲学全书·第一部分·逻辑学》，梁志学译，人民出版社2002年版，第269页。

发展的环节。黑格尔在一种绝对必然性的体系里承认偶然，承认偶然的地位的同时彻底地征服了偶然，连"道德"也只是精神哲学的一个环节，道德偶然性问题在黑格尔那里被终结了。

西方道德哲学对道德的认知框架一直以理性普遍主义为主流，他们以理性为基础，坚持道德的普遍性和确定性，认为存在不变的道德规律，尊崇道德必然性的信念，在康德道德形而上学和黑格尔精神哲学中达到巅峰。在现代性的张扬中，道德偶然性虽然被黑格尔终结了，但这种终结只是暂时的，无论是偶然性逻辑还是偶然性生活依然伴随着社会的发展。拥抱偶然与渴望偶然的时代必定在必然性走到尽头时，迎来它的拐点。

五 直面偶然的当代道德哲学

黑格尔征服了偶然性，康德、黑格尔之后，同时也让偶然性与必然性的矛盾直接呈现出来，成为哲学的显在讨论的主题。偶然性与必然性直接对峙，在当代哲学中表现为沿着康德批判哲学起点开辟的分析命题与综合命题的区分的道路曲折地探索。

康德的批判哲学的起点是对"在一切判断中……要么是谓词 B 属于主词 A，是（隐藏地）包含在 A 这个概念中的东西；要么是 B 完全外在于概念 A，虽然它与概念 A 有联结。在前一种情况下我把这判断叫作分析的，在第二种情况下则称为综合的"①　这个断言。在当代分析哲学与语言哲学的发展中，分析命题与综合命题越来越清晰，分析命题又叫先验命题、必然命题（分析命题＝先验命题＝必然命题），综合命题又叫后验命题、偶然命题（综合命题＝后验命题＝偶然命题），前者是建立在逻辑推理之上，后者以经验事实为基础。就康德自己而言，为了延续和解决形而上学的难题，提出"先验综合"命题，它是天生属于人的主体的普遍认知能力。一方面，它是人的普遍认知能力，是真理性知识的源泉，是先验的、普遍的、必然的、永恒的；另一方面，它是属于人的，又是一种事实经验，是后验的、经验的、偶然的。这样的知识中康德提出最重要的就是数学知识。很显然，我们可以看出无论是从逻辑还是从经验事实的角度来看，这个论断都是独断的。康德之后，罗素沿着分析命题与综合命题的区

---

① ［德］康德：《纯粹理性批判》，邓晓芒译，杨祖陶校，人民出版社 2004 年版，第 8 页。

分将数学与逻辑连接了起来，从而开启逻辑原子主义的分析哲学，试图从形而上学上彻底打通数学与逻辑的通道，从而引出逻辑经验主义与逻辑实证主义。很简单的逻辑排列，我们都可看出既然存在着"先验综合"命题，那么逻辑上也一定存在"后验分析"命题，这就是弗雷格提出的逻辑假设，然后被克里普克证明的"后验必然真理"。不同于罗素坚持康德的形而上学，逻辑实证主义通过强调分析命题与综合命题的区分，走向了康德的反面，认为"形而上学的命题既不是分析命题，也不是综合命题，基本上是无法证实的"，因而只是些"无意义的、甚至是荒谬的伪命题"，进而提出"拒斥形而上学"的口号。在此基础上，从哲学根源上认为"形而上学之伪"在于"追求""永恒的普遍性"和"永恒的确定性"。从而彻底地否定了传统的哲学形而上学，发现以往哲学"误用了语言"："或者误用了语言的句法而掩盖了深层次的逻辑结构，或误用了自以为有意义而实际上无意义的词"，进而他们发起了一场语言哲学的"哥白尼革命"[①]，从分析哲学走向语言哲学。

哲学走向语言哲学，是对传统形而上学必然性真理观的彻底否定，某种意义上揭示了偶然性的绝对必然性。由此而来的西方哲学走上两条道路：一种是沿着彻底否定形而上学的逻辑，在语言哲学里分析语词，为语词的"意义"确定确切的含义，继续延续康德"分析"的路径，只不过换了"目标"，方法依然持续。这个分析哲学路径经历了注重语词与语法的"指称与涵义"、注重语境的"外延方法"以及注重系统理解的"内在观与人本观"三个阶段[②]；另一条道路是走向反思与否定"分析命题"与"综合命题"区分的道路。奎因通过研究得出："所谓的分析命题与综合命题，其间的明确界限根本划分不出来，因为这两类命题无非就是'观察成分'或'逻辑成分'的多少而已。"[③] 两条道路都导致了20世纪后期西方哲学的转向，从分析哲学走向实践哲学，从形而上学走向伦理学。

在分析哲学与语言哲学对于偶然性与必然性关系的彻底揭示，伦理学

---

① 王寅：《语言哲学研究——21世纪中国后语言哲学沉思录（上）》，北京大学出版社2014年版，第185页。

② 具体内容参见王寅《语言哲学研究——21世纪中国后语言哲学沉思录（上）》，北京大学出版社2014年版，第218—293页。

③ 王寅：《语言哲学研究——21世纪中国后语言哲学沉思录（上）》，北京大学出版社2014年版，第190页。

与道德哲学也开启了当代语境。现代伦理学进入元伦理学的语言分析。不同于苏格拉底去定义"美德是什么"的道德生活问题,摩尔直面"善是什么"的概念定义问题。因为人们向往美德的背后隐藏着善的标准,善决定了美德的价值。最终的结果是"什么是善?我的回答是:善就是善,并就此了事。""我相信善的东西是可以定义的,然而我仍旧断言,'善'本身是不可能下定义的。"① 摩尔元伦理学对于"善"的概念的分析,使得道德偶然性从苏格拉底的"生活的偶然"走向"概念的偶然"。沿着语言哲学分析的路径,维特根斯坦走得更远,"伦理学是对有价值的东西的探索,或者是对真正重要的东西的探索,或者说,伦理学是对生活意义的探索,或者是使生活过得有价值的东西的探索,或者是对正确生活方式的探索"②。维特根斯坦区分了有意义语言与无意义语言,语言的界限在于语言所表达的命题是否有意义。伦理学语言是无意义语言,"写作或谈论伦理学或宗教的人,就是要反对语言的界限……伦理学想要谈论生命的终极意义、绝对的善、绝对的价值,这种伦理学不可能是科学。它所说的东西对我们任何意义上的知识都没有增加任何新的内容"③。这样,伦理与道德就被驱逐出了必然性科学的领地,在人学意义上,伦理道德只是"记载了人类心灵中的一种倾向";在现象学上,伦理道德现象就是一种道德偶然性现象,因为说"它们(伦理或道德)是一种经验时,它们确实是事实;它们在某时某地发生了,持续了一定时间,因此是可以描述的",但是"从我几分钟前所说的内容出发,我必须承认,说它们有绝对价值完全是胡说"④。由是观之,摩尔从概念的偶然出发否定了伦理学的形而上学的逻辑必然性可能,维特根斯坦则通过语言意义的区分揭示了伦理学作为意义的"目的偶然性"。这样,建立在形而上学基础上的柏拉图、康德、黑格尔的伦理学必然性遭到逻辑解构,建立在目的论基础上的亚里士多德幸福论伦理学遭到价值解构。道德偶然性成为一个公开的事实,情感主义伦理学凸显。

---

① [英]乔治·摩尔:《伦理学原理》,长河译,上海人民出版社2005年版,第4页。
② [英]维特根斯坦:《维特根斯坦论伦理学与哲学》,江怡译,浙江大学出版社2011年版,第2页。
③ [英]维特根斯坦:《维特根斯坦论伦理学与哲学》,江怡译,浙江大学出版社2011年版,第8页。
④ [英]维特根斯坦:《维特根斯坦论伦理学与哲学》,江怡译,浙江大学出版社2011年版,第7页。

维特根斯坦是一个转折点,要言之,苏格拉底发现了道德偶然,柏拉图在苏格拉底的道德悲剧反思中害怕道德偶然,亚里士多德通过实体与偶性范畴的区分回避道德偶然,康德试图在道德形而上学中承认道德偶然,黑格尔在绝对必然性的体系中征服了道德偶然。在经历了发现偶然,到害怕偶然、回避偶然、拒绝偶然,再到承认偶然、征服偶然,人类终于开始有能力正视并进入拥抱偶然的时代。维特根斯坦之后,围绕道德偶然性的道德哲学问题不断涌现,但是"道德偶然"的世界观还是很多人无法接受与不敢正面应对的话题。道德哲学史发展经历了"美德是否可教(苏格拉底)—德性是什么、可知世界善的理念(柏拉图)——理智德性与伦理德性(亚里士多德)—知识信仰(基督教)—因果断裂(休谟)—分析判断与综合判断(康德)—数理逻辑(罗素)—语言分析(分析哲学)—善的定义、不可定义(摩尔)—伦理学是否可知(维特根斯坦)"的逻辑发展,我们似乎又回到了原点,是到了直面偶然的时刻了。

不同于前现代的苏格拉底面对道德生活本身的偶然性,经过现代知识化的后现代道德面对的是道德知识的偶然性问题。进入拥抱偶然的时代,道德不再是"是什么"的定义问题,也不是"是与应该"关系的逻辑问题,而是"在规范的多元状态下……道德选择在本质上不可避免地是摇摆不定的。我们的时代是一个强烈地感受到了道德模糊性的时代"①。人类从古典的"寻找"一种知识,进入"选择"一种知识的时代。现代的人面对道德生活有无数自洽的理论,多元主义成为时代的基本特征。"道德模糊性"渐渐产生了"道德偶然性"的实在感,每一种道德理论在源头上都有"形而上学"的支撑。后现代伦理学在两个维度上纵深进入偶然性的视阈。一是将形而上学与伦理学分离开来,提出一种"无本体的伦理学或无形而上学的伦理学"。伦理学不能理解为"一个原则系统的名称……——而是(要)把它理解为一个相互联系的关注系统"。伦理学"像一张有很多腿的桌子,它晃得很厉害,但很难翻倒"②。二是从道德本身的内涵出发,寻找"本真性的伦理"。对"超然合理性和以共同体纽带

---

① [英]齐格蒙特·鲍曼:《后现代伦理学》,张成岗译,江苏人民出版社 2003 年版,第 24 页。
② [美]希拉里·普特南:《无本体论的伦理学》,孙小龙译,伯泉校,上海译文出版社 2008 年版,第 19、25 页。

的原子主义"的必然性批判之后，伦理学还能够建立在什么基础之上呢？"道德，在一种意义上，具有一个内部的声音"，"这是当代文化的大规模主观转向的一部分，是一种新形式的内向"，"它给予'做你自己的事'或'找你自己的满足感'这类想法以意义"①。这样，当年康德断言的"以任性的自由为对象的实践哲学需要一种道德形而上学"②，就成为一种多余，道德必然性的要求也随之成为累赘。

西方当代道德哲学，开始直面道德偶然性，道德偶然性议题正在被一步步地揭示出来，在全面拥抱偶然的同时，后现代为特征的当代生活甚至还有一种渴望偶然的冲动。但是，吊诡的是，虽然人们可以直面偶然，但是道德偶然的概念与理念还没有得到直接的表达与确证，这正是我们道德偶然研究努力的目标。

---

① ［加］查尔斯·泰勒：《本真性的伦理》，程炼译，上海三联书店2012年版，第33—38页。
② 李秋零主编：《康德著作全集．第6卷：纯然理性界限内的宗教、道德形而上学》，中国人民大学出版社2007年版，第223页。

第三章　道德偶然的中国话语

不同于西方"美德即知识"的确定性判断，中国伦理道德起源于"德命相辅"，"天命靡常，惟德是辅"奠基了中国伦理道德产生的互系性基本结构。从"天命靡常，以德配天"与"皇天无亲，惟德是辅"到"道""德"辩证法，从"学而时习之"经过"明明德"到"命性道教"的"中庸"，从"唯天为大"到"天人感应"，从"存天理"到"致良知"，中国伦理道德在偶然性中产生，一直与偶然性同行，始终保持对偶然性的警惕与敬畏。

一　天命靡常，惟德是辅

根据沈善洪与王凤贤先生的研究，中国人的道德观念起源于西周。在商代，"我们翻遍卜辞，没有发现一个抽象的词，更没有一个关于道德智慧的术语"，虽然"孝""德""礼"等汉字有出现，但"并不等于它们具有道德含义"。[①] 到了西周，周人从天命中第一次衍生出真正的道德。

周取代商，提出的首要问题是"周虽旧邦，其命维新"（《诗经·大雅·文王》）。这个新命与以往有什么不同呢？周人认为，"天不可信"（《尚书·君奭》），"惟命不于常"（《尚书·周书·康诰》），"天命靡常"（《诗经·大雅·文王》）。也就是说在人与自然的关系性结构中，周人意识到大自然的反复无常，偶然性永远伴随着人类。这种反复无常反映到人类社会的治理结构中，"侯服于周，天命靡常"（《诗经·大雅·文王》），表现为世代更替，争斗不息，充满着不确定性。为了解决这个问题，周人为对抗自然天命的无常，提出解决和保持世代永恒的"新命"，

[①] 沈善洪、王凤贤：《中国伦理思想史（上）》，人民出版社2005年版，第48—49页。

用人的德性对抗大自然的偶然性。"皇天无亲，惟德是辅。"(《尚书·周书·蔡仲之命》)"无念尔祖，聿修厥德。永言配命，自求多福。殷之未丧师，克配上帝。宜鉴于殷，骏命不易。命之不易，无遏尔躬。宣昭义问，有虞殷自天。上天之载，无声无臭。仪刑文王，万邦作孚。"(《诗经·大雅·文王》) 一方面，人类只有用德性来对抗自然天命的无常，另一方面，人类的根本的德性应该是顺应天命（配命），"以德配天"。在中国人的世界观里，对抗偶然的同时，从来没有要征服偶然，而是要承认偶然，顺应偶然。

不同于苏格拉底在追问"认识你自己"中发现美德的价值，周天子在认"命"中发现道德的价值。认识你自己从个体出发，发现了人的"道德性"一面，认"命"的中国哲学更加注重"伦理性"的一面。"命"在中国文化与哲学中，有多种多样的含义。根据韦政通先生的归纳与总结，"命"大概有寿命、本性或天性、性命、人性、人所禀之理、天命、自然而不可免、太一下降、分于道、命运、偶然性的遭遇、不知其所以然、正命随命遭命等①十三种含义。在这十三种"命"中，我们可以发现，对于"命"的理解，除了"人所禀之理"（如"命之一字，如天命谓性之命，是言所禀之理也"）(《朱子语类·卷四》) 的必然性肯定之外，其他十二种"命"的理解中都包含着对"命"的不确定性与偶然性的承认。其中，"偶然性的遭遇"（如"节遇谓之命"）(《荀子·正名》)，"不知其所以然"（"命也者，不知其所以然而然者也。"）(《吕氏春秋·知分》) 是明确表达了不确定性、偶然性与可能性的内涵的。在"寿命""本性或天性""性命""人性""天命""自然而然不可免""太一下降""分于道""命运""正命随命遭命"中都蕴含着偶然性与必然性的双重可能性。

在这十二种"命"的理解中，从本体论存在论意义上来说，"天命""自然而不可免""偶然性的遭遇""寿命"等是根本性的表达，无论是从个人、社会还是从自然的层次，中国人都承认偶然性的存在，直面偶然性的本体论根基。"本性或天性""性命""人性""人所禀之理""太一下降""分于道"等认识论层次上的"命"，在强调必然性的同时，始终

---

① 韦政通：《中国哲学辞典》，王冰校勘，吉林出版集团有限责任公司 2009 年版，第 424—426 页。

伴随着偶然性的隐喻，直到宋明理学才明确确立"天理"对于"天命"的克服，而在其他表达中，始终伴随着偶然性。如"人性"，在中国文化里很难说它是一个绝对必然的本质性概念。在现实实践的层次上，"命运"是我们始终面临的主题，这命运中，既有天道命运（"道之将行也与，命也！道之将废也与，命也！"）（《论语·宪问》），也有家国命运（"古者王公大人为政国家者，皆欲国家之富……然不得富而得贫……是何故也？子墨子言曰：执有命者以杂于民间者众。"）（《墨子·非命上》），还有个人命运（"公伯寮其如命何？"）（《论语·宪问》）。在面对不确定性的命运时，"正命、随命和遭命"是基本的实践态度，其中无疑有对无法确定的偶然性的肯定与敬畏。

中国哲学史上，对"天命"的理解大概有"天命即天神""天命即天意""命定""当行之理""刚健之德""德性之源""天命即自然""太和絪缊之气""天命即天体"等①。但是，梳理它们各自的文本出处，可以发现都在"天命靡常"的《诗经》《尚书》之后。也就是说，对于"天命"的关注，很大程度上都是源于周初圣贤对于世代更替的形而上思考。唐君毅先生认为，"天命靡常"是见之于周初诗书中之"天命观第一特色"。"天命靡常"在周初文献中的基本含义是"天未尝预定孰永居王位，而可时降新命，以命人为王"，进而延伸为"上帝于人之未来无预定之观念"，充满着偶然性。对于这种偶然性，人类只有顺从，无法改变。周取代商，文王取代纣王，是"天命靡常"的表现，但是，这种偶然性需要得到一种合理性的解释，"以德配天""惟德是辅"就是这种合理性解释的表达。这就奠定了中国文明伦理道德的基本结构，将天然无法解释、违背日常认知的外在偶然归结为自身可以控制的伦理道德。"天之将命"乃是"后于人之修德者"，而不是"先于人之修德者"。人在获得这种"天命"之后，又必须"顾命而敬德"②，尊重并敬畏这种"天命"的偶然性。从某种意义上说，在可以合理解释的范围内，归结于"德"，在不可解释的范围内，将"配命""顺命"作为最高的"德"，对道德偶然性认同与敬畏的基因一直植根在中国伦理道德文化传统之中。

如果说，人的命运可以掌握在自己手中，家国的命运我们可以有条件

---

① 韦政通：《中国哲学辞典》，王冰校勘，吉林出版集团有限责任公司2009年版，第104—106页。

② 唐君毅：《中国哲学原论·导论篇》，中国社会科学出版社2005年版，第324—326页。

地把握，但是，中国人从文明的开端就认为"天命靡常"。"命"一直是先秦哲学主要的范畴，对于"命"的理解，事实上都是在回应周文化确立的道德文明的合理性问题。儒墨两家关于"力"与"命"的探讨本质上还是在家国命运中的探讨①，对于"天命"中国人始终是保持敬畏与顺应的。当然，其中有两种不同的态度：一种是绝对必然性的态度，一种是绝对偶然性的态度。前者事实上是一种本体论的世界观，后者是一种认识论的世界观。在本质上，"天命"是绝对必然性的，但是在认识论上，我们能不能够认识到这种绝对必然性，在这样的一种意识中，中国人认为我们只能采取感应自然、理解自然、顺应自然，从而持有一种认识论的偶然性世界观。

"天命靡常"从自然客观性的一面来讲，是绝对必然性，是不以人的意志为存在的客观存在。如果这种客观必然性，可以被人把握，那么就是绝对永恒性，西方价值观在真理观的追问下，所要追求的就是对这种客观必然性的绝对把控。但是古典的中国人认为人永远无法认识到这种客观必然性，因为"天命靡常"。如果我们认识不到"天命"的绝对必然性，那么我们就面临着绝对偶然性。在这种绝对偶然性中，我们应该如何生活呢？这就有文明开端的"天命靡常，以德配天""皇天无亲，惟德是辅"。中国文明不去苛求客观必然性的客观世界，而是在人与人关系的"天下"之中来把握人自身。认识到我们永远也不可能认识到自然世界，即使我们能够认识到当前的客观事物，但是自然本身也在"生生不息"的"变易"之中。因而，我们唯有认识到"天命靡常"，不要妄想"改造自然""征服自然"，而是要"顺应自然""配从天命"。人的伟大之处，就在于认识到这种绝对偶然性的存在，"知不可奈何而安之若命，唯有德者能之"（《庄子·内篇·德充符》）。而德性的最高境界就是认识到这种绝对偶然性。可以说，中国人的道德世界观某种意义上就是偶然性的道德世界观。

"天命靡常，惟德是辅"是中国道德文明的原始范畴，是"道德"在中国文化上的确立的源始表达，中国人对于德的最高境界一直都是与天同在的，达到大化自然状态，某种意义上就是游于自然、游于偶然之中。它表达了一种偶然性的道德世界观，这是我们需要深入认识的，或者说是需要我们在当代文明中激发与重新揭示出来的。

---

① 参见张岱年《中国伦理思想研究》，上海人民出版社1989年版，第181—186页。

二 "道""德"辩证法

正如田辰山所指出的那样,中国人持有一种"通变"的思维观念,希望在变化的世界与变幻无常的人生中找到"共通"的元素。在这个过程中,中国人发现我们总是处在一种"阴阳""辩证"和"互系"的结构之中。① 在这样的思维结构中,中国哲学与伦理道德范畴总是表达为一种"矛盾"结构,"一阴一阳之谓道"阴阳并举,"有无相生、难易相成、长短相形、高下相倾"成对成偶。事实,"命德"范畴的出现,也是一对"矛盾"体,表现为对道德偶然性与必然性的"对立统一"互系生存的认知结构。不同于西方人对于道德必然性的知识追求的绝对信念,中国人似乎一直都对偶然性抱有敬畏,在"对立统一"的"矛盾"结构中,总是在"敬畏偶然"的意义上进行并重视道德必然性的实践而非知识维度的建构。

如果说"命德"范畴作为中国伦理道德的源初性范畴,直接来源于对现实世界的反思与感慨,那么"易经"则表达为对此问题的形而上思考。"天命靡常"总要呈现出来,"惟德是辅"总要被归纳出来,"易"中之"经"为何?万千变化之中的不变的东西是什么?"易之兴也,其当殷之末世,周之盛德耶?当文王与纣之事耶?是故其辞危。危者使平,易者使倾,其道甚大,百物不废,惧以终始,其要无咎,此之谓易之道也。"(《周易·系辞下》)"天命靡常"之中有"道"之贯通,这"道"通过圣人君王的"德行"呈现出来,通过圣人君王发表的诰命言语表达出来。这"道"必定是"通""天"的,因而应该是包罗万象的。"《易》之为书也,广大悉备:有天道焉,有人道焉,有地道焉。兼三才而两之,故六;六者,非它也,三才之道也。道有变动,故曰爻;爻有等,故曰物;物相杂,故曰文;文不当,故吉凶生焉。"(《周易·系辞下》) 在这里,中国圣贤们是在形而上的层次里,完成了一个理想化的中国伦理道德观念论的道德形而上学建构。天、地、人作为基本的存在论要素,构成三才;阴、阳辩证互系,构成"两之"的基本样态;天地人的存在通过阴

---

① [美]田辰山:《中国辩证法:从易经到马克思主义》,萧延中译,中国人民大学出版社2008年版,第21页。

阳变化呈现出来,"兼三才而两之",构成"三才之道"。这个"道"也是不断变化的,有"时"的,商时的"天地人三才两之"之道不同于周的"天地人三才两之"之道,它们有"共通"的"道"的结构与形式,但却有不同的"道"之内容。"道"有"动",因而出现"爻",爻有等、有分,因而呈现为多样性的物或物象;物物相杂相交,呈现为不同的文理,文理各有其所,得当与否,吉凶就呈现出来了。

易经之道,本是圣人贤君体悟出来、践行出来并被记录下来和描述出来的。现在,我们需要将这种"道"言说出来。但是,"《易》与天地准……范围天地之化而不过,曲成万物而不遗,通乎昼夜之道而知,故神无方而《易》无体"(《周易·系辞上》)。易不是追求那个独立而实在的存在者,而是要追问那无穷的存在,不是关注实体性的本体,而是关注无穷变化的妙用。"《易》之为书也,不可远。为道也屡迁,变动不居,周流六虚,上下无常,刚柔相易,不可为典要,唯变为适。"(《周易·系辞上》)"易"是永远具体当下的,"不可远",唯一不变的就是"变化","唯变为适"。

这样的"道"可以言说吗?有那个说出来之后放之四海而皆准的"道"吗?老子《道德经》沿着这个思路,确立了"道可道非常道""名可名非常名"的开篇立论。道不可说,"希言自然"。"有物混成,先天地生,寂兮寥兮,独立而不改,周行而不殆,可以为天地母。吾不知其名,字之曰道,强为之名曰大。"(《道德经·二十五章》)在语义学的意义上,道是无法定义的,但在语用学意义上,我们可以为了方便而使用它。"道"在自然本性上,是大化流行,周而复始,无影无踪。"道"与"非常道"、"名"与"非常名",同根同源而并生,辩证统一,不可偏废。"道"之不可言说的到底是什么?"道"之说出的部分为何会走向它的反面?这就是因为偶然性的存在,不可言说的偶然性,是一种非自身的存在、无根据的存在、无来由的存在,是"无"的存在。"道"之说出的部分,是一种存在,这种存在事实上也只是一种"偶在",虽然可以说出其存在的合理性,但这种合理性在"大化流行"之中也只是一种暂时性,强曰之的"大",随着时空变迁、万物生长也会变成一种过去时。所以"道"之一种对"变化本身"的概括,"变化"是"变易"不定、不是永恒的,但"变化本身"却是不变的、永恒的。中国哲人们认识到这种辩证性,他们不愿意或者不承认形而上学的某个起点或本原,总是将对世界与生命的思考置于这种"玄妙"之中。

世界就是这个世界,"道"表达了世界的基本样态。我们人如何感应或认识这个"道"呢?这就是"德"。从周天子的"天命靡常,惟德是辅",到老子知识阶层的"道""德"辩证法,是中国传统道德认识论的一次飞跃。无常的天运,已经走向了"道""德"的辩证。一般而言,"德"是每个个体从自身角度体悟"道"之所得,是一种具体的德性。但是,老子《道德经》所探讨的"德",某种意义上是对当时时代各种具体纷争的道德的反思,而提出一种道体之身的"玄德"。当然,这个"玄德"不能离开个体体悟之德,我们也可以叫作普遍个体的之德,或者说是每个个体真正应该拥有的道德。"上德不德,是以有德;下德不失德,是以无德。"(《道德经·三十八章》)"下德"以具体的德名为标准,追求一种现实的符合,有所得必然有所失,有所成必然有所败。"万物莫不尊道而贵德,道之尊,德之贵,夫莫之命而常自然。"(《道德经·五十一章》)这里道出了"自然—命—道—德"的逻辑关系,天是自然而言的,认识到这种自然是天之命,我们要尊重这种客观规律,尊重天道,而人只能顺应天道,从而成就自己,这就是贵德。真正的"玄德"是"道"之"德",真正的"道"是"天"之"命",而"天命"自然,一切无法说清的偶然也是自然,不要强求或希望消灭它。

"道""德"辩证法讲清了天之道与人之德的形上关系,"道"是"天之道","德"是"人之德"。"道者,人之所共有;德者,人之所自得也。""道"作为"天之道",是人人可以体悟和感知的,所以是"人之共有"。"德"作为"人之德",是每个人自身的体悟和感知。但是,每个人自身体悟的"德"不一定是真正的"德",真正的"德"应该是体现"天之道"的德。"天之道"需要通过"人之德"呈现出来,"道终不可得,彼可得者,名德不名道"(《关尹子·一宇》)。所以,"道""德"互系互生,须臾不离,"道与德无间,故言之者不别也"(《管子·心术上》)。"通于天地者,德也;行于万物者,道也。"(《庄子·天地》)道在天地万物中,德需通变感应来。"道者所以明德也,德者所以尊道也,是故非德不尊,非道不明。"(《大戴礼记·主言》)"德"通过"道"昌明,"道"通过"德"耸立,二者密不可分。那么,为什么说"失道而后德"呢?那是因为,人们不去追求真正的"道之德"的"上德",而是舍本取末,追求那种失去本根的"下德"。

"道""德"辩证法，是继"命德"范畴之后，又一代表性的中国伦理道德"矛盾"范畴，从"命德"的客观现实开始走向"道德"的形而上学思考，因为"命德"本身具有的根本性的偶然性因素，中国人的道德形而上学自然就会表现为一种"玄之又玄"的道家风范。"玄学"的辩证性而非"科学"的形上性是其基本的特征，它们与传统相互解释，也相互成就。

三　从"学而时习之"到"命性道教"

从天命靡常到道德辩证法，虽然道德关系得到了较为明晰的表达。但是，在古典中国伦理道德传统里，这样的道德还是"玄而又玄"，不是常人可以理解的。老子的《道德经》走向孔孟儒学，是知识精英化的进一步下沉，从哲人的层次下降到常人的层次。从子见老子的精英式对话，走向杏坛孔教的社会化。

孔子学生子路夜宿石门，被守门人问从学何人，从而说出了世人对于孔子的理解，说孔子是"知其不可为而为之者"（《论语·宪问》）。那么，孔子想要"知其不可而为之"的"其"是什么呢？"子曰：'不知命，无以为君子也。'"（《论语·尧曰》）周初的"天命靡常，惟德是辅"，只能顺应的"命"到了孔子这里变成了君子的自觉追求。根据杨伯峻的统计与研究，在《论语》中，"命"共出现21次，其中，"命运"出现10次，"使命"出现5次，"寿命""生命"各出现2次，"政令""命令"各出现1次。由此可见，孔子想要知道的"命"，首要的意思以及最大的问题在于其不确定性与偶然性，是不可捉摸的"命运"，这个命运包括"天命"，也包括社会发展的际遇和个人人生的无常。然而"使命"在孔子这里列居第二，表达了孔子"以天下为己任""明知不可为而为之"的信念。"知命""知天命"虽然可能不是孔子"明知不可为而为之"的全部意义，但至少是其意义之一。

面对"天命靡常"的感慨，是孔子发出了"知命"与"知天命"的智慧之音。"惟德是辅""以德配天"的"德"的最高境界与最高表达某种意义上就变成了"知命"。这样的人是什么样的人？这样的人是"君子"。这样的人如何达到？答曰："学而时习之。"不同于苏格拉底"美德是否可教"的发问，孔子是直接给出了"学而时习之"的道德修养方法。

一个从教出发，一个从学出发，似乎可以互补。但是二者的世界观却截然不同。从教出发，需要回答谁有资格教，以及教什么的问题；从学出发，需要回答向谁学，以及如何学的问题。前者产生了西方的道德认识论与道德知识论，走向了对于道德真理的知识追问之路。后者产生了"述而不作""人不知而不愠""周游列国""明知其不可为而为之"的道德修养论与道德实践论，走出了一条道德实践的现实关怀之道。孔子述而不作，重行不重言，"有德者必有言，有言者不必有德"，从不给道德下一个具体定义（不同于"是什么"西方下定义传统），而是根据具体情景表达具体德性内涵，充分说明孔子延续了周公与老子对于道德偶然性的承认与敬畏传统。这也成就了中国道德哲学不同于西方注重形而上学与先验性，而是注重实用理性，注重历史与经验，不同于西方形而上学传统的"以真导美"，中国伦理道德传统注重"以美启真"，从而使得人们在日常伦理道德生活实践中始终保持对个人独特体悟的开放性，也保持对生活遭遇的偶然样态的开放性，道德偶然性是中国伦理道德传统的基本基因。

在孔子以"知命"引出君子人生意义之后，孔门弟子将其发扬光大，在孔子区分小人与君子的基础上，提出了"学以成人"的"大学之道"。"大学之道，在明明德，在亲民，在止于至善。"大学之道，人之为人的成人之道的关键在于"明明德"，"明明德"有三个层次："德""明德"与"明明德"。在这三个层次中，《大学》通过"古之欲明明德于天下者"的追问，给我们展示了"格致诚正修齐治平"的"明德"方法与"明明德"路径。但是，对于"什么是德"，《大学》似乎没有给出确切的答案，虽然也有引用《帝典》的话来说明，但是，"克明峻德，皆自明也"，类似于同语反复。在孔子那里，虽然提到各种各样的德，但就是没有给德提出一个标准。到了《中庸》，开篇即说，"天命之谓性，率性之谓道，修道之谓教"。这里明确指出"命性道教"的关系，说明了孔门儒学的道德实践范畴。也是在这里，孔子的"学而时习之"变成了"修道之谓教"，从学转向教，既蕴含了内在教养，也揭示了外在教化的可能。"中庸"给出了更为具体的体道修德的方法，"隐恶而扬善，执其两端"，"回之为人也，择乎中庸，得一善，则拳拳服膺，而弗失之矣"，但是，"人皆曰'予知'，择乎中庸，而不能期月守也"。中庸方法是明确的，但达到中庸却很艰难，这也是延续前人"人心惟危，道心惟微，惟精惟一，允执厥中"的思想。某种意义上达到了与亚里士多德"在应该的时间，应该的地点,以应该的方式,对应该的人,实施应该的行为"的"中道"同样的理想形态。这种理念的理想性,最后所达到的状态,是一种唯一性的状态,从存在论视角来说,唯一性就是一次性,就是偶在性,抑或偶然性。

孔子与先于他的周公与老子,都意识到了道德实现的艰难,"惟德是辅"的关键就是要认识到"天命靡常"偶然性的永恒存在。将"天命"落实到对"天命"之认识的最终"德"之运行的最高境界的中庸,也只是具有理想性的理念。但是,孔门儒学没有放弃,要将这种理念落实到现实生活的实践中来,"孔子,圣之时者"、明知不可为而为之,用今天时髦的话说,就是认清生活的真相之后依然热爱生活,认识到无法排除的偶然性之后,依然要在偶然性中来建构必然性。

四书中的《孟子》更进一步,将孔子及其门人的"君子"与"大学之道"发展为"人人皆可为尧舜""涂之人可以为禹"的"人人之道"。孟子的"德"更为清晰,"人之有道也,饱食、暖衣、逸居而无教,则近于禽兽。圣人有忧之,使契为司徒,教以人伦:父子有亲,君臣有义,夫妇有别,长幼有序,朋友有信"(《孟子·滕文公上》)。在道德内涵上,孟子更为清晰地表达了"人伦"思想,将个体道德性内涵赋予人与人的关系之中,联结了道德与伦理的纽带;在道德起源上,延续了其人的圣人观,"圣人有忧之";在道德属性上,提出了人性论,人不同于禽兽,在满足饱食、暖衣和逸居之后,人还应该有道德。接着人性的确立,还需要说明"人性"的性质与来源,人何以有道德?"人性之善也,犹水之就下也。人无有不善,水无有不下。"(《孟子·告子上》),人性之善是自然而然的事情;人性之善是人人都有的,"恻隐之心,人皆有之;羞恶之心,人皆有之;恭敬之心,人皆有之;是非之心,人皆有之"(《孟子·告子上》),因而"人人皆可为尧舜";人是如何知道自己拥有这些善性的呢,"今人乍见孺子将入于井,皆有怵惕恻隐之心"(《孟子·公孙丑上》)。孟子一方面确立了性善论,说明德之根本在于性善,即使人有不善之行,性善也应该是德性的基础;另一方面,也确立了"自然道德"的中国德性论思路,德性不是单一的定义而是具体的德行,没有单一正确的德行,而是存在多种多样"自然而然"的德与德行。这个"自然"包含着客观必然性,也包含着无法解释的偶然性。

从周初"天命"到孔孟"仁义","惟德是辅"的道德内涵一步步具体化、系统化，不同于西方执着于注重"永恒"与"普遍"的不以人的意志为转移的道德知识，中国人更注重当时当下的道德实践，敢于直面偶然，而不是仅仅在观念论的视阈里进行逻辑的推演与建构。

四 "唯天为大"与"天人感应"

中国伦理道德发展到董仲舒，才真正进入现实政治实践。在周公那里，我们只是发现了道德，萌发和确立了道德在中国实践生活中的地位。在孔孟那里，伦理道德是我们对于这个世界的美好理想。只有到了董仲舒，儒家德性伦理才进入现实政治实践，真正自觉地成为国家治理之道。根据余治平先生的研究，董仲舒的"罢黜百家，独尊儒术"的哲学形而上学根基，在于创立了一种不同于宇宙本体、知性本体和生存本体的"信念本体"。这个"信念本体"的指向就是"天"，从"天命靡常"到对"天"的绝对信仰，其背后其实还是对"命"的思考，"配命""顺命""知命""认命""玩命"，中国人只是在不断深化我们对于"命"的理解与突破。

文王、周公在"天命靡常"的现实追问中，"仰以观于天文，俯以察于地理"，意识到"生生之谓易，成象之谓乾，效法之谓坤，极数知来之谓占，通变之谓事，阴阳不测之谓神"（《周易·系辞上》）。老子在"强曰道"的无可奈何之下，开启"无名天地之始，有名万物之母"的哲思，指出"道可道非常道，名可名非常名"的"玄而又玄"的"有无之道"。"人受命于天，有善善恶恶之性，可养而不可改，可豫而不可去，若形体之可肥臞，而不可得革也。"（《春秋繁露·玉杯》）孟子所探讨的人性善，从人皆有之的自然现象，变成了"受命于天"的绝对肯定。对于天与天命的理解，到了董仲舒，开始从"原""始"状态，走向"元""本"探索。董仲舒说，"谓之一元者，大始也。知元年志者，大人所之重，小人之所轻。……惟圣人能属万物于一，而系之元也，终不及本所从来而承之，不能遂其功。是以《春秋》变一谓之元，元犹原也，其义以随天地始终。故人惟有终始也，而生死必应四时之变。故元者万物之本，而人之元在焉。安在乎？乃在乎天地之前"（《春秋繁露·玉英》）。《大学》告诉我们，"物有本末，事有始终，知其先后，则近道也"。董仲舒直接从认识"始终"开始，树立人之为人的生命开端。不同于文王、周公直接面对现实的感慨，体悟出"天命靡常"，董仲舒将"人之元"提升到"天地之前"，作为一个形而上学的预设。这样就实现了一个"经验变先验"的反转，天与天命的偶然性问题，变成了先验性的绝对肯定与人本预设。某种意义上说，这样的天已经从感知性的"天"变成了逻辑性的"天"，从具体可感的具象世界上升到抽象认知的世界，偶然性被必然性淹没。"人生在世的价值和意义不在于随四时变化而消失、毁灭表象存在和外化物件中，而在于能够找到并拥有那种恒常不变、始终一贯的本体，这才是生命的真正依据和最后凭藉。"① 人之在世的这个皈依，不可能是无常的"命"，而只能是恒常不变的"天"，从"天命"到"天"的信仰本体，"唯天为大"②，成为董仲舒哲学形而上学的根基。

在确立了"天"的本体论信念之后，在董仲舒之前的先哲们经常谈论的"配命""顺命""知命"等，就变成了董仲舒的"受天命""顺天命"与"畏天命"。"父者，子之天也；天者，父之天也。无天而生，未之有也。天者，万物之祖，万物非天不生。独阴不生，独阳不生，阴阳与天地参然后生。父之子可尊，母之子可卑……德侔天地者，皇天右而子之，号称天子……无名姓号氏于天地之间，至贱乎贱者也。其尊至德，巍巍乎不可以加矣；其卑至贱，冥冥乎其无下矣。"（《春秋繁露·顺命》）这种"受天命"的天子观，比起孟子的"人人皆可为尧舜"，从一种可能性下降到天定性，"王侯将相，宁有种乎"作为一种潜在否定性力量已经萌芽其中。三纲五常的必然性，被董仲舒以"天"的名义确立下来，普通大众只能"顺天命"。"天子受命于天，诸侯受命于天子，子受命于父，臣受命于君，妻受命于夫，诸所受命者，其尊皆天也。虽谓受命于天亦可。天子不能奉天之命，则废而称公……妻不奉夫之命，则绝……曰：不奉顺于天者，其罪如此。"（《春秋繁露·顺命》）"顺天命"，完全去除了具体个体的生命意义，将个体置身于尊卑关系之中，人似乎也成为一个个"普遍的个体"，不过这个个体不是主体性的，而是奴役性的，不是自我觉醒的主体，而是天网牢笼中的奴隶。接着，董仲舒将孔子"畏天命，

---

① 余治平：《唯天为大——建基于信念本体的董仲舒哲学研究》，商务印书馆 2003 年版，第 40 页。

② 本研究注重的是在偶然性视阈下董仲舒道德哲学的意义和价值，关于董仲舒"唯天为大"的信念本体论的具体研究，可参见余治平《唯天为大——建基于信念本体的董仲舒哲学研究》，商务印书馆 2003 年版。

畏大人，畏圣人之言"，一统于"畏天命"。"见百事之变所不知而自然者"，不可"胜言"，可见"其可畏"；"臣弑君，子弑父"，无法理解，"可畏者唯其天命"。① 在我们可以"知天""顺天命"之后，我们为什么还要"畏天命"？我们"畏"的到底是什么？"畏"的就是"百事之变不知而然"，畏的就是"臣弑君，子弑父"这种违背普遍规范却又客观存在的偶在性。从伦理道德的视角来说，一方面，"我们从没有做过什么伤天害理的事情，从没有昧着良心干出坏的勾当"，可是我们还是会遭遇"非命的事件、非正常的意外"；另一方面，"即使我们没有做错任何事情，我们也免不了受到惩罚，我们也没有什么办法，这或许也是天意所致，我们还得接受天的安排，我们还得始终不移地相信这个天"②。"天命靡常，惟德是辅"，在经过"知命""知天""顺命""顺天"之后，我们还是无法逃避这个世界的偶然性，因而需要"畏天命"。然而，这个"惟德是辅"的"德"是否只能是偶然性，我们何不直接在道德内部来确认这种偶然性。当然，没有走完偶然性认知之路，我们是无法迎来道德偶然时代的。

在"畏天命"的反向理解下，我们就可以理解中国人的"天"，"不像西方哲学里纯粹知性的'真理绝对'"，也不像基督教"神性万能的'上帝'，高于世界、超越于人"，中国人的"天"更多地"与人的情感信念"相联系。"天子者，则天之子也，以身度天。"（《春秋繁露·郊祭》）中国人"利用主体的身和性情的心去感通与本己统一的天"，而不是用"纯粹知性的心去认识、论证作为对象的天"③。"天人感应"成为董仲舒化解偶然性的重要一环，如前所述，中国人的这种伦理道德观念正是建基在人的"感性—理性—德性"的存在论事实上的，而不仅仅是"理性—德性"的纯粹理性基础上的道德认知。这种三位一体的结构，强调"感"与"通"，当然其中也有"理性"的成分。理性是线性的，强调必然性；感通是周而复始的循环，包容偶然性。

---

① 《春秋繁露》，张世亮、钟肇鹏、周桂钿译注，中华书局2012年版，第563页。
② 余治平：《唯天为大——建基于信念本体的董仲舒哲学研究》，商务印书馆2003年版，第43页。
③ 余治平：《唯天为大——建基于信念本体的董仲舒哲学研究》，商务印书馆2003年版，第47页。

五 "天理"与"致良知"

到了宋明理学,中国人伦理道德世界关心的问题,从存在论或生存论的"天命",经过本体论的"天道"确证,进入论"天理"的知识论追求。周公、文王的"配天命",经过老子的"道可道"和孔子的"志于道"的"天道"确认,宋明理学走向了"穷天理"。从天命、天道到天理,"理"不是存在论上直观无常,也不是本体论上确定有无,而是认识论上知道穷理。也正是在宋明理学中,产生了张载的"四为","为天地立心,为生民立命,为往圣继绝学,为万世开太平"(《张载集·近思录拾遗》)。正如黑格尔用"绝对精神"开启现代西方哲学精神,将"爱智慧"的哲学发展为"智慧"本身一样,中国人要通过"知道穷理"来彻底地"知天命",从而做到"为天地立心"。西方近代哲学面临的是古希腊哲学爱智慧之形而上学传统、中世纪基督教精神以及现代人的主体性意识,宋明理学也是面临佛教与道教的影响。西方哲学需要完成形而上学、宗教与伦理精神的综合,中国人需要完成儒道释的相通一统。所不同的是,一方面,西方的伦理道德是在形而上学与宗教统摄之下的伦理道德,而中国的儒道释统一是在儒家主导下的一统,儒家的"天理"根本上也是"伦理",是一种伦理道德的本体论,"穷理的理主要是指人伦的道德法则,而不是事物的客观规律,穷理的主要目的是道德意识的培养,而不是对自然事物的认识"[①]。另一方面,近现代哲学的集大成者黑格尔是一个人通过一两本书(代表性的是《精神现象学》与《哲学全书》),完成了对"绝对知识"的"新精神"论证,而宋明理学是通过一个群体学者影像,完成了"万物森然于方寸之间,满心而发,充塞宇宙",从而做到"收拾精神,自作主宰,万物皆备于我"(《陆九渊集·语录下》)。中西方在近现代,同时完成了对于道德必然性的"知识"确证,西方是完成了"真"理确证,中国人完成了"天"理确证,西方重形而上学,中国重伦理道德。西方通过黑格尔一人完成了现代性的绝对体系,在对立

[①] 陈来:《宋明理学》,华东师范大学出版社2004年版,第101页。这个论断是陈来教授在评价北宋儒家谢良佐(上蔡)的"穷理"思想的论断,虽然整个宋明理学不一定都是关注这个意义上的穷理,但是从儒家所产生的文化事实与生活实践来看,中国哲学所表现的根本上是一种伦理道德本体论或中心论的"格物穷理"。

统一中，注重的是"统一"的一面。宋明理学通过学者群像，在对立统一中，更多地呈现出相偶互系的多元面向，多元性的张力始终掺杂其中。前者是征服偶然的现代性，后者则是处处彰显偶然张力的"亚近代"的"近世化"。①

宋明理学奠基者程颢说，"吾学虽有所受，天理二字却是自家体贴出来"（《二程集·外书卷十二》）。我们把天命、天道与天理作为周初、春秋与宋明的不同关注的主题，不是说这些哲学命题只是在那个时代出现，而是说它们作为一个哲学概念和伦理道德理念在那个时代得到了确认与充分阐释。正如程颢所言，其学"有所受"，但"天理"也是建立在"天命""天道"基础上的。"上天之载，无声无臭。其体则谓之易，其理则谓之道，其用则谓之神，其命于人则谓之性。"（《二程集·遗书卷一》）在这里，我们可以清晰地看到理学的内在逻辑，首先是天之绝对地位"无声无臭"，它的本质在于"易"的变幻无常，这变幻无常的"天"通过"道"呈现出来，而这"天"之"道"中有"理"，"理"是"道"之理，我们把握了"道"之"理"，就可以"神乎其神"妙用"道理"，这种"道""理"反映到"人"身上就是"命"，或者说人就要在这世界之中体验天之变幻无常，在这无声无臭的天之呈现中知"道"穷"理"，这就是人的本性，也是人的使命。这里，周初的天命靡常的互系性结构中的自然之天命，已经悄然转化为对人性确证的人之命运，"知天道""穷天理"更多的不再是面对"天命靡常"，而是追求人伦道德法则的必然性，为人性命运确立形上根基。由此而来，那个对天命靡常的直观体验的偶然性，已经转化为道德内部的实践偶然性的思考。

康德用十二范畴来说明纯粹理性的思维结构，中国哲学是以天地人我的互系结构来说明伦理存在。在康德那里，十二范畴表现为量、质、关系和模态四类，每一类中又有三个层次，如量表现为单一性、多数性和全体

---

① 陈来先生在《宋明理学》（华东师范大学出版社 2004 年版，第 13—14 页）中，引用日本学者堺屋太一的观点，认为"10 世纪到 11 世纪后半叶北宋鼎盛时期是近代型高速经济增长与合理精神充溢的'东洋文艺复兴'，甚至是超越它的'亚近代'"。陈来教授，更进一步说，"禅宗、古文运动和新儒家所代表的宗教的改革、古文的复兴、古典思想的重构，表示一个与新时代相符合的文化运动，它在许多方面与西欧近代的宗教改革与文艺复兴有类似特点。它虽然不是以工业文明和近现代科学为基础的近代化体现，但可以认为是摆脱了类似西方中世纪精神的一个进步，我们可以把它称为'近世化'"。由是观之，我们可以将宋明理学所表现出来的现代特质表述为"'亚近代'的'近世化'"，从而可以与黑格尔所创立的集大成者的现代性相比照。

性，模态表现为可能性与不可能性、存有与非有、必然性与偶然性。宋明理学的范畴都是对立而存在的，理气、心性、格物致知、敬静、涵养、知行、已发未发、道心人心、天理人欲、天命之性气质之性等。康德强调统一，黑格尔将十二范畴有秩序地发展出来，最后归结于绝对精神。中国哲学更多的是在"二元"结构中徘徊，在"之间"问题上存疑。比如，已发未发，"喜怒哀乐之未发谓之中，发而皆中节谓之和"，那么"发而不中"为何？未发已发之间的"引发"为何？"夫至道之归，固非笔舌能尽也。要以身体之、心验之，雍容自尽，燕闲静一之中默而识之，兼忘于书言意象之表，则庶乎其至矣。"（《宋元学案·龟山学案》）道德逻辑必然性可以言说，道德实践无法言表，需要亲身体验，这无法言表的就是不可言说、不知其所以然的偶然性，这种道德偶然性永远伴随在人的生命体验与道德实践之中。存天理，灭人欲，也只是"理性"的选择，不是"感性"的绝对。

"理"从形而上层次来说，有"天理""道理"，从形而下层次来说，有"物理""事理""心理"。宋明理学在不同层次上都涉及上述不同层次的理，而这些天理、道理、物理、事理、心理，又都离不开或最终服务于人理、伦理，最后形成了"理性"之"理"，"存天理、灭人欲"。天何言哉，"天"不讲话，但是天有"道"，"道"中有"理"，知"道"需要穷"理"，穷"理"必须"格"物，"物"为何物？"朱熹认为格物的基本意义是要穷理，但穷理要到具体事物上去穷，穷理又必须穷至其极。"[①] 何以穷尽万物？何以达到穷极？由此而来，就有生物、事物、人事之别，又有是否能格尽天下之物的困惑。对于前者，宋儒说，"天，理也。人，亦理也。循理则与天为一，与天为一，我非我也，理也；理非理也，天也"（《宋元学案·上蔡学案》）。对于后者，"理一而已，一处理穷，触处皆通"（《宋元学案·上蔡学案》），"号物之数至于万，则物盖有不可穷胜者。反身而诚，则举天下之物在我矣……反而求之，则天下之理得矣。由是而通天下之志、类万物之情、参天地之化，其则不达矣"（《宋元学案·龟山学案》）！这就转换到对人理、伦理与人心的认识，"道"变成"心"，道"理"成为"心"理。从形而上层面来说，这是人之为人的本性，也是人之使命，即人性，即心即性；从形而下层面来说，

[①] 陈来：《宋明理学》，华东师范大学出版社2004年版，第140页。

这"心"必须是"良心",否则难以体现人之为人的意义和价值。而我们一生"知其可为而为之"的任务就在于"致良知"。康德的善良意志与阳明的致良知,一个在本体论上,一个在实践论上,不约而同地呼唤和激发"良心"。

"道问学""穷天理"的尽头是否一定就能"尊德性",有知识不行动的问题,在宋明心学那里是一个重要的思考点。延续孟子心性理论,"先立乎其大者""收拾精神""自作主宰""致良知"都是在认知的一面。真正实践的难题在于,"学者初觉,纵心之所无不玄妙,往往遂足,不知进学,而旧习难遽消,未能念念不动"(《慈湖先生遗书·论泛学》),一时体会到天理良心,能否"念念不动"?能够做到"念念不动",敬畏天理良心了,我们又能否做到事事能敬?"吾辈做事,件件不离一敬字","学者须要置身在法度之中,一毫不可放肆","圣人之所以为圣人,只是这忧勤惕励之心,须臾毫忽,不敢自逸"。(《明儒学案·诸儒学案上二》)难不难?圣人尚需如此,常人怎么办?所以,陆九渊说,"孟子当来,只是发出人有是四端,以明人性之善,不可自暴自弃","人之有是四端,而自谓不能得者,自贼者也。暴谓自暴,弃谓自弃,侮谓自侮,反谓自反,得谓自得"。(《陆九渊集·语录上》)"自暴自弃"说出了"天理良心"道德实践的难题,也道出了有知识不行动的根源所在。正是看到这一点,阳明在知行上不断下"功夫"。"今人学问只因知行分作两件,故有一念发动虽是不善,然却未曾行,便不去禁止。我今说个知行合一,正要人晓得一念发动处,便即是行了。发动处有不善,就将这不善的念克倒,须要彻根彻底不使那一念不善潜伏在胸中,此是我立言宗旨。"(《传习录下·门人黄直录》)阳明回答了有道德不行动的道德实践难题,解决了知行合一问题,用每思必善力求做到"念念不动"。在此"致良知"道路上,王畿发现了"一念之几"。"千古学术,只在一念之微上求","见在一念,无将迎、无主著,天机常活,便是了当前百年事业","千古圣学,只从一念灵明识取,当下保此一念灵明便是学,以此触发感通便是教,随事不昧此一念灵明谓之格物,不欺此一念灵明谓之诚意,一念廓然无一毫固必之私谓之正心"。(《明儒学案·浙中王门学案》)最终我们的道德实践的功夫与信念,都在面对"当下"的此在,敢于直面"一念"偶然,"无将迎、无主著",顺其自然,最终达到"无一毫必固",每时每刻、无论何地都要敢于直面这"当下""此时""此地"的"一念"。想通了这一点，我们就做到了致广大而尽精微的中庸境界，达到"一念廓然"。我们一旦能够认识到道德实践的最高境界，就是坦然面对我们自己遭遇的外在偶然，最终成就自己内在的道德偶然确证，我们就可以做到"现成自在"。学会了面对偶然，面对此在，我们每个具体的个体就自然体验了天命，意会了天道，理解了天理，进入了日常生活。"先生言百姓日用是道，初闻多不信。先生指童仆之往来、视听、持行、泛应动作处，不假安排，俱自顺帝之则，至无而有，至近而神。"（《王心斋全集·卷三》）直面偶然与此在，顺其自然，自然而然。

发现"天命靡常"的中国人，用"惟德是辅"去应对偶然；发出"人啊，认识你自己"的西方人，走上了"美德即知识"的必然性之路。一切历史都是当代史，一切学术也都是当代学术。胡适的新文化运动让白话取代古文，也是让古典中国人走向现代中国人。当代互联网时代的偶然的人，需要一种适应"偶然"的"道德话语"。去感慨古典远去，现在不再，是一种批判；去拥抱碎片，承认偶然，是一种建构。互联网时代"偶然的人"的道德话语需要建构，这种建构是无根的，又是有根的。说其"有根"，是说它是站在"前现代""现代"的巨人的臂膀之上的；说其"无根"，是说它是一种完全不同的道德世界观，需要一种新的话语体系与道德范畴来言说这个"时代"的道德。从有根的历史走向无根的时代，一个基本的学术起点就是从"前现代""现代"道德问题的道德结论中发现新时代的道德问题，进而进行新时代道德话语的"哥白尼革命"。

第四章　偶然性的道德世界观

西方道德哲学在"美德是否可教"的追问中，坚持道德必然性的知识论建构，在黑格尔的绝对精神中达到征服偶然的近代境界；中国人的伦理道德在"学而时习之"的完善中，顺应道德偶然性进行实践论探究，在宋明理学的"天理"与"良知"中达到顺其自然的近世格局。[①] 道德偶然研究自觉站在中西方文明，甚至是全球多元文化合理性的基础上，直面后现代的不确定性时代，追问中国老百姓明白、世界听得懂的当代中国的道德哲学理论。

当代世界面临着一个大问题，就是多元文化之间如何相互理解。同时，也面临着一个小问题，亦即每个个体可以过出什么样的生活。在这个大问题与小问题之间，活生生的个体看不到世界的尽头，无法形成普遍性的共识，读不尽历史的知识，意识到个体生命的短暂，生活的偶然不由自己决定，不管承认与否，偶然都是绝对的现实。是主动拥抱，还是被动接受。吊诡的是，在道德哲学中，"道德偶然"一直未成为伦理学或道德哲学的基本概念。其中，部分的原因在于，在道德理论中我们对于道德怀疑论与道德虚无主义的拒斥与恐惧，以及由此而来的对于人之为人的道德本性的彻底否定的现实担忧。更为根本的原因在于，在一种"必然—偶然"辩证统一的形而上学范畴中，道德偶然性言说无法去除"形而上学悖论"：道德偶然，但不可言说。当我们说道德是偶然的，我们不仅是要说道德内容的偶然性，更要说道德本身的偶然性。但是，当我们说出"道德是偶然的"，"道德是偶然的"本身却成了一种必然性命题。因而，如果道德是偶然的，那么道德就是不可言说的，因为一旦我们能够将道德的

---

① 关于"近世化"表达，参见前面引用的陈来对于日本学者堺屋太一的观点。（第三章第五部分）这也是我们在梳理道德偶然的中国话语以宋明理学作为结束点的用意所在，西方近代德国哲学与宋明理学在思想上达到某种类似的体系性境界。

偶然性说出来，恰恰说明它是必然的，而不再是偶然的。道德偶然需要一个世界观的转变，也是一种世界观的革命。

一　道德金规则的逻辑悖论与永恒命题

古典伦理学的问题，缘起于苏格拉底的追问，集中呈现在柏拉图对话集之中，经典的表述是"什么样的人生值得一过"。这个问题的最终答案表现在亚里士多德的目的论伦理学中，幸福的人生值得一过，幸福是人生的至善，至善是最高的善、自我满足的善，"最高尚、最善良、最快乐就是幸福"，"幸福是合乎德性的灵魂的实现活动"。这一实现活动的方式是中道，中道是最好的，也是最道德的，"中道"就是"要在应该的时间，应该的情况，对应该的对象，为应该的目的，按照应该的方式"①，做应该的事（行为）。古典伦理学从最高善出发，确立了至善者的最高准则即"中道"的金规则。

近代道德哲学的问题，是康德在"人是什么"的总命题下提出的"我能够知道什么"、"我应当做什么"和"我可以希望什么"。三个问题中，"我应当做什么"是被康德视为两大"景仰与敬畏"的命题之一。康德希望得到一个去除了一切道德质料的道德形而上学的道德知识论，他从通俗道德哲学出发，经过道德形而上学的清理，最后到达实践理性的绝对命令，亦即"要按照你愿意成为同时也能够成为一条普遍法则的那样一条准则去行动"②。康德的绝对命令被上升为绝对义务，被确立为每一个理性存在者的最高道德原则。

现代道德哲学肇始于 1903 年摩尔的《伦理学原理》，他区分了两个问题："第一类问题可以用这样的形式来表达：哪种事物应该为它们本身而实存？第二类问题可以用这样的形式来表达：我们应当采取哪种行

---

① 苗力田编：《亚里士多德选集　伦理学卷》，中国人民大学出版社 1999 年版，第 39 页。
② 关于康德这条金规则的表述，各有不同，如苗力田将其翻译为"要只按照你同时认为也能成为普遍规律的准则去行动"（《道德形而上学原理》，上海人民出版社 2005 年版，第 39 页），邓晓芒将其翻译为"要这样行动，使你的意志的准则任何时候都同时被看成一个普遍立法的原则"（《康德哲学讲演录》，广西师范大学出版社 2005 年版，第 79 页）等，笔者侧重于将康德的"意志""能够""普遍""法则""准则"等所表现的核心概念的意思全面呈现出来，以求发现其中的悖结。

为?"① 对于第二个问题的回答是,"在这个世界上,这种行为将比任何其他可供选择的行为产生更多的善"②,类似于功利主义,但是又强调"善"的准则。这样,整个伦理学问题就归结为第一类问题,"哪种事物应该为它们本身而实存",亦即"善是什么"的定义问题。由此产生了当代语言哲学的元伦理学,也由此开启了现代道德哲学中"善"与"正当"的优先性争论。摩尔在追问"善是什么"的语言哲学历程的终点,得出的结论是,"如果我被问到'什么是善',我的回答是:善就是善,并就此了事。或者,如果我被问到'怎样给善下定义,我的回答是,不能给它下定义;并且这是我必须说的一切","虽然令人失望,却是极其重要的"③。进而摩尔将伦理学命题归结为"直觉",其目的不是将其作为认识手段,而是"断言它们是不能证明的"④。从此,伦理学开始了语言游戏。

当代伦理学,就是在西方现代伦理学"不可言说""不能证明"的结论中开始走向"偶然的"。综观摩尔的现代元伦理学的两个问题,不难发现其实不过是古典伦理学与近代道德哲学的变相表达。第一个问题"哪种问题应该为它们自身而存在",亦即"善是什么"的问题,在亚里士多德那里是以直接开端的目的作为起点来表述的,"任何实践都有它的目的",目的中有为他物存在的,有为自身存在的,为自身存在的善是至善,至善是自身满足的善,进而说明"德性是合乎德性的幸福的实现活动"。这个问题已经隐藏在亚里士多德的伦理学目的论的预设之中,摩尔只不过通过语言学的语法与语义分析回溯了亚里士多德对于"善"之原初赋予的内涵:善与自身满足直接等同,不可定义;善是德性的实现活动,独断而不可证明。摩尔的第二个问题,某种意义上就是康德"我应当做什么"的现代翻版,不同的是摩尔提出了"我们应当采取哪种行动",康德更强调"我"作为主体的绝对义务性,摩尔强调"我们"以及"应当采取哪种行动"的外在合理性。

由此而来,当代伦理学需要思考两个问题:一是为什么善不可定义、不可证明;二是需要回答摩尔提出的第二个问题如何转化为当下时代具体

---

① [英]乔治·摩尔:《伦理学原理》,长河译,上海人民出版社 2005 年版,第 1 页。
② [美]阿拉斯代尔·麦金太尔:《伦理学简史》,龚群译,商务印书馆 2003 年版,第 323 页。
③ [英]乔治·摩尔:《伦理学原理》,长河译,上海人民出版社 2005 年版,第 11 页。
④ [英]乔治·摩尔:《伦理学原理》,长河译,上海人民出版社 2005 年版,第 3 页。

个体的生活体验。正如摩尔正确指出的那样，第二类问题"必须包含我们第一类的伦理学真理，或自明的一类伦理学真理"，也正如摩尔在两个问题的迷雾中所发现的："如果一个伦理哲学家为第一类命题提供了任何的证据，或者他为第二类的命题既不能举出因果真理，又不能举出伦理学真理，或者举出既非前者又非后者的真理，那么他的论证是没有丝毫倾向能证实他的结论。"① 事实上，当代伦理学必须走出现代道德哲学问题，站在现代道德哲学之外来看待现代道德哲学的后果，进而发现当代实践伦理学的问题之所在。

彻底理论，通透生活。赵汀阳在《论可能生活：一种关于幸福和公正的理论》中指出，"无立场地看问题就是从 X 看 X 的要求，并且从 X 的系统底牌看 X 的限度，最后超越任何观点的固执，直面问题本身"②。由是观之，如果我们从"古典"看"古典"的要求，从"近代"看"近代"的要求，并且从"古典"和"近代"的系统看"古典"与"近代"的限度，会有什么样的发现，会看到什么问题本身呢？古典伦理的"中道"金规则说，"在应该的时间，应该的地点，对应该的人，实施应该的行为"，在这个金规则中，基本的境遇是"时间""地点""人"，核心的实体性要求与规则是"应该"，最终的实践结果是"行为"。"时间"与"地点"代表"人"不可超越的时空，"人"是生活在时空之中的"人"，这是人的界限，也是时空的界限。"人"在"时空"中行走，需要一定的规则，"应该"成为必然的、本质性的追求。但是"人""时间""地点"总是变化的、运动的、有限的、偶然的，"应该"则具有一种不变性、静止性、无限性和必然性，将二者结合起来的是"行为"，"行为"是一种变与不变、运动与静止、有限与无限、偶然与必然的统一，作为"行为"金规则的"中道"之中也必然包含着"变与不变、运动与静止、有限与无限、偶然与必然"的辩证统一。

我们再来看康德的金规则，"要按照你愿意成为同时认为也能够成为一条普遍法则的那样一条准则去行动"，这里的主体是"你"，核心的概念是"愿意""能够""法则""准则"，根本性的标准是"普遍"，最终的实践结果是"行动"。主体受制于"主观"的"愿意"和"客观"的

---

① ［英］乔治·摩尔：《伦理学原理》，长河译，上海人民出版社2005年版，第2页。
② 赵汀阳：《论可能生活：一种关于幸福和公正的理论》，中国人民大学出版社2004年版，第7页。

"能够",主客观的统一要求是"你愿意同时也能够",如果"你愿意同时也能够"坚持的是"普遍"的,那么"你"的"法则"(客观规律)与"准则"(主观意志)就统一起来了。"行动"是"意愿"(自由)与"能够"(必然)、"法则"(客观规律)与"准则"(主观意志)在"普遍"要求下的主体统一性。作为金规则的"绝对命令"也是"自由"与"必然"、"主观"与"客观"、"主观意志"与"客观规律"的辩证统一。

中道的金规则是一种本体论的,其核心是"时空"与"人"的实体,"对应该的人"实施"应该的行为",人既是主体也是实体,因而是一种本体论。绝对命令的金规则是一种认识论的,其核心主题是"意愿""能够""普遍""准则""法则"等,起点是主体性的"你"。二者共同的"底牌",也可以叫作"极限",就是其金规则表达的方式,都是"辩证统一"模式。"运动与静止""主体与实体""主观与客观""法则与准则""普遍与特殊""偶然与必然",这些对立的因素,都在这两条规则中实现了统一。古典伦理学的形而上学传统遭遇苏格拉底的追问,走上了辩证法的不归路,最后结出了亚里士多德的伦理学"中道"金规则;康德在近代道德哲学的迷雾中发现了"时空""整体与部分""自由与必然""存在与非存在"的先验的"二律背反",最后走上批判哲学道路,在"辩证论"的范式中左右互博、摇摆不定,以"绝对命令"的辩证统一的表述完成了对人的"绝对义务"的证明。黑格尔的绝对精神,将康德的绝对命令进入历史实践,实现观念与现实的螺旋式上升的辩证统一。何以如此?柏拉图在《理想国》里曾经敏锐地指出,"辩证法是唯一的研究方法,能够不用假设而一直上升到第一原理本身,以便在那里找到可靠根据","当一个人企图靠辩证法通过推理而不管感官的知觉,以求达到每一个事物的本质,并且一直坚持到靠思想本身理解到善者的本质时,他就达到了理知事物的顶峰了"①。也就是说,"辩证法"是我们"理智"世界的极限,是认识"理知事物"的底牌。在这种"极限"和"底牌"中,"辩证统一"是我们面临的"真问题""永恒命题"。

在"辩证法"中,变化的时空、变化的个体与应该统一起来了,主体的自由意志与客观的普遍规律统一起来了,个体的道德准则与社会的共

---

① [古希腊]柏拉图:《理想国》,郭斌和、张竹明译,商务印书馆1986年版,第298—300页。

同法则统一起来了，时间与空间统一起来了，整体与部分统一起来了，自由与必然统一起来了。每一个人，在某一个地方，某一个瞬间，按照他自己的意愿且这个意愿是能够执行的（也就是得到他人认可的），这个意愿更是一条被大家认可的具有普遍性的客观法则的那样一条自己的准则，去行动，去做自己想做的事情。一句话，个体的意志自由与人的必然应该、个体的偶然与共同体的必然、空间的偶然与时间的必然、人的主观意愿与自然的客观规律完全统一。这样的"辩证法"达到了"理智世界"的顶峰，但是在实践世界里可行吗？这种统一归根结底，不过是"理念的统一"，"语言的统一"。由此而来，"辩证法"的尽头是什么？辩证法的"底牌"是什么？"辩证法"的真问题又是什么？

二　道德必然和道德偶然

今天我们在讨论辩证法的时候，都认为这是一个哲学命题，是一种哲学方法论。事实上，辩证法在哲学史上的出场，首先是以苏格拉底在雅典广场的"对话"开始的，大家容易忽视的是，为什么辩证法会出现在苏格拉底之后，在苏格拉底之前希腊哲学的主流是形而上学，是去追问世界的本原，但是苏格拉底之后，辩证法开始凸显。这种凸显的背后，主要是论题发生了变化，苏格拉底在广场上追问的都是一些伦理道德问题，而不是世界本原问题，由此而产生的哲学现象则是，形而上学是伴随自然哲学而诞生的，辩证法是伴随伦理学而诞生的。在《理想国》中，柏拉图将"辩证法"视为最高的学问，提出童年学游戏，少年学体育，二十岁综合，三十岁学辩证法，四十岁进入政治实践，五十岁成哲学家[①]的梦想，其中辩证法是最难的学问，比起体育的2—3年学习时间，需要5—6年的学习时间，同时，辩证法也是人生的转折点，辩证法之后是实现人生抱负的实践。这非常类似孔子的"十五志学、三十而立、四十不惑、五十知天命、六十耳顺、七十从心所欲不逾矩"的生命体悟。同样经常被忽视的是，柏拉图在提出辩证法作为"理智世界"的重要法则的前提，是在讨论"什么是美德""什么是正义"这样的问题中体现出来的。应该说正

[①] ［古希腊］柏拉图：《理想国》，郭斌和、张竹明译，商务印书馆1986年版，第272—311页。

是对美德的定义、正义的定义问题的追问，构成了辩证法认知结构的产生，是"美德"导向辩证法，"正义"导向辩证法，而不是相反。由此，我们也就明白了摩尔元伦理学的当代意义，追问"善是什么"，如何定义"善"，"善"有什么标准。

定义"善"，又面临定义本身的"底牌"与"界限"问题。"道可道，非常道；名可名，非常名"，"玄之又玄，众妙之门"。（《道德经·一章》）"道之为物，惟恍惟惚。惚兮恍兮，其中有象；恍兮惚兮，其中有物"（《道德经·二十一章》），"道"不可"名"，"名"无法言"道"。以"名"命"物"，"名""物"直接同一，这就是语言哲学的指称问题。"名"对于"物"的所指与能指，总是一对矛盾。上升到"道"的层次也是如此。所有的定义都是直接同一，善也不可定义，直接同一。但这直接同一必须获得"公理"或"共同约定"的普遍同意，对善的"直觉"应当是"我们"共同的"直觉"，不仅仅是你的、他的、我的"个别的直觉"。对立与矛盾凸显，我们似乎陷入了循环。因而，只要我们讨论"善是什么"，必然陷入辩证法；只要我们讨论辩证法，也必然陷入"善是什么"的追问。这就是我们伦理学、道德哲学研究的"底牌"与"界限"。世界客观存在，但这客观的世界如果没有"人"的参与，就没有"善"的意义或价值，也可以说就没有我们人所知道的价值或意义。但是人又具有"人类"整体的无限性与"个人"个体的有限性，个体确立的"善"是否就是"人类的善"，一个时空认识的善是否具有连续性，"人类的善"只是一种形式的必然性还是一种规律的必然性，个体的善是偶然的还是必然趋向于"人类的善"？我们是站在"个体的善"具体的"时间""地点""遭遇的人""某种方式"等的偶然的一面，还是站在"人类的善"的"应该"绝对要求的一面？一句话，善是偶然的，还是必然的？我们的道德是偶然的，还是必然的？

当代元伦理学，从对道德规范性内容的追问，转向对道德规范性性质的审查。在问题意识上，提出"存在道德事实或道德属性吗""存在道德知识或道德真理吗？""道德话语具有陈述事实的功能还是非陈述事实的功能""道德性质如何表征在道德判断主体的经验之中"，等等。这些问题不过是传统道德哲学的本体论、认识论和实践论问题在当代分析哲学与语言哲学中思维分析与语言分析的再现。在道德关乎什么的本体论问题上，讨论道德对象与道德事实是否存在或是否实在；在如何知晓道德的道德认识论上,讨论规范性本身的实在性和可否还原问题;在如何言说道德的道德知识论上,探讨分析道德语言的语义学与语用学逻辑;在如何思考道德的道德世界观上,追问心灵匹配到世界还是世界匹配到心灵的可能性问题。在经过分析与语言的排列组合式的"深刻"而"全面"的"全景式"逻辑分析之后,元伦理学无论是在起点还是终点上,都在自然主义与非自然主义、认知主义与非认知主义、实在论与非实在论、主观主义与客观主义等这些基本哲学问题上打转。

费希特在《伦理学体系》开篇即说,"无论是谁,如果他没有发现一个点,看到客观东西与主观东西在其中全然不分离,而是浑然一体,就绝不会解释,怎么在某个时候客观东西能变成主观东西,自为的存在能变成表象的东西——我是在这个众所周知的终点把握一切哲学的课题的"①。正是因为"善"的介入,主客观才会有交融的时刻,正是因为对"善"的认识,才会有"必然"与"偶然"的分歧,正是"实践",才需要将二者统一起来。这是伦理学的终点,也是伦理学的起点。在古典时代,思想家们从起点出发,从"善"出发引出"辩证法";在现代、当代,思想家们从终点出发,从"辩证法"去追溯"善"。今天,我们到了将这种辩证法与善的关系敞开的时刻,也到了新的决断的时刻。

从辩证法走向形而上学,是本体论走向生活世界的实践必然。从底牌与限度来看,我们的认识只能是"辩证的","辩证法"是认识论,也是我们世界的本体论。但是,从生活的角度来看,我们都生活在"本体"之下的"具体"世界中,我们需要形而上学。用西方伦理学的话语来说,辩证法只给我们提供了"薄"的观念体系,我们更需要面向现实的"厚"的伦理生活。道德偶然与道德必然在辩证法上是本体论与认识论的统一,但是在生活世界里,我们却必须面临道德的形而上学抉择。

道德是偶然的,还是必然的?我们只有这两种选择,但是它却有很多种可能。道德是必然的,不是偶然的;道德是偶然的,不是必然的;道德既是偶然的,也是必然的;道德既不是偶然的,也不是必然的;道德是部分偶然,部分必然的;道德是时间必然,空间偶然的;道德是时间偶然,空间必然的;等等。综合起来看,坚持无立场的看法,我们可以有四大基

---

① [德] 费希特:《伦理学体系》,梁志学、李理译,商务印书馆 2007 年版,第 3 页。

本样式：道德是必然的，道德是偶然的，道德既是偶然又是必然的，道德既非必然也非偶然。这四种可能性，在道德哲学史上都有一定的呈现。四种可能，在逻辑上是形而上学的穷尽，在科学上是非此即彼的真理，在宗教上是神圣的超越，在哲学上是理智世界的极限，在生活上是吊诡式并存，在实践上是世界观的抉择。哲学的终点是实践的起点，实践的起点是世界观的确立。由此，我们可以看出，道德世界观的三种模型、四种可能："两不性"（既不是偶然，也不是必然）、"两是性"（既是偶然，又是必然）、"非此即彼性"（包括两种：必然而不偶然，偶然而不必然）。在这"非此即彼性"中，认为是必然的而不是偶然的，这是道德必然论；认为是偶然的而不是必然的，是道德偶然的观点。三种模型、四种可能，"既是也是"是肯定辩证法，"既不也不"是否定辩证法，"非此即彼"是形而上学的阿基米德点的决断。

本体论的两不性，道德既不是偶然的，也不是必然的。第一个对其做深刻阐释的中国学者，是张志扬教授。张先生在《一个偶在论者的觅踪：在绝对与虚无之间》一书中，开启他自己从"一决定一切"的逻辑中"逃脱"的"哲学苦旅"。从形而上学中发现"真理"被"真实"毒死，走向伽达默尔与海德格尔的"艺术"，最后在语言哲学中发现了"语言的两不性"。张先生说，"语言于我，已不是'平面'，不是'世界'，不是'存在'，当然更不是'思维的现实性'、'理解或交往的工具'，而是界限，即永远是可说与不可说、确定与不确定、经验与超验之间的'有—无'与'显—隐'的界限"。"语言的两不性""所拒斥的只是'一元论'和'二值逻辑'的专名与泛化，维护了或守护了本体的超验性"①。两不论是真正的本体论，是值得敬畏的本体论，是对一元论和二值逻辑的超越。同时，张先生也看到，"语言的两不性"有它的消极性，是否定性的，只能"针对'人义论'的'形而上学本体论'，只能针对一切人为的僭越命题即所谓的本体论命题而言"②。也就是说，张先生的本体论本质上不是形而上学的本体论，而是伦理学、道德哲学抑或实践哲学意义上的本体论（张先生称为"人义论"）。这种以"无"为本体的道德世界观，在张志扬先生那里得到了阐释。在道德哲学史上，在形而上学的本体论

---

① 张志扬：《一个偶在论者的觅踪：在绝对与虚无之间》，南方出版社、海南出版社2008年版，第163—168页。

② 张志扬：《偶在论》，上海三联书店2000年版，第38页。

中，表现为道德既非偶然也非必然的理念，因为其具有的否定性质，容易走向"道德虚无主义"和"道德怀疑主义"，从而一直被伦理学与道德哲学的理论家们所排斥，是伦理学与道德哲学科学所要回避、克服或者征服的伦理道德观念。甚至可以说，道德虚无主义与道德怀疑主义至今都没有得到应有的本体论认识，这个认识需要其他三个方面的认识与超越。

价值论的两是性，道德既是偶然的也是必然的。"两不性"本体论无法现身，只能反讽，本体论需要价值论的支撑，这个支撑就是"两是性"。老子曰："无名天地之始，有名万物之母"，王弼解释说，"凡有皆始于无，故未形而无名之时，则万物之始。及其有形有名之时，则长之、育之、亭之、毒之，为其母也。言道以无形无名始成万物，[万物]以始以成而不知其所以然，玄之又玄也"①。"两不性"是混沌的本体，是"无"，"无"要获得"显现"，必然走向"有"。"有"本身"存在论"的意义也是一种本体论，但若是在"两不性"的本体论上，"两是性"则是一种"价值论"，是"无"的"价值""显现"而已。"从未形而未名"的"两不性"走向"有形有名"是一次世界观的飞跃，是从本体论向价值论的飞跃。这飞跃中，万物"以始以成"而"不知其所以然"（偶然还是必然的所以然），所以在自身就是"既是偶然的，也是必然的"。道德既是偶然的，也是必然的，是一种价值，也是一种事实。这种价值在西方表现为辩证法作为柏拉图所认为的最高的研究"理智世界"的学问的起点、黑格尔作为绝对精神的终点，在中国表现为道家的逻辑辩证法与儒家的道德辩证法的互补与统一。柏拉图的辩证法本质上是一种理念辩证法，是透过现象看本质，希望在可感世界的背后揭示可知世界的真实，事实上可知世界不能离开可感世界，因而最终也只能将辩证法局限在"理智世界"中，获得思辨的实在，回避不了现实世界的偶然，从而使我们在亚里士多德那里看到处处存在的运气问题。黑格尔的辩证法将理念辩证法与社会历史现实结合起来，期待获得一种绝对精神的螺旋式上升体系，最终也只是完成了"现有历史"合理性的辩证同一，为偶然性未来敞开了可能。中国道家的"无"本体论，为中国儒家的"德性"伦理提供了一种可能性，从而使得儒家在"有"的价值论上，始终致力于必然与偶然的统一，寻找二者完美契合的"具体确定性"，而不轻易为偶然与必然划

---

① （魏）王弼：《王弼集校释》，楼宇烈校释，中华书局1980年版，第1页。

界。中西方对于辩证法的共同意旨说明了"两是性"价值论的客观事实,对这个"两是性",信服者视其为真理,批判者视其为诡辩。亚里士多德就曾指出,"有些人不但自己主张'同一事物可以既是而又非是',还说这可让世人公认……甚至要求将这原理也加以证明,实在是因为他们缺乏教育"①。事实上,这完全是因为亚里士多德的在写作《形而上学》时的"形而上学"立场。同时,也证明了这种"两是性"的存在,以及间接证明其"不证自明性"。

本体论虚无缥缈,价值论两可而行,如何"知其所以然"?形而上学的认识论是其出路,从辩证法的价值论走向形而上学认识论,有两条路径:形上必然论与形上偶然论。在"两是性"的辩证法中,"主观的东西与客观的东西首先是这样被看作统一的或和谐的:主观的东西应该产生于客观的东西,主观东西应该以客观东西为转移;这是认识方面,我们如何得出关于这样一种和谐的主张,是理论哲学研究的"。但是在实践哲学方面,"两者是被这样看作和谐的:客观的东西应该产生于主观东西,存在应该产生于概念(目的概念)","关于这样一种和谐的假定从何而来,是实践哲学要研究的"。但是从价值论走向认识论,理论哲学与实践哲学殊途同归,都是追求一种形上必然性,"伦理学是一门实践哲学,正如理论哲学要清楚地说明一种必然的思维的体系,即我们的种种表象符合于实在,实践哲学也要彻底地阐明一种必然的思维的体系"②。道德必然论一直以来都是西方道德哲学史上的主题,从柏拉图的"美德是否可教",经过"是与应该"的休谟问题,一直到摩尔的"善是什么",道德必然性一直都是伦理学与道德哲学的不二选择。

直到元伦理学的尽头,思想家们在"语言的两不性"面前彻底迷茫,维特根斯坦道出了伦理学"只是记载了人类心灵中的一种倾向"③,道德偶然性的话题开始渐渐凸显,但是"道德偶然"何以成立,一直还是一个"犹抱琵琶半遮面"若隐若现的话题,也是四种范式中最后的、有待阐释的论题。

---

① [古希腊]亚里士多德:《形而上学》,吴寿彭译,商务印书馆1959年版,第63页。
② [德]费希特:《伦理学体系》,梁志学、李理译,商务印书馆2007年版,第3页。
③ [英]维特根斯坦:《维特根斯坦论伦理学与哲学》,江怡译,浙江大学出版社2011年版,第8页。

三　道德偶然性世界观何以可能

费希特认为，"主观东西"与"客观东西"之间的相互转化是"一切哲学的课题""众所周知的终点"；黑格尔认为，近代哲学的"最高分裂"，就是"思维与存在的对立"，近代哲学的任务就是要实现"思维与存在的和解"①；恩格斯说，"全部哲学，特别是近代哲学的重大的基本问题，是思维和存在的关系问题"②。由此而来，思维与存在的统一一直都是真理追求的目标，反映在实践哲学中也就是道德存在与道德认知的统一问题。如前所述，在真理存在的可能意义上来说，有"两不性"本体论、"两是性"价值论（辩证法）和形上偶然论与形上必然论四种可能性。这四种可能都是真理的知识现象学表现，在"真理"的名义下，它们永远自洽，获得"科学"称号。但由此而来的问题是，"真理只有作为体系才是现实的"，而哲学就降低为认识科学的体系的手段，并且只有在"时间里"升高为"科学体系"，因为"时间会指明目的的必然性"③。"时间"成为科学真理的第一个问题，一切科学真理都需要经过时间的检验。真理的第二个问题在于，对于"真理"的理解问题。真理虽然以科学的形式"向一切人提供了、为一切人铺平了通往科学的道路"，但是理解科学需要个体走过自身与人类"普遍精神"所走过的"所有阶段"，这种艰难性与整全性几人能达到？同时，"所谓理解和检验，也就是关于这些东西的说法是否在每个人的观念里都有，是否每个人都觉得它是这个样子，真正认识到它是这个样子"④。因而，一个有限的生命是否可以具有一个无限的时间，一个有限的生命在有限的时空与时代里是否有理解一切的可能。真理作为理论哲学，作为第一哲学是否具有其天然合理性？

世界是客观存在的，但我如何认识这个世界，我认为这个世界是什么样子的，亦即世界观问题才是根本性的问题。改变我们的不是世界，而是

---

① ［德］黑格尔：《哲学史讲演录》第四卷，贺麟、王太庆译，商务印书馆1978年版，第6页。
② 《马克思恩格斯文集》第4卷，人民出版社2009年版，第277页。
③ ［德］黑格尔：《精神现象学》上卷，贺麟、王玖兴译，商务印书馆1979年版，第1—23页。
④ ［德］黑格尔：《精神现象学》上卷，贺麟、王玖兴译，商务印书馆1979年版，第20页。

我们的世界观。即使世界改变我们，也首先改变我们的世界观，进而改变我们的生活。因而，我们关于道德与必然的认识问题可以在上述本体论、价值论、认识论的基础上进行世界观的分析，其可能范型如下。

表 4-1　　　　　　　　　　道德世界观范型

道德世界观范型　　主观认知　客观存在	偶然（非必然）	必然（非偶然）
偶然（非必然）	偶然和谐	是必然但我（我们）信偶然
必然（非偶然）	是偶然但我（我们）信必然	必然和谐

　　道德存在偶然与必然两种可能，根据"两不性"，也可以说有非必然和非偶然两种可能，同样，我们对于道德存在的认识也有偶然与必然或者非偶然与非必然两种可能。由此而来，我们的道德世界观与道德生活的可能性就有四种：一是道德在客观上必然，我们主观上也认为是必然的；二是道德在客观上偶然，我们主观上认为是必然的；三是道德在客观上必然，我们在主观上认为是偶然的；四是道德在客观上偶然，我们主观上也认为是偶然的。很显然，第二、三种道德世界观无疑是南辕北辙的，无论在实践上还是理论上都是不可行的，但却是在现实生活中荒诞地存在着的，需要我们认真辨别。客观上必然、主观上也是必然，我们可以称之为"道德必然论"，其一直都是道德真理与道德实践的知识论追求，是从古至今的人们坚持的道德理想。

　　由此而来，剩下的客观上偶然、主观上也认为的偶然的道德世界观，我们可以称之为"道德偶然"，这种道德世界观有没有意义呢？从真理观的角度来看，道德是必然的，我们主观也认为是必然的，主观的东西与客观的东西实现了统一，客观的东西可以为主观的东西所认识，主观的认识也可以转化为客观的东西，思维与存在同一，某种意义上符合近现代哲学的世界观。道德必然论的世界观有一种无法回避的决定论倾向。一旦进入决定论，我们的自由就会受到致命的威胁，"决定论似乎削弱了我们所具有的那种人类尊严感，削弱了我们的道德责任意识"，因为"如果在我们出生之前一切都是被决定的，我们也就无法成为我们的行动的原创者，也就无法对我们的行动承担责任,甚至也说不上能够把责任赋予他人"[①]。人类拥有的只是认识必然的义务,虽然决定论能够部分地承认偶然性,但这种偶然却是在一种必然性之中无意义的消耗。落实到人的生活,看似无意义的偶然对于个体的生活却是十分重要,甚至是决定性的。虽然后天认识必然具有一定的主观能动性,但其终极宿命论倾向却一直让我们无法释怀。

既然"道德必然论"面临这样的难题,那么我们为什么不转向"道德偶然论"呢?"道德偶然论"在道德世界观上具有什么样的优势呢?首先,道德偶然论不违背真理论,道德客观上偶然,我们主观上认为偶然,坚持了一种思维与存在同一的真理观。正如近代哲学是从古典哲学中发展而来一样,当代哲学也必然吸收近现代哲学的成果。道德偶然论是一种立足现代真理观的道德世界观。其次,道德偶然论包容了自由意志的难题,自由意志问题一直都是决定论所无法解决的问题,道德偶然论承认自由意志的存在,可以将自由意志包容在偶然的时空之中,也可以将自由意志产生于主体的意愿之中。最后,道德偶然论包含了道德必然论,道德偶然论面临的最大质难可能是道德虚无主义和道德怀疑主义,事实上,道德必然论的最有效与适用的道德准则就是功利主义的最大多数人的最大幸福问题,绝对必然性一直处于一种信念与有待未来验证之中,道德偶然论兼容未来建构论与历史建构论,道德偶然性通过面向过去的建构主义和面向未来的开放主义,来建构一种在偶然之上的必然性,一种相对必然性,一种有坚实基础的"最大多数人最大幸福",将绝对主义的必然性通过现象、事件与现实建构起来,使得道德偶然论不排斥道德必然性,使得道德从一种期许走向透明。

什么样的人生值得一过?这个导致伦理道德登上人类历史舞台的源始性问题,只有在"道德偶然论"那里才有真正的意义。四种可能生活中,主观认识与客观存在背道而驰的两种状况必然是荒诞而无法想象的,剩下的"道德必然论"与"道德偶然论"到底哪一种生活更有意义?如果你、我、他知道自己的一生生下来就是必然的,正如鲁迅笔下的"人生下来就是要死的"直言不讳地"点破",你、我、他对生活还有期待吗?这种期待虽然是在自己无知状态下有着某种可能性,但这可能性对你们、我

[①] 徐向东:《理解自由意志》,北京大学出版社2008年版,第30页。

们、他们还有意义吗？还有冲动与激情吗？还有生命与生活的动力吗？相反，道德偶然论可以给予我们生活的意义和力量，我们的生与死都具有时空的偶然性和逻辑的必然性，但是我们生命的过程一直都处于偶然之中，生命的意义恰恰就在于偶然之中的生命创造，尤其是德性的创造，"我命由己不由天"，正是道德偶然性给予了这种可能。偶然的生活具有多元性、开放性、创新性与激情性。是一种真正的道德，是一种永远有待完成的道德，是一种去道德的道德，是将道德从神坛与圣坛请下来的"平民道德""凡人道德"，不是"圣人道德"，是"人人皆可为尧舜"的道德。

互联网时代，一方面我们在以计算机为基础的强大的机械化面前已经没有了"身体"的自由；在以计算机网络为主导的互联网世界里，无数的摄像头与无数的信息记录，让我们失去了"社会"的自由；在以互联网为根基的大数据时代里，"算法"以一种我们永远无法"透过现象看本质"的方式支配着我们的生活，让我们失去了"理性"的自由……传统在习俗中成长起来的、以社会为基础的"道德规范"和在科学中发展起来的、以理性为基础的"道德规律"所创造的生命意义与生活价值已经走到了尽头，或者说已经能够看到尽头，留给我们的是新的时代，是以"灵魂"为主导的心灵的自由意志，人类从"感性自由"走向"理性自由"，今天我们开始进入真正的"道德自由"的时代。

需要进一步予以厘清的是，不同于必然论，偶然论似乎存在着悖论。"如果一切都是偶然的，偶然就成为普遍的，从而也就成为思维态度的一种基础；不存在永恒的真理这个命题若是正确的，它自身就成为一个永恒真理。当偶然成为一个普适性范畴时，偶然就被它自身消解了。断言一切都是偶然的，偶然就成为必然。"[①] 一直以来，逻辑上的自洽似乎都是知识论的基本要求，因而使得怀疑论、偶然论等议题因为不能自洽，存在着自相矛盾的现象，从而被剔出了知识论的范畴。事实上，这样的认识不过是知识论自身对于普遍性的逻辑的前提性预设，世界是普遍永恒的，知识是对世界普遍永恒性的把握，是人类对于世界必然性的认识。同样，当我们说一切都是必然的，已经包含着世界有偶然的存在，否则必然论断从何而来。稍微不同的，说一切是偶然的，承认这一点，似乎本身就说明了这

---

① 严春友：《偶然、突变与约束——罗蒂的偶然论之批判》，《海南师范大学学报》（社会科学版）2018年第6期。

一命题的必然性，从而似乎构成自相矛盾；说一切是必然的，承认这一点，这一命题本身就蕴含着相对于自身的偶然性范畴的存在，从而也间接肯定了偶然性事实的存在，从而构成外在矛盾。二者从本质上说，都属于逻辑上的诡辩论。必然与偶然是一对范畴，正如高低、前后、大小一样，它们是成对出现的，是"偶"（成双）"性"（属性），不能用一方去否定另一方，它们都是存在的。如前所述，对于它们认识，关涉我们的世界观。辩证法（既是又是）是其本体论，虚无主义（既不是也不是）是需要克服的不可知论，而必然论与偶然论是形而上学的认识论路径。我们需要指出的是从偶然出发去阐释必然，比从必然出发来阐释偶然更合理、更可行，也更能够凸显当代文明的生活意义。

从"道德必然论"走向"道德偶然论"，我们需要一个哥白尼式的革命，一种世界观的革命。正如地球绕着太阳走的"日心说"彻底改变太阳绕着地球转的"地心说"一样，道德偶然性世界观是一种"偶然—必然"逻辑，不是道德必然性的"必然—偶然"逻辑。道德偶然性世界观，以偶然性为世界的本质，以偶然性世界观为道德的世界观前提。道德偶然性需要表达的是一切都在偶然性世界观里去看待道德必然性议题，"道德的必然是在偶然性中得到解释和认知的"，不再是"道德的偶然是在必然性中得到克服和认知的"。由此，道德偶然论是从承认道德的事实性、经验性的偶然出发，去理解、认识进而建构道德行动中具有必然性性质的道德规范、道德规律，建立面向未来的道德实践的行动指南。要言之，道德世界观的哥白尼式革命所确立的道德偶然性世界观，使建立在偶然性基础上的道德从一种规范性、原则性的"应该"走向一种事实性、描述性的"是"（事实），从一种理想主义走向一种建构主义，从一种绝对主义走向开放主义。

四　伦理规范与道德偶然

关于必然与偶然的世界观，我们会有"两是性"的辩证观、"两不性"的虚无观、"是必然不是偶然"的形而上学必然观与"是偶然不是必然"的形而上学偶然观。"两是性"的辩证观与"两不性"的虚无观，通过亚里士多德的形而上学批判，渐渐成为理论上需要克服的"变戏法"与实践上需要防止的"虚无主义"。如前所述，在亚里士多德看来，"假如一事物'既是人而又是非人',两属真实,显然这事物也就可以'既不是人而也不是非人'"①。以"既是人而又是非人"为例,亚里士多德有两个证明。第一,对于不同的人来说,说"同一事物既是而又非是,除了同义异词而外,必不可能,同义异词之例有如我们称之为'人'的,别人称之为'非人'",但是,"问题不在于它的称谓之是'人'或'非人'",而在于"它实际上究竟是什么"。也就是部分人认为是"人",另一部分人认为是"非人",二者找错了方向,应该走向"它究竟是什么"本体性问题。第二,由此而来,在同一本体"人"的内部,要在"人"与"非人"之间做出决定。在亚里士多德看来,"即便同一个事物会一千次做过'人',又一千次做过'非人'",但是,"当我们被问到这是否为一个人的问题时",他"决不能说这是一个人而同时又是非人",因为,这样他"得将事物前前后后所曾经为'是'与曾经为'不是'的一切偶然属性,悉数列举出来"②,这种列举使得他又将违反亚里士多德看来的"前后论证一致性"的认识论要求,因而也是徒劳的。这样,在本体论内部两是性与两不性不可能,在认识论上两是性与两不性也不可能。在亚里士多德看来,这样看待问题,实际上是将"本体与其怎是都取消了","同时说'是'与'不是',对于一切事物不作判断,只是混混沌沌,若有所思若无所思,这样的人与草木何异?"因而,亚里士多德拒斥了辩证法与虚无主义,走上了形而上学的道路,坚持了本体论,将属性的偶然与必然留给了认识论。偶然与必然之间的差别在于"过与不及的差别的存在","假如某一事物于某一事物的性质多具备一些,这总该是较接近于那事物",我们总能找到"较肯定而更接近真理的事物",从而"我们毋宁抛弃那拖泥带水的教义(指两是性与两不性)"。③ 这条形而上学之路既是西方的科学之路,也是西方的伦理学与道德哲学潜在的形而上学背景。

当代哲学中,形而上学的非此即彼的必然性,渐渐被科学与人文社会科学同时揭示。自然科学家宣告"确定性的终结"④,计算机专家赞美

---

① [古希腊]亚里士多德:《形而上学》,吴寿彭译,商务印书馆1959年版,第63页。
② [古希腊]亚里士多德:《形而上学》,吴寿彭译,商务印书馆1959年版,第65—68页。
③ [古希腊]亚里士多德:《形而上学》,吴寿彭译,商务印书馆1959年版,第70—71页。
④ 参见[比]普里戈金、[比]斯唐热《确定性的终结:时间、混沌与新自然法则》,湛敏译,上海科技教育出版社2009年版。

"不确定之美"①，人文社会学者提出"语言的偶然""自我的偶然"与"自由主义社会的偶然"②，直到哲学家开始反思"有限性之后"的"偶然的必然性"③。梅亚苏说，"我们真诚地认为物体确实可能且无任何理由地以最任意的方式运行，但同时仍然不改变我们与事物之间可能有的普通日常的关联。这是完全可能的"④。正如阿兰·巴迪欧所言，"梅亚苏的论证证明只有一样东西是绝对必然的，那就是自然法则的偶然性"，"没错，绝对的逻辑必然性是存在的。没错，根本的偶然性是存在的。没错，我们能够思考的存在的东西，并且这种思考根本无须倚赖一个被假定存在的建构性的主体"⑤。绝对的逻辑必然性作为思维的规律而存在，作为我们理念的理想世界而存在；自然法则从根本上是偶然的；二者并存并不矛盾，关键是我们持有何种世界观将决定我们的未来。从亚里士多德以来的形而上学直至康德对于"独断主义"、"怀疑主义"与"批判"的经典区分，正被梅亚苏的新世界观一步步消解，这种新的世界观"既消解了古典形而上学'必然化'的要求，又消解了经验之物与超验之物间'批判性'区隔"⑥。偶然性正向我们走来，掩盖在偶然性上的面纱正有待于我们细细揭开。

在这个过程中，我们发现了"科学的偶然""语言的偶然""自我的偶然""自由主义社会的偶然""形而上学根本的偶然"，却很少发现"伦理偶然"（伦理的偶然）或"道德偶然"（道德的偶然）等明确性的论著与经典性的阐释。虽然"道德运气""道德距离""道德想象""道德勇气"等与道德偶然性相关的话题与范畴不断涌现，但是"道德偶然""伦理偶然"似乎还没有看到确定性的认可。何以如此？虽然维特根斯坦说，伦理学"记载了人类心灵中的一种倾向"，它"不可能是科学"，

---

① 参见［荷］基斯·范迪姆特《不确定之美：给模糊的赞歌》，胡焰林译，北京时代华文书局2016年版。
② 参见［美］理查德·罗蒂《偶然、反讽与团结》，徐文瑞译，商务印书馆2003年版。
③ 参见［法］甘丹·梅亚苏《有限性之后：论偶然性的必然性》，吴燕译，河南大学出版社2018年版。
④ ［法］甘丹·梅亚苏：《有限性之后：论偶然性的必然性》，吴燕译，河南大学出版社2018年版，第166页。
⑤ ［法］甘丹·梅亚苏：《有限性之后：论偶然性的必然性》，吴燕译，河南大学出版社2018年版，第3—4页。
⑥ ［法］甘丹·梅亚苏：《有限性之后：论偶然性的必然性》，吴燕译，河南大学出版社2018年版，第3—4页。

"它"所说的东西对我们任何意义上的知识都没有增加任何新的内容",但是,维特根斯坦接着又说,"我个人对此无比崇敬,我一生绝不会嘲弄它",因为"伦理学是出自要谈论生命的终极意义、绝对的善、绝对的价值"。① 这或许就是我们对待伦理道德自相矛盾的态度,苏格拉底在"美德是否可教"的追问中,发现"美德"定义的无解,在"什么样的人生值得一过"追问中,"反思"出"幸福而美德的人生值得一过",取消了"美德",我们的生活就无"意义",所以苏格拉底给我们预设出"美德即知识"的假设,从此开启道德知识论的必然性认知传统。同样,维特根斯坦,发现了伦理学的无意义与非科学,但是又发现这种无意义与非科学却具有"生命的终极意义"的绝对善与绝对价值。由此,如果承认道德偶然,那么个体的我的生命还有什么意义,共同体的我们还如何生活在一起。

  我,我们;伦理,道德;必然,偶然。三对范畴,三组对立,构成我们认识伦理道德的基本视阈。我们应该如何在必然与偶然的四种模型中看待这些基本视阈,我与我们"既不是道德(伦理)的又不是非道德(非伦理)的"的伦理或道德虚无主义是我们生活中一直要克服的观念或世界观,坚持伦理(或道德)必然而非偶然的必然论与坚持伦理(或道德)偶然而非必然的偶然论是道德生活中两种实践态度,在这种坚持中我们发现"伦理(道德)既必然又偶然"的客观存在样态与历史发展过程。我们需要进一步说明的是,如何将其中的混沌明晰起来。事实上,在伦理道德的研讨过程中,我们一直没有严格地区分伦理与道德的差别,在使用伦理与道德时,没有严肃地思考"伦理与道德"和"我"与"我们"的关联与搭配。在我们看来,伦理与道德有本质的区分。道德是关于个体的"我"的,从个体的属性来说,其具有客观性,从个体本身的内容来说,其具有主观性。伦理是关于共同体的"我们"的,从个体间的关系来说,它是一种具有主观性内容的客观性存在,从共同体视角来看,它是个体间相互理解的客观性共识。因而,在这个意义上说,伦理规范与道德偶然才是伦理学与道德哲学对待伦理道德正确的世界观,伦理学史或道德哲学史是关于伦理规范与道德偶然二者之间相互竞争、相互促进的历史。在人类

---

① [英]维特根斯坦:《维特根斯坦论伦理学与哲学》,江怡译,浙江大学出版社2011年版,第8页。

的道德生活中，没错，"绝对的逻辑必然是存在的"，伦理规范始终伴随着人类的生活实践；没错，"根本的偶然是存在的"，道德偶然始终使得"个体"不断突破"共同体"的界限，走向开放性的未来。

"物体在同一瞬间既在一个地方又在另一个地方，既在同一个地方又不在同一个地方。"这种黑格尔式的"辩证矛盾"，总是有点违背我们的直观常识。而比这普通物质更加复杂的生命的"辩证统一"，也就更加难以理解了，"生命首先正是在于：生物在每一个瞬间是它自身，同时又是别的东西。所以，生命也是存在于物体和过程本身中的不断地自行产生并自行解决的矛盾；矛盾一停止，生命也就停止，死亡就到来"①。事实上，在伦理学与道德哲学的视野里，如果我们从伦理规范与道德偶然的视角出发，似乎更能够明白生命个体与人类共同体所共同构成的这个矛盾而又奇妙的"世""界"。既是又非是，在同一时刻的同一个空间同一个实体身上逻辑一致性上不可能，但是在不同时刻不同空间的同一个实体身上是否可能同在，这样对于同一个实体来说，是不是既存在又不存在。例如，对于人的生命来说，道德可能在某个时刻存在，在另外时刻又不存在，对于生命体来说，它是不是既存在又不存在，可以在这个时刻存在，也可以在那个时刻存在，也不知道会是在什么时刻存在。这就是我们说的道德偶然。对于共同体来说，不在这个个体存在就在那个个体存在，不在这个空间的个体存在就在那个空间的个体存在，不在这个个体的此刻存在就在那个个体的此刻存在，对于"人类"来说，这种道德偶然具有"共同体"意义上的"伦理规范"。个体生命是有限的，人类的"共同体"是无限的，人既是"个别的存在者"，又是"类的存在者"，作为"个别的存在者"的个体具有偶然性，作为"类的存在者"的个体具有必然性。伦理规范与道德偶然构成了人类生活世界实践永恒的主题。

道德偶然构成了个体生命的价值与创造所在，伦理规范保证了共同体的历史习俗规范的传承与建构。道德偶然是指向个体的道德生命与道德价值，进而也是个体的道德生活的重要内涵。伦理规范指向共同体的习俗、公共规范与道德诫命。无数个体的偶然性的道德生活与道德实践构成了伦理共同体的伦理规范，从历史的角度来说是伦理习俗，从现实实践来看是公共规范。一定历史阶段的习俗与现实的公共规范在一定的条件下既促进

---

① 《马克思恩格斯文集》第9卷，人民出版社2009年版，第127页。

了社会的发展，也在一定程度上桎梏了生活的样态，个体的道德偶然提供了伦理规范革新的动力。同样，个体的道德偶然对于一定的伦理规范具有解放的功能，也有一定的道德风险，是社会革新的不稳定因素，二者的辩证运动共同推动了社会进步。道德偶然与伦理规范的矛盾一直伴随着人类文明的发展，一直以来，历史主义与保守主义坚守伦理规范，抑制个体道德偶然的生命价值，强调在可控的伦理必然性中有限性地释放个体的道德价值。人类文明史从某种意义上说，就是个体不断地从共同体的历史性的伦理规范中解放出来的历史，这个共同体的规范曾经以神话、自然、上帝、宗教、自然神学、科学理性等不同方式禁锢着我们的思维与世界观。

"致广大而尽精微"，在前现代、现代的视阈中，人类匍匐在大自然的面前，不断地需要确证自身的力量，渴望发现自然与自身的"必然"力量，一种追求必然性的科学世界观与伦理道德的实践世界是人类确证自身的知识追求，这样的知识追求表现为"伦理规范"，表现为对"致广大"的道德规律、绝对法则所谓"薄伦理"观念的发现与揭示，渴望一种"百科全书式"的通透人类精神世界的知识发现。随着互联网时代的到来，现代性不断提出"历史终结""哲学终结"，后现代文明进入"尽精微"的时代，人们不再关注宏大叙事，而是希望发现"个体生命"的价值与意义，活出属于"自我"独特的"个体生活"，对"个性""个别性"的渴望超越了任何一个时代，生命独特的意义不在于共同体之间"家族相似"与"个体雷同"，而是属于自我与个体的"偶然"。人类文明开始真正进入一个个体性的时代，个体价值的呈现决定了时代的面貌，如何激发和凸显每一个生命的价值，是创新性时代的要求，也是人类不断前进的动力。这其中蕴含着希望，也充满着魅惑。一种"厚伦理"的生活境遇成为后现代视阈中个体的生命体验，"道德偶然"是在这样的视阈中开启的，"道德偶然"应该有义务去"精微"这些变化，阐释这些内涵，彰显个性魅力，进而也反思我们时代的生活，完成哲学的时代任务。

第五章　从道德怀疑走向道德偶然

在道德知识论的传统中，道德建立在形而上学基础之上。道德形而上学为道德知识论提供一种抽象的普遍性与实践必然性。在这种普遍性的世界观之下，"受抽象的普遍性"误导，"偶然性是没有意义的"，"对于将规范纳入科学的合理形式的伦理学而言，偶然大概也没有容身之地。伦理学使道德法成为不承认例外的普遍的自然法"。① 然而，道德知识论始终伴随着道德怀疑，在道德形而上学中，道德怀疑是一个需要被克服的对象，是"没有容身之地"的。从道德必然世界观走向道德偶然世界观，在偶然性的世界观之下，从道德怀疑走向道德偶然，承认道德偶然性，是道德偶然研究需要直面的理论问题。

一　形上偶然观与偶然本体论

阿甘本在谈到模态范畴"可能的（possible）""不可能的（impossible）""必然的（necessarium）"和"偶然的（contingens）"时说，"偶然的，是最难理解的，它可能存在或不存在，并且和对立于必然的人类的自由领域相契合"②。九鬼周造断言，"由于偶然性本身的缘故"，它具有"无法作为科学研究对象的根本性质"，"将偶然作为偶然，并对其真实面貌进行探求的，除了形而上学的哲学以外别无其他"③。所以，传统的偶

---

① ［日］九鬼周造：《九鬼周造著作精粹》，彭曦、汪丽影、顾长江译，南京大学出版社2017年版，第220页。
② ［意］乔吉奥·阿甘本：《巴特比，或论偶然》，王立秋等译，漓江出版社2017年版，第190页。
③ ［日］九鬼周造：《九鬼周造著作精粹》，彭曦、汪丽影、顾长江译，南京大学出版社2017年版，第67页。

然性研究都是一种哲学的形而上学的研究，本质上是一种形而上学视野下的偶然理解，或者叫作形上偶然观。

形上偶然观是一种相对于"必然性"的偶然性研究，不是偶然性本身的研究。"偶然性是对必然性的否定"，"只要偶然性是对必然性的否定，那么为了把握偶然性的意义，首先必须阐明必然性的意义"。偶然性需要通过必然性来获得理解。必然性是一种在自身中拥有根据的存在，是对"有"的肯定与确证。偶然性作为对"必然性的否定"就变成了"在自身当中不拥有充分根据"的存在，是"包含否定的存在"，是一种"无"的存在，"是'有'扎根于'无'的状态，是'无'侵蚀'有'的形象"。① 也就是说，离开必然性，偶然性无法得到解释，偶然性是面向于"无"的"玄而又玄"的东西，对于偶然性的理解只能是一种哲学的思辨。

因为必然性是一种在自身中拥有根据的存在，因而它的本质特征就是"同一性"，必然性的"同一性"通过"概念性""理由性"与"全体性"来规定。这三个对于必然同一性规定又分别关涉三对关系，概念性关涉概念/实体与属性的关系，理由性涉及理由与结论的关系，全体性包含整体与部分的关系。在这三种关系中，就产生了"直言判断、假言判断、选言判断"三种性质的认识。由此而产生了关于必然性的三种状态：直言的必然、假言的必然与选言的必然。通过对这三种必然性的否定，也就产生了"直言的偶然""假言的偶然"与"选言的偶然"三种基本偶然样态。② 由此可以看出，九鬼周造的偶然性研究是一个真正意义上的形而上学研究，是一种完全在必然性世界观之下对于偶然性的形而上学思考。这种偶然性是"相对于必然性"的理解，不是"偶然性本身"的理解，是一种形上偶然观。在这种形上偶然观中，偶然性是对"直言命题""假言命题"与"选言命题"的否定，直言命题背后的实体或者说概念与属性、理由与结论、整体与部分之间的互系性关系及其可能的不同范式被遮蔽了。偶然性没有直面现实存在本身，而是建基在必然性对存在的肯定之上。我们需要在此基础上，发现偶然性世界观不同于形上偶然观的根本之

---

① ［日］九鬼周造：《九鬼周造著作精粹》，彭曦、汪丽影、顾长江译，南京大学出版社2017年版，第66—68页。
② ［日］九鬼周造：《九鬼周造著作精粹》，彭曦、汪丽影、顾长江译，南京大学出版社2017年版，第68—69页。

处，偶然性世界观产生于存在之中，不是相对于必然性的存在。偶然性与必然性是对于存在的两种不同态度，二者是一种世界观的分野与决断，不是相互否定的形上对立。前者关注偶在，后者关注存在。

  由此而来，我们发现，日常生活中的偶然性都是在相对必然性的范畴里讨论。在科学领域里，偶然性是对严格确定性、必然性、因果性与决定论的否定。我国学者郑玉玲曾在此意义上总结了六种偶然性①：一是事件或过程在实现上的不可预测性、不可重复性，简称"偶然性—1"，这种偶然性强调的是"实现"意义上存在的不确定性；二是实际系统的状态、过程在确定实现的同时，必然还出现某种偏差、某种不确定性，被称为"偶然性—2"，这种偶然性强调在整体必然性"确定实现"视野下内部发展过程中的偏离、不可控制与不确定性的地方；三是从严格确定的规律性中也可以发生出一种不规则性、一种随机性和偶然性的"偶然性—3"，这是强调在严格规律性之下的不确定性，从偶然性—1和2的现象的偶然性已经上升到规律上的偶然性；四是偶然性自身摆脱、破坏旧的规律性，而直接转化为一种支配全系统的严格的规律性，叫作"偶然性—4"，这种偶然性是强调规律性与偶然性之间的关系，涉及一定限度内的规律性突破的偶然性因素；五是在一定条件下由极偶然事件向极严格规律的转化，或者说由极大偶然性向极严格规律性转化的"偶然性—5"，如果说前四种偶然性某种意义上还有是在必然性程度内的"改革"，那么偶然性—5某种意义上是必然性的"革命"，比如基因突变，但还是一种必然性信念之下的"革命"；六是严格规律性本身，也可以直接转化出一种不确定性、一种偶然性，被称为"偶然性—6"，这种偶然性某种意义上说的是必然性本身的偶然性，比如量子力学，作为一种科学规律本身言说的是不确定性。

  在哲学形而上学领域，九鬼周造几乎穷尽了所有形上偶然性的可能范式。首先，在直言的偶然中，他提出了"概念的偶然""综合判断的偶然""特称判断的偶然""作为孤立事实的偶然""例外的偶然"五种偶然情况。② 其中前三种属于在形式逻辑范畴内的偶然，概念的偶然涉及定

---

① 我们在此概述了科学领域中的偶然性样态，具体内容参见郑玉玲《偶然性与科学：一种关于幸福和公正的理论》，中国社会科学出版社1990年版。
② ［日］九鬼周造：《九鬼周造著作精粹》，彭曦、汪丽影、顾长江译，南京大学出版社2017年版，第71—83页。

义限度问题，综合判断的偶然区别于分析判断暗含着经验，特称判断的偶然涉及整体与部分的问题；后面两种"作为孤立事实的偶然""例外的偶然"涉及阐明偶然性本身的意义问题，但是九鬼周造依然将其放在"直言判断"的形式逻辑之下来阐释。其次，在假言的偶然中，主要谈论的是理由的偶然与经验的偶然。[①] 在性质上，理由的偶然有消极与积极之分，消极的理由偶然是对理由的彻底否定，强调"理由的非存在"，在这里涉及偶然性本身议题，可惜九鬼周造不太重视这个意义的偶然；积极的理由偶然存在于两种事物或两种以上的事物中的那种不是必然关系的某种其他积极关系，存在于"两种或两种以上事物"之中，已经蕴含了"重复性"和新的"规律性"，这种"积极"是面向"必然性"的积极。在内容上，经验中有目的的偶然与因果的偶然，因果的偶然事实上主要表现在科学领域，我们前面谈论的科学的六种偶然性几乎全部包括其中；目的的偶然表现在人的实践世界之中，伦理学与道德哲学问题也关涉其中。在表现上，性质与内容相互渗透，理由的偶然渗透到经验的偶然之中，又分为消极的因果偶然、积极的因果偶然与目的的消极偶然与目的的积极偶然。事实上，在这里依然存在相互缠绕的循环理解问题，目的中包含着理由，理由中也有经验的根据，假言判断也是建基在直言的概念之上。所以，我们看到在九鬼周造对假言的偶然论述，没有直言的偶然那样清晰，呈现出更为复杂的反复咀嚼。最后，在选言的偶然中，九鬼周造阐释了偶然性的样式与体系。[②] 在"现实与非现实"的绝对基础之上，从偶然与必然相对、偶然与可能相对、偶然与不可能相对的三种方案中产生了关于偶然性体系的三种样式。偶然与必然相对是康德式的范畴体系，偶然与可能相对是莱布尼兹的认识体系，偶然与不可能相对是九鬼周造在哈特曼提出的"必然与可能相对"的基础上提出的第三个体系。正如，九鬼周造自己指出的那样，"选言的判断是将被给予的直言判断或者假言判断视为选言判断的一个分支，并认为此外还存在几个分支，选言的偶然在这样的情况下得以成立"。九鬼周造的偶然性体系是在必然性体系之下的，是建立

[①] ［日］九鬼周造：《九鬼周造著作精粹》，彭曦、汪丽影、顾长江译，南京大学出版社2017年版，第86—151页。

[②] ［日］九鬼周造：《九鬼周造著作精粹》，彭曦、汪丽影、顾长江译，南京大学出版社2017年版，第151—216页。

在形式逻辑的基础之上的,随着体系所涉及的问题越来越多,其复杂性也越来越强,直言偶然、假言偶然与选言偶然"三种意义绝不是各个分离,而是浑然融合在一起的"①。在人类逻辑认识的必然性范畴之下,穷尽了偶然性的所有可能性,这种偶然性本身也获得了必然性内涵,成就了一种"必然性的偶然"。

从上面的分析,我们可以看出,在哲学形而上学的偶然性分析中,形上偶然观在与必然性相对的基础上,最终只是偶然性的形式分析。而科学领域下的偶然性分析,也是从必然性的假设出发,最后却得出了规律性本身的偶然性。我们从形上偶然观走向偶然本体论,就是要从一种形式逻辑的必然性,走向科学研究的实质偶然性。我们要在直言判断的原始起点上思考实体与偶然的关系,理解"道可道非常道、名可名非常名"的世界观分歧;要在假言判断的起点上思考理由的条件性限度,理解因果与目的之间的实质性分歧,真正切近"是"与"应该"的鸿沟分野;要在选言判断的起点跳出整体与部分、个别与一般的形式逻辑的盖然性,进入实践世界的实质概率论。必然性是建立在对实体的属性的概念性确证,因而黑格尔说"实体的真理是概念"②,而概念是对实体与属性同一性的一种确认,这种确认本身只具有"形式的必然性",这种形式必然性,"有一个事先建立(前提),它从那里开始,它以偶然的东西作为它的出发点",实体是"实在的必然,事实上又是自在地偶然",从形式看是必然物,从内容看具有偶然性。③ 我们必须回到这种概念确立的"源始状态"中去体会偶然与必然的分野,去感受具体内容的意义。也就是说,在"源初状态"中,我们通过概念的确证的只是一种"偶然的存在"(偶在,我们稍后会阐释这个概念),而不是"必然的存在"。"我们假定在经验的领域存在必然性的全面支配,而'无穷地'探求作为理念的 X,但我们必须知道在'无限的'彼岸捕捉到理念时,那种理念是'原始偶然'……关于这一点,只能说'有',而不能说必然'有',那是最古

---

① [日]九鬼周造:《九鬼周造著作精粹》,彭曦、汪丽影、顾长江译,南京大学出版社2017年版,第216—217页。
② [德]黑格尔:《哲学全书·第一部分·逻辑学》,梁志学译,人民出版社2002年版,第288页。
③ [德]黑格尔:《逻辑学》下卷,杨一之译,商务印书馆1976年版,第203—204页。

老的原始偶然。"① 九鬼周造认为，对形而上学的绝对者来说，"原始偶然与绝对必然是相同的东西，都是指形而上的绝对者"，并且举例说明"像《易》的太极，可以认为那是作为形而上的绝对者的原始偶然，或者绝对必然"。我们认为，原始偶然不同于绝对必然，绝对必然是形而上学本体论与认识论的形式主义，原始偶然是建基在具体个体与具体情景中的内容多样性之上的，是包容偶然性的动态平衡的偶然性世界观。在这样的意义上，九鬼周造以下认知是具有深刻洞见的，"原始偶然采取的是'自下而上'的行进方向，在经验的假言的视角，作为最后的理念来把握；绝对的必然采取的是'自上而下'的行进方向，在形而上的选言视角被设定为最初的概念"②。二者是世界观的根本不同，原始偶然是一种偶然性世界观，《易》的太极是一种包容偶然性动态平衡的偶然性世界观，不同于西方形而上学之下的绝对必然世界观的预设。

在科学的外在客观性中，西方绝对必然的世界观有其优越性，一旦进入人类社会的实践世界，偶然性的必要性就会凸显出来。"道德的内容必须是由现在所呈现的偶然性而被个别化的东西。以道德为课题的实践的普遍性不能是抽象的普遍性，而必须是以偶然为契机，内在地限定整体的具体普遍性。"③ 因而，我们必须要从一种形上偶然观走向一种偶然性的世界观，或者说是一种偶然本体论。

二 偶然性与道德怀疑

在偶然性的研究中，我们很少涉及伦理道德。在亚里士多德、九鬼周造以及众多关于偶然性的研究中，他们举出的例子基本都是科学的，很少是伦理道德的。在伦理学与道德哲学中，道德偶然性问题是通过道德怀疑论表现出来的，道德怀疑论是对决定论的反叛。虽然理论家们不直接谈论道德偶然性问题，但是在道德怀疑论中我们可以发现道德偶然问题的

---

① ［日］九鬼周造：《九鬼周造著作精粹》，彭曦、汪丽影、顾长江译，南京大学出版社2017年版，第150页。
② ［日］九鬼周造：《九鬼周造著作精粹》，彭曦、汪丽影、顾长江译，南京大学出版社2017年版，第209页。
③ ［日］九鬼周造：《九鬼周造著作精粹》，彭曦、汪丽影、顾长江译，南京大学出版社2017年版，第220页。

存在。

　　谈论道德怀疑，首要问题就是厘清道德怀疑在怀疑什么？与大多数哲学问题一样，"道德怀疑主义没有一个统一的标准"①。一般而言，道德怀疑主义主要有本体论道德怀疑与认识论道德怀疑两种形式，前者在古典伦理学中表现突出，它们既抨击知识又抨击信念；后者主要表现为现代道德怀疑主义，它们重点对知识提出挑战，但近年来有向古典怀疑主义回归的倾向。理查德·乔伊斯认为，从我们接受世俗的观点——尽管这一想法有争议——出发，要知道一个命题 P，包括（i）相信 P 是（ii）真实的并且（iii）有正当理由，由此得出关于怀疑主义的三个问题，即"否定道德判断能够表达信念"，"接受道德判断能够表达信念，但否认道德判断永远正确"，以及"接受道德判断能够表达信念，但否认道德判断能够永远被证成"。② 同时，他还认为后两者与第一个问题相对，但后两者之间却可以相容。这样的一个看法主要是现代知识论的怀疑，因为它的前提就是对知识论的"世俗"观念的认同。迭戈·E.马舒卡（Diego E. Machuca）则进一步提出，道德怀疑主要包括"没有客观或独立于心灵的道德事实或道德属性"的本体论怀疑，"道德判断不是对所谓道德事实或道德属性的断言，并且因其表达的非认知态度或立场而不具有适真性（truth-apt）"的非认知主义怀疑，"我们不具备道德知识或认识论上证成的道德信念"的认识论怀疑，"道德知识是不可能的或没有道德信念是永远地被证成的"极端的虚无主义，悬置道德判断的皮浪式道德怀疑主义，以及上述提到"接受道德判断能够表达信念，但否认道德判断永远正确"等六大基本问题。但又认为这样对道德怀疑的界定与讨论是"不幸地但不可避免地""不完全的"。③ 一方面，这些道德怀疑主义问题主要集中在知识论方面；另一方面，也向我们提出了有没有可能对道德怀疑问题作出全貌式分析的可能性问题。

　　道德怀疑，顾名思义，就是对道德的怀疑。因而，道德怀疑本身是一个元道德问题，它自身并非道德问题，不是道德哲学内部的问题，而是关于道德问题的问题，是关于道德哲学或伦理学之所以存在的前提性的

---

① Lawrence C. Becker and Charlotte B. Becker, eds., *Encyclopedia of Ethics* (Second Edition), London: Routledge, 2001, p.1590.
② Richard Joyce, *Essays in Moral Skepticism*, Oxford: Oxford University Press, 2016, p.1.
③ Diego E. Machuca, ed., *Moral Skepticism: New Essays*, London: Routledge, 2018, pp.4-8.

"元"问题。因而，如果说道德意味着应该与必然，道德怀疑就是对这种信念的怀疑，其本质上就是对道德偶然性本身的研究。伦理学或道德哲学的元问题是什么？马克·施罗德曾经指出："道德问题关乎什么？我们是怎么知晓这一点的？我们何以能够谈论它？"对这些问题"是"或"否"的回答，一直都是道德哲学史上道德知识论和道德怀疑论争论的主题。当代哲学在心灵哲学的意义上更进一步地提出"我们（的心灵）何以能够思考它们？"① 怀疑主义第一次在高尔吉亚那里出场，就说"无物存在是真实的或正确的；如果有某物存在，这个东西也是人无法认识的；即使这个东西可以认识，也是不可言说的"②。由是观之，如果将高尔吉亚源初的怀疑论界定与道德哲学的"元问题"结合，我们不难看出，道德怀疑主义问题正是高尔吉亚怀疑论问题的道德版本：没有道德存在（否认道德事实或道德属性）；即使有道德存在，我们也无法认识它们（否认道德认知）；即使认识了它们，我们也无法言说（否认道德判断与道德语句）。并进一步在心灵哲学的意义上发展为，即使可以言说，也无法反映心灵的状态（否认道德思考）。由此，道德怀疑主义怀疑什么问题就自然可以归结为四大问题：怀疑道德对象，在道德关乎什么的问题上怀疑道德存在；怀疑道德认知，在如何知晓道德上怀疑道德知识；怀疑道德语言，在道德能否言说上怀疑道德语句；怀疑道德思想，在如何思考道德问题上怀疑道德思维。对于道德怀疑主义的根本认识，不是论证这些道德怀疑主义问题得以成立的道德怀疑主义理论，而是对于道德怀疑主义问题的实质性的"元"理解。

  道德问题是关乎什么东西的？伦理学或道德哲学的研究对象是什么？一般而言，非怀疑论者与怀疑论者的差异在于是否承认道德事实或道德属性的存在，伦理学或道德哲学被认为是对客观存在的道德事实或道德属性的研究。这里显然涉及"实体/属性"或者"概念/属性"的关系问题，从而就涉及"直言的偶然"问题。斯特劳森曾经将自然主义分为硬的自然主义（严格的或还原的自然主义）和温和的自然主义（包容的或自由的自然主义）。而这两种自然主义又对应于两种不同的怀疑论，一种是怀疑"外物存在"的怀疑论（对应硬的自然主义），一种是怀疑"经验真

---

① Mark Schroeder, *Noncognitivism in Ethics*, London: Routledge, 2010, p. 8.
② Charles H. Kahn, "*Presocratic Greek Ethics*", in Lawrence C. Becker and Charlotte B. Becker, eds., *A History of Western Ethics*, London: Routledge, 2003, p. 6.

实"的怀疑论（对应温和的自然主义）。从而在此基础上指出，硬的还原的自然主义的某些亚变种在某些特定的领域，可以被描述为那一领域的某种怀疑论，比如，"一个道德怀疑论者，或者是一个关于心灵实体或抽象实体，或那种称之为'内涵'的东西怀疑论者"①。也就是说，关于道德问题关乎什么东西与道德对象的怀疑，是一种严格的还原论意义上的怀疑，不包容的怀疑，是本质性的怀疑，用斯特劳森的话说是"硬的"怀疑，认为不存在不可化约的道德事实或道德属性。但是威廉斯却认为，关于外部世界怀疑的形而上学不适用道德怀疑，"外部世界怀疑论在一条线上的一端，伦理上的怀疑论处在另一端"。斯特劳森的"硬的"怀疑主义，不适用于伦理学。因为，这种对道德存在的还原性的硬的怀疑论，会导致最终取消伦理学或道德哲学，然而"伦理考虑完全不可能遭遇这种类型的集体拒斥"，从而断言"伦理怀疑论与外部世界怀疑论相去甚远，根本不能用同样方法处理"，传统怀疑论怀疑知识，伦理怀疑论不怀疑知识，而是怀疑伦理的效力。② 这样，威廉斯就将道德怀疑视为某种斯特劳森意义上的"温和"怀疑主义。对这一问题，更为清晰的表达是美国当代学者马克·施罗德，他认为，道德是关乎什么的呢？"它们是关乎道德的——即关于孰是孰非"，但是，"道德又是什么东西呢？"不像我们从糖可以溶于水的现象来回答"有关溶解性的问题是关乎什么的"问题能够有着比较清晰的答案。关于道德是关乎什么的问题，"分歧很大"，到最后"唯一能让我们达成共识"的是"'它们是关于孰是孰非'这种没有太大意思的答案"。进一步讲，如果存在着"某个有意义的答案"，关于"这个答案是什么"，也"很难一致"。③ 因而，关于道德存在的怀疑是一种根本性的怀疑，是一种对于伦理道德是否存在以及伦理学与道德哲学能否成立的最为根本性的怀疑，可以说是绝对怀疑或"元"怀疑。

不同于第一类"道德是否存在"的怀疑，第二类的怀疑是关于我们"怎么知道"道德事实或道德属性的，是对道德知识原则与内容的怀疑。这一类道德怀疑，承认道德存在，怀疑道德认知。用高尔吉亚式的话说，即使我们承认道德存在，我们也无法认知它。道德存在是一种客观的东

---

① 具体内容参见 [英] P. F. 斯特劳森《怀疑主义与自然主义及其变种》，骆长捷译，商务印书馆2018年版，第5—7页。
② Bernard Williams, *Ethics and the Limits of Philosophy*, London: Routledge, 2006, pp. 24-25.
③ Mark Schroeder, *Noncognitivism in Ethics*, London: Routledge, 2010, p. 4.

西,"我们"的认识具有"主观性",从而只能是一种"主观的东西"。正如费希特所惑,"怎么在某个时候客观东西能变成主观东西,自为的存在能变为被表象的东西……怎么能发生这种令人奇怪的转化"①。从形式的道德命令来说,康德"你愿意它成为并且能够成为一条普遍的法则的那样一条准则去行动",这样一条纯形式的绝对命令就是会面临费希特式的"奇怪转化"的疑惑。从经验的道德规则来说,我们很容易明白"你怎么知道你面前有本书",但却很难明白"你怎么知道偷窃是错的"这样的问题,我们之所以持有某些道德规则和道德观念是进化或者习俗决定的,我们自认为可以为我们持有的道德观念找到某种理由,其实不过是一种事后建构:"我们的道德思考远为更多地被情感驱动而非被任何类型的推理或反思驱动"②,理由的偶然性隐含其中。在道德认知上,道德怀疑论者总有一种非认知主义者倾向,"不存在具有道德性内容的信念或判断",即便存在,"我们也不能对其前后融贯地进行道德知识评估"③,也就是说,道德内容具有多变性,道德判断没有普遍性,道德体系没有融贯性。

第三类道德怀疑问题是关于道德语言的怀疑。中国哲学向来怀疑语言,"道可道非常道、名可名非常名"。中国哲学回避语言问题,提出"太初有为",但是西方人却是"太初有言"。从通天塔到巴别塔,语言也起到了决定性作用。重建"通天塔"的现代哲学中,语言哲学成为分析哲学的核心与归宿。可惜,走到语言哲学的顶峰,维特根斯坦发现,"写作或谈论伦理学或宗教的人,就是要反对语言的界限……伦理学想要谈论生命的终极意义、绝对的善、绝对的价值,这种伦理学不可能是科学。它所说的东西对我们任何意义上的知识都没有增加任何新的内容"④,似乎又回到了怀疑论的起点,即使我们知道它,也无法言说它。道德语言的怀疑论者提出了一个著名的"弗雷格—吉奇"问题。一般而言,我们知道一个句子的意思,"只要知道这个句子的组成部分的意义,就能知道如何将这些成分的意义组合起来以获知整个语句的意义"。但是,对于道德语

---

① [德] 费希特:《伦理学体系》,梁志学、李理译,商务印书馆2007年版,第3页。
② Mark Schroeder, *Noncognitivism in Ethics*, London: Routledge, 2010, pp. 5-6.
③ Aaron Zimmerman, *Moral Epistemology*, London: Routledge, 2010, p. 181.
④ [英] 维特根斯坦:《维特根斯坦论伦理学与哲学》,江怡译,浙江大学出版社2011年版,第8页。

句来说，我们一般在艾耶尔的意义上将"偷钱！！"这句话与"偷钱是错的"等价起来。但是这个理解如何帮助我们理解诸如"偷钱不是错的"或"偷窃是错的，不然就是我爸妈对我撒了谎"这些有关道德否定句与关涉道德的复杂句的真实意义？由此，关涉道德语言的复杂句，我们就面临"它们根本不能清楚地说明大多数包含着道德语词的复杂句的意义可以是什么，也丝毫不能清楚说明这些复杂句的意义怎么可能从它们组成的意义而得来"①。从"不可言说"，再到"不能清楚"，对道德知识的怀疑进展到对道德语句的怀疑。"弗雷格—吉奇"问题，实质上涉及的是整体与部分的"全体性"逻辑问题。

最后，正如维特根斯坦断言，伦理道德只是"记载了人类心灵中的一种倾向"。道德怀疑论者依然可以怀疑：心灵能够知道以及如何思考这种倾向？一般而言，"在我们能够谈论和思考的事物中，大多数都是我们已经直接或间接地亲知的"，如我们直接亲知到树木的存在，能够通过"听说"而间接亲知过去的事情。"直接或间接的亲知，或至少类似的东西，对某些事物之所以能够成为我们可思可想的对象起着重要作用。"但是，"很难想象是非对错（这些道德问题）怎么会是我们能够亲知的事物，无论是直接亲知还是间接亲知？"② 在道德上，苏格拉底问题又一次出现，"美德是我们（心灵）偶然吃进去的吗？"即使我们能够亲知，是个人性的还是共同性的？如果是个人性的，"我"如何将这种"个别性"与他人分享，"他心"问题又成为一个新问题，不可知论总是如影随形。如果是共同性的，"我们"怎么不可能用共同性的"语言"来言说它们，怎么不能形成普遍性的道德知识，我们"亲知"的这个共同性心灵实体又是什么，似乎又回到了前面的道德怀疑问题。

道德"关乎"（about）什么，如何谈论（talk about）道德，怎么能够知晓（find out about）道德以及又该如何思考（think about）道德③，是基本的元伦理学问题，构成了道德哲学与伦理学奠基与发展的根本性前提，由此也形成了道德怀疑的基本问题。若不能回应这些基本的道德怀疑问题，一切道德理论终将是无力而值得商榷的，可能暂时站上"道德的""圣坛"，但必定在时间的检验中走向衰亡，而使我们一次次重新面对这

---

① Mark Schroeder, *Noncognitivism in Ethics*, London: Routledge, 2010, pp. 41-42.
② Mark Schroeder, *Noncognitivism in Ethics*, London: Routledge, 2010, pp. 7-8.
③ Mark Schroeder, *Noncognitivism in Ethics*, London: Routledge, 2010, pp. 6-7.

些问题。在怀疑与知识的承认之间，正是既可能存在，又可能不存在的偶然性问题的如影随形。

三　从道德怀疑走向道德偶然

虽然道德哲学家们很少谈论道德的偶然性，但是很奇怪的是，很多对偶然性的研究都走向了伦理道德。在九鬼周造对偶然性的研究的最后，开始谈论"偶然与艺术""偶然与命运"，并以"偶然性内在化"作为最终的期盼，指出"在理论的圈子内，偶然性是具体的存在不可或缺的条件"，进而提出"在实践的领域"偶然性"能以'遇无空过'这种命令自己的方式来弥补理论上的空隙"。① 雅克·莫诺在现代生物学中对偶然性与必然性进行自然哲学的讨论中，最后在面对现代生物学进化中的偶然性时，走到"现代生物学的知识边界"，提出了一种"知识伦理学"。② 似乎在科学与形而上学的尽头，西方人遇到了中国式的"天命靡常，惟德是辅"。道德怀疑论是对这种可能的否定与取消，但是在道德怀疑内在问题上，它们最终导致了一种"问题与论证的循环"。从道德是否存在出发一步步追问到道德心灵问题，最后又回到对道德存在的"亲知"问题，这种怀疑论的内在封闭式循环，需要走向偶然论的开放式建构。

事实上，道德怀疑论的前提是伦理学目的论的背景，伦理学以一种目的论的方式呈现出来，本质上就是对于道德必然性的绝对肯定。黑格尔说，偶然的东西是指"这样的一种事物，这种事物它可能存在，也可能不存在，可以这样存在，也可以那样存在"，"这种事物的存在的根据不在自身，而在他物中"。③ 也就是说偶然性事物不是自身存在的事物，而是为他物存在的事物。因而，偶然性只能在一种他物中获得理解，自身存在的事物具有必然性。在伦理学那里，"一切实践……都以某种善为目标"，而这种善的目标是多种多样的，有的目的是"因他物而被选择的"，

---

　　① [日] 九鬼周造：《九鬼周造著作精粹》，彭曦、汪丽影、顾长江译，南京大学出版社2017年版，第222页。
　　② [法] 雅克·莫诺：《偶然性和必然性：略论现代生物学的自然哲学》，上海外国自然科学哲学著作编译组译，上海人民出版社1977年版，第102—135页。
　　③ [德] 黑格尔：《哲学全书·第一部分·逻辑学》，梁志学译，人民出版社2002年版，第269页。

有的是"因其自身"而被追求的,"这一为自身的目的也就是善自身,是最高的善",是"最后的、最完满的善",也就是至善。① 由此可以看出,伦理学目的论天生就是追求必然性的"自身满足的善",道德必然性是伦理道德思考的起点。这是一种绝对目的的确认,或者说叫目的必然性。这样的目的必然性不同于假言的偶然中经验性的目的偶然,而是具有一种先验必然的性质,某种意义上就是康德的先验理念。自身满足的善、无条件的善、最后的善、最完满的善、绝对善,以一种同语反复的方式,成为伦理学目的论的至善信念。存不存在这样的至善?对于这种伦理学目的必然性的否定,在道德哲学上不是对于至善理念的否定,而是通过对于至善理念的内容的否定来进入经验的偶然的层次的。

在亚里士多德那里,在确立了目的论的至善理念之后,亚里士多德自问自答,"行为所能达到的一切善的顶点又是什么呢?从名称上来说,几乎多数人都会同意这是幸福","幸福是完满和自足的","不过把最高善称为幸福,看来是种同语反复"。② 在这里,首先,亚里士多德说的是"几乎多数人都会同意",这就是对"全体性"的否定,说明幸福作为至善在认识主体的全体性认同上存在偶然。其次,将幸福作为至善,是一种同语反复,也就是一种直言命题的直接判断,是一种本质性的定位,所以也意味着直言的偶然的可能。最后,它将至善规定为幸福之后,紧接着就面临幸福是什么以及德福一致的经验性问题,因果经验性偶然性也呈现出来。这些问题一直都是道德哲学最基本性的问题。在中世纪,至善以上帝的形式出现,全能全知的上帝意味着绝对必然性,也是自身满足的最高善。对上帝的怀疑来自人的自由意志,也是对绝对必然性的怀疑,所以九鬼周造才会说,"偶然的,是最难理解的,它可能存在或不存在,并且和对立于必然的人类的自由领域相契合"。自由意志问题是决定论无法回避的问题。

近现代西方道德哲学在否定了幸福论之后,提出"配享幸福"的德性问题,在对德性的决断中提出"善良意志"问题。"德性就是善良意志""善良意志就是德性",又是一个同语反复的自身满足的善。在至善的"善良意志"的召唤下,人类开始寻找"自己为自己立法"的"绝对

---

① 苗力田编:《亚里士多德选集 伦理学卷》,中国人民大学出版社 1999 年版,第 4—7 页。
② 苗力田编:《亚里士多德选集 伦理学卷》,中国人民大学出版社 1999 年版,第 7—15 页。

命令",开始了规范性研究的征程。在这个过程中,康德要将"假言命题"发展成为"定言命题",从而彻底在道德哲学中去除"假言的偶然"。但是这种"定言命题"本身也不过是一种"直言判断",无法回避"直言的偶然"。在当代规范伦理学中,对规范伦理学的理论的研究,"常常举出或设想许许多多的道德案例","常常通过寻找反例的办法","来否定"规范性的普遍原则。① 这恰恰就是直言的偶然中"例外的偶然"的不可去除性。规范性本身所追求的全称普遍判断,在内容上,在经验世界里只能证明是一种"综合判断",从而表现出"综合判断的偶然性",也最终证明这种普遍判断也只是一种"特称判断",从而具有"特称判断的偶然性"。

因而,对于规范性的研究自然而然就走向了"分析判断",谓词属于主词的分析判断,直接将道德必然性表达在判断之中,这样道德规范性就变成了对道德判断的语言分析。在对道德语言的分析中,道德是一种情感?还是一种价值?抑或是一种知识?在主流的道德知识分析中,行为的好坏、道德的善恶是否可以用真假来进行判断,道德实在论与非实在论、认知主义与非认知主义同向而行,呈现出我们在"直言偶然"中所面临的"概念的偶然性"问题。从实在论进展到规范性的价值分析,存在着内在价值与外在价值,理由主义开始盛行,内在理由与外在理由,理由的客观主义与理由的主观主义等理论层出不穷,"理由的偶然性"问题在这里开始凸显。最后,情感主义出场,伦理道德成为一种"心灵的倾向","偶然"与"命运"成为时代的主题。情感主义提出了"不可言说"的"心灵道德倾向",让人的价值凸显,规范性背后的理性必然主义开始退场,当下性的情感激发与心灵思考为新价值的发现或创造提供动力。

通过上述梳理,我们可以发现,起点上的伦理目的论的"自身满足的善本身"的绝对必然性预设了必然性的世界观。伦理目的论是人类在"天命靡常"时代应对宇宙、自然与世界的人类集体智慧的象征,今天的人类已经进入科技文明时代,人都在技术的座架中生存,具体个体的生命价值与道德意义更为重要,我们需要从伦理目的论走向道德偶然,需要从伦理目的论的绝对必然性的世界观进入偶然性的道德世界观。

为了克服道德怀疑问题,整个西方道德哲学史提供了一系列前后逻辑

---

① 陈真:《当代西方规范伦理学》,南京师范大学出版社2006年版,第18—19页。

一致的道德知识论的必然主义理论方案。综观道德必然主义的知识方案，它们在道德怀疑问题上的基本结论是：在回答道德关乎什么的道德存在问题上，得出的基本结论是道德是关乎道德的，道德是一种"实体"，"实体"就是那种"自己成为自己的本性的东西"；在如何知晓道德方面，认为在道德的现象背后存在着道德的本质，这种本质是像"数学"那样可以独立于道德经验并被我们认知和把握，成为道德知识；在道德如何陈述方面，认为道德语言具有逻辑必然性那样的确定性意义，可以进行严格的定义、判断和推理，从而形成道德信念；在道德如何思考方面，认为心灵是道德的载体，伦理道德思考是像物理反映那样的心灵反映，通过心灵程序可以进行严密的推理和计算。

面对上述结论，我们发现，在克服道德怀疑的起点上，对于道德是关乎"道德""实体"的回应，始终无法走出两个困境：一是从实体本身来说，"实体"不过是"虚构的一种不可知、不可见的东西"，我们"假设它在种种变异之下，仍然继续保持同一不变，想象这种不可理解的东西为一个实体，或原始的、第一性的物质"[①]；二是从"道德"实体来说，最后不过是"自身成为自身""自身满足""自身界定自身""道德就是道德"的同语反复。在克服道德怀疑的终点上，现代道德哲学的人性假设是人是理性的，道德哲学或者说实践理性的基础是康德的"纯粹理性"，纯粹理性的"先验"内涵是绝对必然主义，反映在实践理性上，就是道德律的绝对性与普遍性。如前所述，从人类理性出发追问道德知识论的道德必然主义和道德普遍主义，随着"工具理性"的发展，出现了人类历史上第一个"纯粹理性存在者"，即人工智能。我们的时代似乎走到了这样的时刻，就是作为"纯粹理性存在者"的"人工智能"取消一个"有理性的存在者"之"人"的危机与危险。

道德怀疑可以克服吗？存在着一种所谓"绝对"怀疑吗？近代怀疑论者休谟在这个问题上也不敢逾越，他说，"主张一切都不确实，而且我们对任何事情的判断都没有任何区别真伪的尺度"，对于这样的"绝对"怀疑，休谟认为，"这个问题完全是多余的"，"不是我或任何人都不曾真

[①] [英]休谟：《人性论》（上册），关文运译，郑之骧校，商务印书馆1980年版，第248页。

心地并恒常地抱有这个意见",而"谁要是费了心思来反驳这个全部怀疑主义的吹毛求疵,他就实在是没有对手而进行辩论"。① 现代怀疑主义研究者斯特劳森也说,"严格来说,怀疑主义是一种怀疑,而非一种否定",怀疑论者"不是否认某些类型的信念的正确性的人",而是在"最初"和"方法论"上质疑"我们持有这些信念的根基是否充分的人"。② 当代道德哲学家威廉斯从伦理学与哲学限度的视角指出,存在着走出道德怀疑,为伦理生活辩护的最低限度的"阿基米德点"。他认为这个限度,这个阿基米德点是道德思考的起点,是道德哲学的前提,"就连非道德主义者和怀疑论者也对这种东西(指阿基米德点——作者注)做出了承诺"③。所有的这一切都是在坚持道德普遍主义,根本上说不是道德怀疑主义的怀疑,而是为道德必然主义保留空间的怀疑。这个必然主义与普遍主义背后是对人的理性的绝对确证。笛卡尔认为,我们可以怀疑一切,但是我们不能怀疑"我在怀疑"这件事情,因而"我思故我在",这是理性的确证,也是绝对怀疑的终点。由此,休谟说,绝对怀疑主义要想获得认可的话,"除非它们首先推翻一切信念,并全部消灭了人类的理性"④。威廉斯的伦理学与哲学限度的"阿基米德点"的"哲学构想"也在于"对理性行为者的尽可能最低限度的和最抽象的观念"以及"理性行为者的这个观念"可以通过"一种专属人的生活表现出来"⑤。那么,人只拥有"理性"吗?人是拥有"理性"的"唯一"存在者吗?

基于人是"感性—理性—德性"存在者的事实性样态,我们需要将偶然性从必然性的相对性中独立出来,直面偶然性本身,需要将道德怀疑从绝对论的伦理学目的论中解放出来,直面道德偶然性本身。我们需要回到生活本身,意识到"经验的认识从认识的极限即偶然性出发,并总是受到这种极限的限制",我们所能做出的各种判断,包括道德判断,

---

① [英]休谟:《人性论》(上册),关文运译,郑之骧校,商务印书馆1980年版,第209页。

② [英]P. F. 斯特劳森:《怀疑主义与自然主义及其变种》,骆长捷译,商务印书馆2018年版,第6页。

③ Bernard Williams, *Ethics and the Limits of Philosophy*, London: Routledge, 2006, p. 29.

④ [英]休谟:《人性论》(上册),关文运译,郑之骧校,商务印书馆1980年版,第213页。

⑤ Bernard Williams, *Ethics and the Limits of Philosophy*, London: Routledge, 2006, p. 29.

都是"在偶然—必然的相关中立足于事实的偶然性"①。从道德怀疑走向道德偶然,在一种"偶然—必然"的建构主义的逻辑中重新审视人类的道德发生过程以及各种道德理论,进而明白当代伦理道德话语的新兴表达。

---

① [日]九鬼周造:《九鬼周造著作精粹》,彭曦、汪丽影、顾长江译,南京大学出版社2017年版,第66—68页。

第六章　美德偶在、品德偶性与道德偶然

行文至此，我们都是在一般意义上使用一些关于道德偶然性的概念，也常提及偶在、偶性与偶然，但是都没有作出明确的界定。因为，过往的伦理学家们或者是在一种道德必然性中谈论道德偶然性问题，或者是止步于揭示道德偶然性的存在而对道德偶然性的内涵语焉不详。更重要的原因在于，道德必然性被消解之后，伦理道德变成了维特根斯坦式的"不可言说"与逻辑实证主义"认知上无意义"的判断。① 道德偶然的世界观的确立，首要的任务就是对道德偶然性的基本概念与范畴作明晰的界定。正如九鬼周造在研究偶然性问题时敏锐地指出的那样——"关于偶然的理论之所以常常显得不明晰，当然首先是因为问题本身就很难，但我认为主要的原因在于提出问题的出发点，没有基于某种原理来对偶然性的样态进行区分，没有明确意识到要对该问题进行统一把握"②。——道德偶然性也需要对其进行明确界定的理论自觉。

一　偶然性的祛魅

什么是偶然或偶然性？这似乎是个问题。在亚里士多德那里，偶然与属性是同一个词（$\sigma\nu\mu\beta\epsilon\beta\eta\pi\grave{o}\varsigma$），但是作为属性又有两个含义，一种是"附隶于某些事物，可以确定判明为附隶，但其所以为附隶者既非必需，亦非经常"，"凡属性都是附隶于主题的，但他们有些只是在某一时与某一地附隶于某一主题，以成其为一属性，并不必是此主题，也不是此时或

---

① ［美］希拉里·普特南：《无本体论的伦理学》，孙小龙译，伯泉校，上海译文出版社2008年版，第11页。
② ［日］九鬼周造：《九鬼周造著作精粹》，彭曦、汪丽影、顾长江译，南京大学出版社2017年版，第69页。

此地而后为之属性",所以这样的属性"只有偶然原因,没有确定原因"。另一种是"凡是出于事物自身而非事物之怎是者",这类也称为属性,例如三角形内角总和 180 度是附属于三角形的一个属性,这类属性可以是"永久的"。① 亚里士多德将前者称为"偶然属性",后者称为"本质属性"。我们一般意义上的"偶然"主要是指前者,拉丁文将此译为 accidens,英文作 accident,《形而上学》的译者吴寿彭认为"在汉文中双关着的'偶然'与'从属'两义的字是难找的",这个词在希腊文中同时意指"一般属性""偶然属性""永久属性"。② 正是在这个意义上,张志扬教授后来以"偶性"来翻译"偶然",指代有"偶然"与"属性"的双重意蕴。③ 这是关于偶然最原初的定义。

  在康德那里,"偶然性"是作为"十二范畴"中第四种"模态的范畴"而出现的。在十二范畴中,"偶然性"与"必然性"相对,属于"模态范畴",也是十二范畴最后的一对范畴之中的一个方面。康德在列出"十二范畴"之后,话锋一转,令人吊诡地说:"在这部著作(指《纯粹理性批判》——笔者注)中,我有意避免了对这些范畴下定义,尽管我有可能得到这些定义。我将在后面足以与我所探讨的方法论相关涉的程度上来分析这些概念。"康德给出不下定义的理由是:"这样一些定义只会使眼光偏离研究的重点,因为它们将引起一些怀疑和攻击。"④ 康德因为对"偶然性"这样的范畴下定义是个会"引起怀疑和攻击",而"有意避免"对"偶然性"这些范畴"下定义",从而采取"分析这些概念"的方法来认识"偶然性"等范畴。由此说明了对于"偶然性"等范畴的定义并不是能够达成共识的,进而导致了一个后来理论界的惯例:偶然性是一个"只可分析不可定义"的概念或范畴。因此,康德之后的黑格尔,"在后来转变为递归理论的逻辑中,加入了一个时间性维度"⑤,从而使得偶然性变成了一种与历史经验相统一的概念体系中的一个描述与分析性环节。

---

  ① [古希腊] 亚里士多德:《形而上学》,吴寿彭译,商务印书馆 1959 年版,第 29—30 页。
  ② 参见 [古希腊] 亚里士多德《形而上学》,吴寿彭译,商务印书馆 1959 年版,第 29 页脚注。
  ③ 张志扬:《偶在论》,上海三联书店 2000 年版,第 35—36 页。
  ④ [德] 康德:《纯粹理性批判》,邓晓芒译,杨祖陶校,人民出版社 2004 年版,第 74 页。
  ⑤ 许煜:《递归与偶然》,苏子滢译,华东师范大学出版社 2020 年版,第 176 页。

第六章　美德偶在、品德偶性与道德偶然

日本学者九鬼周造在《偶然性的问题》研究偶然性问题的专著中，开篇即说："偶然性是对必然性的否定……偶然性的问题与对'无'的探讨密不可分，在此意义上，这（偶然性）是真正的形而上学问题，因此，作为形而上学的哲学以外的学科原本不会去探讨偶然性问题。"① 在当代新实用主义者理查德·罗蒂那里，"偶然"似乎是一个人人自明、无须定义的概念，其经典的代表作《偶然、反讽与团结》一书，书名中"偶然"列在第一位，书中第一篇的篇名也是"偶然"，但是作者开篇就是"语言的偶然""自我的偶然""自由主义社会的偶然"，从头至尾也没有给"偶然"下一个哪怕是描述性的定义。② 分析偶然性成为主流，定义偶然性成为问题。

回避不是问题，我们还是需要对偶然性作全面的梳理与界定，即使迎来"怀疑和攻击"，也会推进认识的深入。首先，从存在性的描述来看，"偶然"是这样的一种状态或样态，它可能存在也可能不存在，可以这样存在也可以那样存在，可以此时存在也可以彼时存在却不一定永远存在，可以此地存在也可以彼地存在却不一定永恒存在，可以在某个实体的某时某刻存在却不一定在某个实体中时时刻刻存在。这样的描述说明偶然首先是一种事实存在，是一种"事态"，但这种"事实"或"事态"在时空上不具有经常性与永恒性。因而，这样的"偶然"是一种纯粹存在论意义上的客观现象，是一种原初意义上的"偶然性的事态"，我们可以将其称为"偶然性的存在"，或叫"偶在"。其次，从认识论的视角来看，我们如何看待这种"偶在"？"偶在"在知识论上是一个什么样的存在？由此，我们就进入了对于"偶在"的分析。认识论的第一个问题就是下定义，给理念或概念划定界限，我们需要给"偶然性的存在"这种"偶在"下定义，按照亚里士多德的理解，"偶在"是关于事物的"怎是"的，不是事物"实体"自身，因而，"偶在"是一种"附隶"，是"附隶"于"实体"的，因而具有"属性"的意义。很明显，这是一种关系式的界定。由此而来，就会产生这种"附隶"到底是"实体"本身固有的还是非经常的，显然，"偶在"这种"附属"并不是"经常"的，也不是"必需的"。用黑格尔的话说："偶然性的东西……可能存在，也可能不存

---

① ［日］九鬼周造：《九鬼周造著作精粹》，彭曦、汪丽影、顾长江译，南京大学出版社 2017 年版，第 66 页。
② 参见［美］理查德·罗蒂《偶然、反讽与团结》，徐文瑞译，商务印书馆 2003 年版。

在，可能这样存在，也可能那样存在，而且它存在或不存在，这样或那样存在的根据都不在它自身，而在它物之中。"① 也就是说"偶在"不是自身满足的，而是为他物存在的，因而，这种"偶在"在性质上只是一种"偶然性"的"附属"，不是永远跟随事物本身的"永久属性"。从实体本身来说，这种属性不是本质属性、永久属性，而是一种"偶然属性"，具有偶然和属性的双重性质，或者叫作"偶性"。最后，偶在或偶性在现实性上如何表现？也就是说，作为一种原初性的"偶在"在出现一次之后是否还会出现，什么时候会再出现，这是我们应对偶然时候最大的难题。如果能够确定性地知道它的出现，那么我们说这就是一种必然。如果不能确定性地出现，我们如何预见它的出现，这是一个实践论上的难题。黑格尔说，"现实事物的表现就是现实事物本身，现实是本质和实存或内部和外部所直接形成的统一"，"偶然性只是现实性的一个片面环节，因此不可与现实性本身相混淆，但偶然性作为整个理念的一个形式，也在客观世界里有其存在的权利"。② 因此，"偶在""偶性"走向"现实"总是伴随着"潜能"或"可能"，从而康德的十二范畴中属于"模态范畴"，也是最高的范畴"必然性—偶然性"。因而，在现实性上，偶然总是与潜能、可能、或然、概然等词语具有亲缘性关系。

由此，我们将偶然性问题归结为三个基本概念：偶在、偶性与偶然。在原初的意义上，或者在存在论意义上，"偶在"代表"偶然性的存在"的客观事实与原始样态；在认识论意义上，"偶性"代表着对于"偶在"的认识与性质定位，是一种"偶然性的属性"；在一种实践论或现实性上，"偶然"代表着一种"潜能"，一种"可能"，是一种模态，是一种"偶然性的偶然"；在更具一般性的意义上，我们使用"偶然性"概念作为"偶在""偶性"与"偶然"背后所统摄表达的意义。我们在前面的阐释中，一直没有十分明确地区分三者之间的差别，从此之后，我们将在一种严格的意义上使用这四个概念。"偶然性"概念作为广义的概念，与"偶性"作为狭义的概念，可能具有哲学形而上学内涵上的某种类似。在"偶在""偶性""偶然"三个概念中，"偶在"作为原初性概念，具有直观

---

① [德] 黑格尔：《哲学全书·第一部分·逻辑学》，梁志学译，人民出版社2002年版，第269页。

② [德] 黑格尔：《哲学全书·第一部分·逻辑学》，梁志学译，人民出版社2002年版，第263—270页。

性、直接性，一定程度上的不可分析性；"偶然"作为现实的实践性问题具有一定的开放性，一定程度上存在不可言说性，因为说出来的就不是"偶然"。在这三个概念中，最复杂的就是"偶性"，因为"偶性"在认识论上是与"必然性"相对应存在，必然性逻辑的发展每一步都必须回应"偶性"的挑战，这也是西方形而上学历史发展过程中重要的难题，正是在这个意义上，九鬼周造说，偶然性是一个真正的"形而上学问题"。

对"偶性"问题比较成熟的思想是九鬼周造，九鬼周造认为，"偶然性是对必然性的否定"。他根据黑格尔对必然性与偶然性背后的绝对关系的界定——"实体与属性""因果性关系""交互作用的关系"——而产生三种必然性状态：直言的必然、假言的必然与选言的必然，直接加以否定，而产生了三种偶然性样态：直言的偶然、假言的偶然和选言的偶然。并且认为，"直言的偶然始终是逻辑学上的概念，假言的偶然在与经验性的因果性中显著体现出来，选言的偶然则针对形而上学的绝对者凸显出来的"，因此，这三种偶然样态又可以叫作逻辑的偶然、经验的偶然与形而上的偶然。① 由此，我们可以看出，直言的偶然或逻辑的偶然向前联系着的是原初的"偶在"，是对"偶在"的直言判断；选言的偶然或形上的偶然向后联结着我们所说的面向现实的"偶然"，是对"偶性"的世界观决断。因而，我们可以将我们对于"偶然性"问题用下表来进行明晰的表述。

表 6-1　　　　　　　　　偶然性基本形态

偶然性					
实体	偶在	偶性			潜能
时间				偶然	可能
空间		直言的偶然	假言的偶然	选言的偶然	或然
频次		逻辑上偶然	经验上偶然	形而上偶然	概然
原初存在论		认识论			现实实践论

在亚里士多德那里，偶性的出现是与实体相对的，"实体"与"偶

---

① ［日］九鬼周造：《九鬼周造著作精粹》，彭曦、汪丽影、顾长江译，南京大学出版社2017年版，第68—70页。

性"是一对紧密相关的范畴；在康德那里，偶然性是与必然性相对立的一对范畴，九鬼周造对于偶然性认识也是在这样的一种对立范畴中进行的；黑格尔的偶然与必然，是与"潜能""可能""或然""概念"相伴相生，是在对概念的现实性的阐释中来理解的。亚里士多德的偶然，某种意义上说是一种偶在，是具有本体论与存在论内涵的；康德与九鬼周造的偶然是一种偶性，是在认识论的范畴中，在必然性的对立中来呈现的；黑格尔的偶然是我们所说的偶然，是指向我们的现实实践的，是一种潜能与可能性。

此外，在日常生活中，还有一些与偶然性相关的概念，比如特殊性、可能性与不确定性等。在日常生活中，我们常常不加区分地使用这些词语或概念，特殊性似乎意味着偶然性、可能性与不确定性，偶然性也意味着特殊性、可能性与不确定性，可能性或不确定性说明事物的性质是偶然的或具有特殊性，所以常常有意无意地混用。在黑格尔看来，特殊性、普遍性和个别性，是概念的三个环节，且这三个环节的排序是普遍性、特殊性和个别性。普遍性是规定性于其自身之中，"向外映像"呈现为特殊性，再"下降到个别"形成个别性。① 普遍性、特殊性、个别性是用来界定概念的，是概念中包含着的三个环节，而且这三个环节是一个完整的整体，构成了概念本身具有的含义。这样的一个认识，似乎与我们的日常理解是颠倒的，一般的日常生活似乎正是从个别性的认识中，发现一些特殊性的东西，最后找到事物普遍性的特征。在这里，我们看到黑格尔存在着一个颠倒，从概念普遍性下降到特殊性再到个别性，是一个自在自为的过程，这个过程是预设了普遍性的起点，暗含着必然性。但如果从存在论来看，恰恰是从个别性到特殊性再到普遍性的过程，这个过程是具有偶然性的，必然性至多只是一个建构性的结果。黑格尔特殊性的起点是普遍性，是在"概念"范畴中来讨论特殊性的，是内在于普遍性之中的，在他的逻辑学中是属于"主观逻辑"范围之内的。但是，我们在日常生活中，将这种"主观逻辑"作为认识的方式和工具，遮蔽了"抽象到具体"，直接应用于"具体到抽象"的生活认识之中。这种颠倒是一种认识论的颠倒。所以从根本上说，我们需要从必然性中走出来，转换到偶然性的视角才能认识到特殊性。

---

① [德]黑格尔：《逻辑学下卷》，杨一之译，商务印书馆1976年版，第267—292页。

偶然性或不确定性，不同于特殊性与普遍性，它是不经常出现，出现但不经常。不同于特殊性、普遍性从事物的特性、本质来界定事物，偶然性或不确定性更多的是侧重事物特性呈现的可能性与现实性，事物具有某些特殊性或普遍性的特性，但是不是经常性出现或是否具有现实性，这却不是事物本身所能决定的，因而事关事物所处的境遇，其中会涉及世界的存在与人的存在，亦即会出现现象学的意向性或存在主义的机缘化问题。偶然性或不确定性相关的地方，它们都涉及可能性与现实性问题；偶然性不同于不确定性的地方，偶然性更强调的是"偶然"出现，是存在出现的"内在"样态，不确定性更强调的特性是"何时""何地"出现，强调"外在"样态。偶然性更强调客观内在的一面，客观是从存在论本身来说，内在是就事物本身来说的；不确定性倾向于外在主观的一面，外在是指事物自身之外的，主观是指相对于主体的认知来说的不确定。从这个意义上说，偶然性是不一定趋向于普遍性却内含着普遍性的可能，特殊性或唯一性是与普遍性相对的，偶然性或不确定性不是普遍性的对立面，具有建构普遍性的可能。特殊性是事物所特有的，不是所有事物普遍具有的，是某个事物唯一出现的，不是这个事物经常出现或偶尔出现的。偶然性或不确定性的对立面是必然性，是某个情况或某个时间必然出现，即某种条件下必然出现。必然性以普遍性为本原，但普遍性的实现需要条件，对于条件性理解构成偶然性的根本。绝对必然性在某种意义上是"无条件的"或者包含"所有条件的"。认识到这些概念的差异，有助于我们进一步认识道德偶然性。

二　美德偶在、品德偶性与道德偶然[①]

道德偶然性范畴出场，首先是道德与偶然性的相遇。在汉语言伦理道

[①] 笔者在本研究写作第四稿时，看到了北京大学郑开教授发表在《伦理学术 9：伦理学中的自然精神与自由德性》（上海教育出版社 2020 年版）的文章《德与 Virtue——跨语际、跨文化的伦理学范式比较研究》，郑教授与笔者的发现有异曲同工之处，问题意识也较为相近，论证的资料可以相互佐证与补充。郑教授比较注重经典文本的探究，笔者则从辞典学出发，看出二者在日常使用中的常识性差异。郑教授在文章中提出对于中西比较会通的问题，指出"真正意义上的跨语际、跨文化的比较会通，应该提升到中西哲学、伦理学的理论范式层面予以把握，而仅仅关注某些表面相似或差异，则缺乏理论探讨的建设性和方法论的自觉性"（《伦理学术 9：伦理学中的自然精神与自由德性》，第 246 页），本研究从某种意义上说就是在一种理论范式自觉基础上的探讨。

德话语中,有几个我们常常使用但却不加区分的词语:美德、品德与道德。在朱贻庭主编的《伦理学大辞典》①中,"美德""品德"与"道德"都有独立的词条,美德词条一个,品德词条涉及两个词目,道德的词条有两个独立词目。但从汉语词目来看,美德比较单一,只有一个词目;所谓品德涉及两个词目,是指在"品德"词条下,辞典给出的解释是"即'道德品质'",因而,"品德"实质关系到另一个词目"道德品质";道德的词目有独立的两个,一个是归在"伦理学原理"的一般性的"道德",一个是归在"中国伦理思想"中的"道德",二者区分很清晰。就上述分类来说,除了"品德"一词有相关性词目的混杂之外,其他条目概念在学理与逻辑上都比较明晰。但是,从辞典括号注解的英文来看,我们就会发现其中的"混沌"或"迷惑"。上述词条中,除了归在"中国伦理思想"之下的"道德"没有英文注解,其他词目以及相关词目的中英文注解情况如下。

表 6-2　　《伦理学大辞典》(朱贻庭) 中道德相关概念概况

中文词目	英文注解	条目基本内容	文献页码
道德	morality	以善恶评价为形式,依靠社会舆论、传统习俗和内心信念用以调节人际关系的心理意识、原则规划、行为活动的总和	第14页
道德		中国伦理思想史的一对范畴	第307页
品德	morality	即"道德品质"	第43页
道德品质	moral character	亦称"品德""德性"。从个人的行为整体中表现出的比较稳定的、一贯的道德特点和倾向	第43页
美德	virtue	对良好的道德行为和道德品质的肯定性评价	第43页
德性	virtue	人们内在的并在道德活动中表现出来的思想与行为的优秀特质、品格。是一种灵魂向善或崇尚高贵而凝结成的品质和行为习惯,一种依据理性原则而生活的能力。具有稳定一贯的特点	第43页

　　从《伦理学大辞典》的释义来看,存在以下几个问题:一是中国传统思想中的"道德"有独特于西方的内涵与所指,难以简单以"morali-

---

① 参见朱贻庭主编《伦理学大辞典》(修订本),上海辞书出版社2011年版。

ty"来界定与转译;二是一般意义上的"道德"与"品德"在英语世界中都可以用同一个英文单词"morality"来翻译;三是虽然"品德"的解释为"即'道德品质'",但是在英文上二者却不是同一个单词,"品德"译为"morality","道德品质"译为"moral character";四是"virtue"这个英文单词,在中文上既可以译为"美德",也可以译为"德性";五是"道德品质"条目的解释中,"道德品质"亦称"品德""德性",在英语世界里转译的话,似乎"moral character"也可以称作"morality""virtue"。

由英国学者尼古拉斯·布宁与中国学者余纪元共同编著的《西方哲学英汉对照辞典》[1](人民出版社2001年版)中,"Arete""Virtue""Morality""Moral virtue""morals""Morals proper"几个与道德相关的英文词汇,主要翻译为"德性"或"道德",它们的注释情况,反映在下表中。

表6-3 《西方哲学英汉对照辞典》(布宁、余纪元)中 morality 相关概念概况

英文词目	中文译文	条目基本内容	文献页码
Arete	德性(或卓越)	"德性(virtue)"或"卓越(excellence)"的希腊词	第70页
Morality	道德	见"伦理学和道德"条	第646页
	伦理学与道德	在词源学上,"伦理学(êthikos)"和"道德(moralis)"在意义上是同一的	第331页
Morals	道德	被用作"伦理学"或"道德哲学"的另一个名称	第646页
Morals proper	严格意义的道德	见"形而上学(康德)"条	第646页
	道德形而上学(康德)	道德形而上学也称为"严格意义的道德";它论及道德的先天原理,即决定我们的一切行为并使它们成为必然的原理	第616页
Virtue	德性	在希腊,德性不仅指人的卓越或道德德性,也指任何东西履行它的本质功能中的卓越	第1059页
Virtue(Kant)	德性(康德)	与亚里士多德把德性定义为稳定的习惯或性情的传统不同,康德把德性定义为意志的一种斗争和道德力量,表现于在克服那些违反法则的诱惑,也就是在对抗那种与职责相对立的冲动和偏向中	第1060页

---

① 参见〔英〕尼古拉斯·布宁、余纪元编著《西方哲学英汉对照辞典》,人民出版社2001年版。

由此可见，在一般性的英语世界中：一是没有出现与中文中"品德"相类似的词汇，或者说学界没有用"品德"来翻译相关的英文词汇；二是"moral character"（品德、德性）没有成为一个独立的词条；三是"virtue"被翻译为"德性"，没有翻译为"美德"的独立解释。从西方德性、道德等概念中，我们可以看出伦理学与道德、德性与道德之间的界限一直模糊不清，在语言上也是相互定义，没有做出明确而明晰的区分。当然这就导致这些概念翻译到汉语世界上，因为不同译者的不同认识而导致各不相同的译名，从而更加加剧概念之间的模糊性与含混性。

在美国学者 Lawrence C. Becker 和 Charlotte B. Becker 主编的《伦理学大百科全书》[①] 中，主要出现的词条有：（1）*arete*（希腊词，美德），see excellence；virtue；（2）character；（3）ethics and morality；（4）excellence；（5）*morality*（拉丁文，道德），see ethics and morality；（6）morality；（7）virtue。通过中西比较，我们很容易发现，虽然中国的"道德"另有其特殊内涵，但中西方在"道德（morality）"一词的一般意义上基本能达成共识。但是"美德""品德""德性"的翻译上却存在一定的分歧。那么这个分歧的背后到底有没有共通的可能性呢？或者说在这个分歧的背后，我们可以发现什么对于道德理解的本质性问题呢？

首先，我们需要搞清楚的是，上述的混乱是如何产生的。在西方语境中，首先出现的是希腊词 ἀρετη，这个词是 ἀγαθς 的名词形式，ἀγαθς（good，善这个词的始祖）起初是"专门用来描述荷马贵族角色的述词"。也就是说 ἀρετη 这个词本来只是"善"这个词的名词形式，用来描述荷马贵族角色的职责。麦金太尔认为，ἀρετη 这个词"通常是而且可能是被误译为 *vir-tue*（德性）"[②]。在荷马史诗中，还有另外一个希腊词 *aretê*，这个词后来变成了拉丁文的 *vertus* 与英文的 *virtue*，在麦金太尔看来，*aretê* 后来常被译成 *virtue*（美德），但是在荷马史诗中，它也常用来表示任何种类的 *excellence*（优秀或卓越）。[③] 由此，我们可以看出，在英语世界中，*aretê* 的翻译有着 *excellence* 与 *virtue* 两种分歧。而在中文翻译英文的过程

---

① Lawrence C. Becker and Charlotte B. Becker, eds., *Encyclopedia of Ethics* (Second Edition), London: Routledge, 2001.
② Alasdair MacIntyre, *A History of Ethics*, London: Routledge, 1998, p. 5.
③ Alasdair MacIntyre, *After Virtue: A Study in Moral Theory*, Notre Dame: University of Notre Dame Press, 2007, p. 122.

中，我们又发现以下几个问题，（1）在"美德是否可教"问题上，在希腊原文中，"美德"一词使用的是 ἀρετη，（2）由 Robin Waterfield 翻译的作为牛津世界经典系列之一的《美诺及其他对话》一书中，他的翻译是"whether a excellence is teachable"①，将其翻译为 excellence，中文一般翻译这个词为"优秀或卓越"，（3）王太庆先生将其翻译为"*品德是否可教*"。此外，（4）在翻译麦金太尔《伦理学简史》时，龚群教授将 ἀρετη 转译过来的 vir-tue 翻译为"德性"②，而（5）在翻译麦金太尔的《追寻美德》时，宋继杰教授又将 virtue 翻译为"美德"。③ 由是观之，上述辞典学所反映的剪不断、理还乱的分歧，反映了西方学者对于古希腊道德思想的翻译、解读与理解的差异与分歧，同时也反映了中西方道德思想互译、解读与理解的差异与分歧。因而，美德、品德与道德的含混与混淆，不单单是中国伦理道德话语自身发展的问题，也不仅仅是西方伦理道德话语的外部冲击，而是中西古今伦理学在当代中国伦理道德话语中的体现。

　　中西古今的道德有相互理解的可能吗？有相互会通的方法吗？如前所述，苏格拉底是第一个意识到道德偶然的人，也是理论家公认的西方道德哲学的第一人，这个第一人在于他明确意识到道德问题，追问"美德是否可教"的问题，提出"美德是什么"的问题。思想史上，一般认为，"美德即知识"是苏格拉底的贡献。正如我们前面所论证的，苏格拉底得出的结论至多也只是"假如美德是知识的话，那么美德是可教的"。苏格拉底的至理名言是"自知自己无知"，他揭示了在道德发生时，道德成为道德的致命难题在于其确定性与不确定性、必然性与偶然性的双重性质。"美德是什么"的定义问题成为偶然与必然的分水岭，在这个定义出场之前，美德具有偶然性与必然性的双重属性，在"美德即知识"出场之后，美德（arete）成为具有普遍必然性的"道德"（morality）。Terence Irwin 在《伦理学发展史》一书中敏锐地指出："对道德思想和道德实践的恰当讨论可以从前苏格拉底时期开始，但是一个关于道德哲学的讨论，合情合

---

① Plato, *Meno and Other Dialogues*: *Charmides*, *Laches*, *Lysis*, *Meno*, Trans. Robin Waterfield, New York: Oxford University Press, 2005, p.99.

② 参见［美］阿拉斯代尔·麦金太尔《伦理学简史》，龚群译，商务印书馆2003年版，第31页。

③ 参见［美］阿拉斯代尔·麦金太尔《追寻美德：伦理理论研究》，宋继杰译，译林出版社2003年版，第154页。

理地要从第一个道德哲学家（众所周知的苏格拉底）开始。"① 对道德思想和道德实践的讨论，是零散的、特殊的、片段性的思考，其中偶然性是不可回避的，但是对道德哲学的思考，是系统的、普遍的、整体性的追问，偶然性是克服的对象。正是在这个意义上，纳斯鲍姆将伦理思想史的研究推进到荷马时代，在其中发现了"善的脆弱性"，提出了"古希腊悲剧与哲学中的运气与伦理"问题②；同样，麦金太尔在他的《伦理学简史》中也将"道德"概念追溯到荷马时代的"优秀或卓越"，从而提出了具有道德相对主义意味的社群主义伦理思想。从他们的研究中可以看出，"arete"在荷马时代，是用来描述荷马贵族的述词，是他们在角色中表现出来的"excellence"。显然，这种"excellence"不是经常地或每时每刻都存在的，但它却是"$ἀγαθζ$"（善的），是人们所期望的，这种期望渐渐变成了贵族角色的"职责"，变成了"任何种类"都可以拥"excellence"。这种悄然变化中，就有了"应该"的意味。但是，这种"职责"一旦理想化之后，不同角色之间的"职责"往往会出现冲突，这种冲突在文学上表现为希腊悲剧，在生活上表现为智者的教育活动。由悲剧所体现出来的矛盾激荡着整个希腊城邦公民的大脑思维，由智者所体现的教育实践不断促进人们对这些矛盾进行公开的反思与讨论，正是二者造就了苏格拉底的出场，并将 arete 变成一种"knowledge"（知识），提升为一种普遍性，这样，道德哲学诞生了，后来变成拉丁文意义的"morality"得以诞生。这个"道德"概念经过柏拉图的"理念化"之后，成为道德真理的代名词，成为克服偶然性道德现象需要去追问的道德本质。这个思想后来被亚里士多德与其"实体"思想相结合，在亚里士多德那里 $ἀρετη$ 被分为"伦理性的"和"理智性的"，前者具有特殊性，后者具有普遍性。$ἀρετη$ 变成了人或事物的一种"属性"，这种"属性"在人那里又叫"德性"。由此，我们可以看出，西方的美德、道德、品德（德性）实质上存在这样的一个发展路线：excellence（卓越）/virtue/arete（美德，荷马史诗）——morality（道德，苏格拉底）——moral character（德性或品德，亚里士多德）。"美德—道德—品德（德性）"是西方道德思想发展的历

---

① Terence Irwin, *The Development of Ethics: A History and Critical Study*, volume 1: *From Socrates to The Reformation*, New York: Oxford University Press, 2007, p. 6.

② 参见［美］玛莎·C. 纳斯鲍姆《善的脆弱性：古希腊悲剧与哲学中的运气与伦理》，徐向东、陆萌译，徐向东、陈玮修订，译林出版社 2018 年版。

史路径。

在中国道德思想语境中,"道德"是两个词,我们现在意义上的道德是从"德"开始的。根据陈来先生的研究,"从西周到春秋的用法来看,德的基本含义有二,一是指一般意义上的行为、心意,二是指具有道德意义的行为、心意。由此衍生出的德行、德性则分别指道德行为和道德品格"①。在这里,陈来先生认为,前者是德行,后者是德性。陈来先生还从古典中考证了"俊德"、"敬德"与"明德"。

  俊德:"帝尧曰放勋,钦明文思安安,允恭克让,光被四表,格于上下。克明俊德以柔九族。九族既睦,平章百姓。百姓昭明,协和万邦。"(《尚书·虞夏书·尧典》)
  敬德:"惟不敬厥德,乃早坠厥命。"(《尚书·周书·召诰》)
  "肆惟王其疾敬德,王其德之用,祈天永命。"(《尚书·周书·召诰》)
  "天亦哀于四方民、其眷命用懋,王其疾敬德。"(《尚书·周书·召诰》)
  "王敬所作,不可不敬德。"(《尚书·周书·召诰》)
  "周公曰:……则皇自敬德。"(《尚书·周书·无逸》)
  明德:"克明德慎罚。"(《尚书·周书·康诰》)
  "先王既勤用明德,怀为夹,庶邦享作。"(《尚书·周书·梓材》)
  "自成汤至于帝乙,罔不明德恤祀。"(《尚书·周书·多士》)
  "惟天下不畀不明厥德。"(《尚书·周书·多士》)
  "以至于帝乙,罔不明德慎罚。"(《尚书·周书·多方》)
  "克慎明德。"(《尚书·周书·文侯之命》)②

---

① 陈来:《古代宗教与伦理:儒家思想的根源》,生活·读书·新知三联书店2009年版,第278页。
② 陈来:《古代宗教与伦理:儒家思想的根源》,生活·读书·新知三联书店2009年版,第278—281页。

"俊德"也就是美德,从上面引用的文献来看,"德"的历史发生路径大概是"俊德"—"敬德"—"明德",这是天然的美德对人类原始的审美式地吸引。到了《论语》《孟子》,德行、德性开始成为显性概念。①

> 子曰:"从我于陈、蔡者,皆不及门也。德行:颜渊、闵子骞、冉伯牛、仲弓……"(《论语·先进》)
> 子曰:"中庸之为德也,其至矣乎!民鲜久矣。"(《论语·庸也》)
> 子曰:"由,知德者鲜矣!"(《论语·卫灵公》)
> 子曰:"性相近也,习相远也。"(《论语·阳货》)
> 孟子曰:"人之所不学而能者,其良能也。所不虑而知者,其良知也。孩提之童,无不知爱其亲,及其长者,无不知敬其兄也。"(《孟子·尽心上》)
> 孟子曰:"仁之于父子也,义之于君臣也,礼之于宾主也,知之于贤者也,圣人之于天道也;命也,有性焉,君子不谓命也。"(《孟子·尽心下》)
> 君子所性,仁义礼智根于心。(《孟子·尽心上》)

从《尚书》中的俊德、敬德、明德到孔孟的德行与德性,中国道德思想的主题从"美德"过渡到了"德性",直到《大学》明确说出了,"大学之道,在明明德,在亲民,在止于至善"。"道"与"德"以及"道德"一词,虽然从《道德经》开始就出现了,但是"失道而后德"(《道德经·三十八章》),"通于天地者,德也;行于万物者,道也","形非道不生,生非德不明"(《庄子·外篇》),"道终不可得,彼可得者,名德不明道",等等表述中②,"道德"常在一起,但是"道""德"二者的统一性问题还处于分歧之中,"道德"本身还没有普遍性的形而上内涵。一直到了宋明理学,道德才得到了形而上的统一性证明,用牟宗三的话来说,实现了"道德底形而上学",不同于西方"道德的形而上学",

---

① 相关研究,可参见陈来《儒家美德论》,生活·读书·新知三联书店 2019 年版,第 373—460 页。
② 参见韦政通《中国哲学辞典》,王冰校勘,吉林出版集团有限责任公司 2009 年版,第 575 页。

道德在中国文化中具有了绝对性的形而上学地位。由此，综观这些词语在中国人的道德生活中渐渐被吸收的历史过程，可以表述为：美德—德性（或品德）—道德。

当代道德语境中的美德、品德与道德的有意无意的混用，大都来源于上述中西古今道德话语在当代世界的全面呈现。从生命体验的经验来说，对于道德问题，一般的逻辑顺序是美德—品德—道德。具体行为、具体的人与各种事情中呈现的美德，自然而然地做出美德的行为，让我们感受美德的"好"或"善"，渐渐地成为具有稳定性美德表现的人，从而渐渐具有了"德性"或"品德"意识，最后成为一个有"道德"的人。从社会教化的角度看，一般是道德—品德—美德的教育程序，灌输普遍性的道德知识，培养具有道德品质的个性，成就日常生活中的美德，这种教化也成为自觉的道德实践的基本路径。从自我的精神价值的视角来看，是"品德—道德—美德"，人之为人是自我的起点，人之为人的品德是自我从自然状态走向教化状态的自我确证，这种自我确证背后是对道德知识论的认同与坚持，最后转化为自身"出乎道德"的美德行为。而从伦理道德自身的历史发展来看，存在着西方"美德—道德—品德（德性）"与中国"美德—德性（品德）—道德"的差异与分歧。显然，中国式的伦理道德发展是一种符合生命体验常识，又自觉性地进行道德实践的理论路线，而西方式的道德哲学，经过苏格拉底的界定，走上了道德必然性的知识论路线，渐渐成为一种知识、一种科学。

从偶在、偶性与偶然的区分来看，中西古今的道德概念分歧可以进行如下的界定与清理：美德是作为存在论的偶在，我们可以称之为美德偶在；品德是作为认识论的偶性，我们可以称之为品德偶性，或者叫德性；道德是作为实践论的偶然，可以称之为道德偶然。我们都是人，不管是古代人还是当代人，不管是美国人还是中国人。我们生下来都要生存，都会遭遇美德，成就自己的品德，无法回避人生道德实践的偶然。偶在、偶性与偶然，与美德、品德与道德的相遇，可以让我们穿越千年的历史概念，获得直接性的个体认同，将历史、现在与未来联结起来。美德偶在、品德偶性与道德偶然是道德偶然性范畴的历史具体性、知识规范性与实践价值论的统一。从历史视角来说，是"美德—品德—道德"生成的归纳路径，从知识视角来说，是"道德—品德—美德"的演绎路径，从实践视角来说，是"品德—道德—美德"的自我生成路径。

三　道德的偶然性与偶然性的道德

我们在厘定了偶然性概念之后，梳理了美德偶在、品德偶性与道德偶然的基本概念之后，现在进入偶然性与道德关系的讨论。前述是道德偶然性内部的概念细分，现在我们进入的是一般性的道德概念，一般性的偶然与道德的关系问题。道德与偶然性的关系涉及"道德的偶然性"（moral contingency）与"偶然性的道德"（contigent morality）的区分，前者表述道德的偶然性内容，后者表述道德的偶然性性质，二者之间的差别我们需要加以明晰。

康德曾经将全部知识划分为质料的（与某一对象有关），或者是形式（涉及知性的形式、不涉及对象的差别）。由此我们可以看出，"道德的偶然性"显然是涉及质料的，是关于道德"这一对象"的"偶然性"内容的，抑或是质料的；"偶然性的道德"涉及"道德形式本身"，不关注具体道德之间的差别，这是从"道德"的一面来看的。从"偶然性"的一面来看，关于"偶然性"的内涵主要有二：一是附属（附隶于实体），二是偶然（并非经常也非必需）。这样，"偶然性的道德"涉及与实体的关系，道德是属于哪个实体的？如果是属于某个实体，是属于某个具体的实体，还是属于整个实体？这种附隶是偶然还是本质。沿着这样的思路，伦理思想史与道德哲学史对于道德的隶属基本上有"属神的（神话的神）""属英雄的（具有神性的人）""属上帝的（宗教的神）""属人的""属动物的""属生命的"，等等。由此看出，对于道德的隶属于人的认识也不是自然和天然的，而是有不同的观念的。但是，其中我们必须予以关注的是，这样的认识一直都是在有"人参与"的背景下进行的，事关"道德"的事，总是关涉人的。因而，"道德"虽然不是一开始就被我们认识到的人的属性，但却是一直伴随着人的认识而不断进步的。由此而来就是，这样的属性到底是人的"偶然"属性，还是本质属性，这就产生了道德必然性的世界观与偶然性世界观的分别。由此，康德在知识论上进行进一步将形式与质料的区分引进哲学，形式哲学被称为逻辑学，质料哲学按照研究对象分为关于自然的物理学和关于自由的伦理学。逻辑学是关于无关经验的，纯形式的，而物理学和伦理学是涉及质料和内容，进而涉及经验的。逻辑学虽然无关经验，但是以经验为基础与依据；物理学与伦理学虽然涉及质料，但也有其形式。由此而来，伦理学中的形式、伦理学中的逻辑不再叫作"逻辑学"，而有了新的名字叫"形而上学"，从而也就产生了"道德形而上学"（一般人称道德学）；而伦理学中的质料部分，被称为"实践人学"。康德的目标是要建立一个"纯粹的、完全清楚了一切经验、一切属于人学的东西"的"道德哲学"或"道德形而上学"，这样的道德哲学是具有"绝对的必然性"①。由此，康德试图取消道德的偶然性，宣称一种道德必然性的世界观，"偶然性的道德"在康德之后很长一段时间被忽视。

康德之后，马克斯·舍勒是重新发现伦理学质料学的人，他的经典性代表作《伦理学中的形式主义与质料的价值伦理学：为一门伦理学人格主义奠基的新尝试》，从题目即可看出，这是一个延续康德的路径，但是不同于康德从形式主义的道德形而上学出发，舍勒的重点是作为"质料的价值伦理学"，这个名称在康德那里称为"实践人学"。我们需要注意的是，在康德那里，康德是用"道德形而上学"来表明"伦理学"中的形式主义，但是却用"实践人学"来表达伦理学中的"质料"或"经验"，在这里，康德为什么不用一个与"道德形而上学"相对应的"道德质料学"？在舍勒那里，舍勒继承了康德伦理学中关于"形式主义"和"质料主义"的区分，但是却没有延续康德的"道德形而上学"名称，而是采用了"伦理形式主义"（用舍勒的话是伦理学中的形式主义）与"伦理质料主义"（用舍勒的话是质料的价值伦理学）。为什么会有这样的差异？我想这不是一个名称的差异，而是关于伦理道德概念的模糊以及伦理道德到底是偶然还是必然的混沌状态。在康德那里，作为质料的伦理学是事关经验的，它不同于道德形而上学的普遍性与绝对必然性，是有"偶然性"的。但是到了舍勒，本来要研究的是"质料伦理学"的，这样的质料伦理学在康德看来一定是有"偶然性"的，无法达到"绝对必然性"的程度，但是舍勒想通过"质料伦理学"这样的研究去"为哲学的伦理学进行严格科学的和实证的奠基"，"为伦理学的学科奠基"。② 事实上，舍勒还是要克服康德对质料偶然性的担忧。但是，舍勒发现了对的问题，却建立了一个错误的目标。

---

① ［德］康德：《道德形而上学原理》，苗力田译，上海人民出版社2005年版，第1—4页。
② ［德］舍勒：《伦理学中的形式主义与质料的价值伦理学：为一门伦理学人格主义奠基的新尝试》，倪梁康译，生活·读书·新知三联书店2004年版，第1页。

舍勒"处处都想从通过对真实的事态的积极揭示来批判他所认为的康德纲领中的错误",这正是从"道德的偶然性"事实出发,无疑这是反对康德道德形而上学,走向伦理质料主义的一个正确切入口。同时,舍勒还认为,康德之后,对康德进行批判的哲学家们"并没有在其最深层次的基础中受到撼动",乃是因为包括康德在内的近代哲学家们都以"严格的科学明察的形式",而"不是以世界观和信仰意识的形式",来"展示着我们在哲学伦理学上……所拥有的最完善的东西"。① 舍勒的这个认识是十分深刻的,舍勒意识到从伦理形式主义走向伦理质料主义,是一种世界观的改变,只有世界观的改变,我们才可能走出康德以及近代哲学家们所追求的"严格科学"的误区。换句话说,我们只有从"绝对必然性"世界观走出来,承认"偶然性的道德",才能进入认识伦理学与道德哲学中的"质料"与"内容",亦即真正走入"道德的偶然性"的真正研究。可惜的是舍勒,如前所述,前脚刚推翻康德的这个世界观,紧随其后还是要"为哲学的伦理学进行严格科学的和实证的奠基"。

走向"道德的偶然性","偶然性的道德"世界观是一种前提。只有在绝对必然性的顶端看到"道德偶然"的可能,我们才能够走出现代道德哲学的误区,进入"道德的偶然性"质料的探究。"伦理学""道德学""道德哲学""道德形而上学""实践人学""实践哲学""伦理形式主义""伦理质料主义"等这些名称与概念把我们对伦理学与道德哲学的理解搞得晕头转向,不知所云。它们到底是一个意思,还是不同的意思,它们是在表述同一个伦理道德,还是在表述不同的伦理道德。事实上,我们对于它们的混沌与混乱使用,来自我们对于自身所处的生活世界的混沌与混乱认知。从个体生命来说,我们生下来就生活在一个共同体之中,这个共同体有它固定的"伦理习俗"。作为一个初生的个体,我们没有自己的独立意识,需要在他者意识中生存,这时候的"伦理习俗"对我们来说是一种个体的"道德必然性",我们每个人都需要先在"伦理习俗"中成长,我们似乎感觉有一种"必然性"的道德力量在引领着我们,道德必然性的伦理世界观对于我们来说是自在的。但是,随着个体生命的成长,我们渐渐感受到自身心灵的自由意志,开始反思对于我们先在的

---

① [德] 舍勒:《伦理学中的形式主义与质料的价值伦理学:为一门伦理学人格主义奠基的新尝试》,倪梁康译,生活·读书·新知三联书店2004年版,第2页。

"伦理习俗",开始渴望"脱轨",希望生活充满"偶然",也因为自身个别性的"偶然体验",我们获得了一种"道德偶然"的生命体验。这样的个体不再是自然的个体,而是有主体性的个体,不再是伦理的个体,而是道德的个体。因而,伦理对于我们是必然的,道德对于我们是偶然的。我们常常说的道德必然性,事实上是在谈论共同体意义上的伦理必然性。我们所说的偶然性应该是从个体出发的道德的偶然性。伦理与道德,偶然与必然,更好的表述应该是伦理必然(表现为前述的伦理规范)与道德偶然。从共同体的视角看,静态地看,我们需要伦理习俗与伦理必然性维护一个社会的基本稳定与繁荣。但是,发展地看,随着个体道德偶然性的崛起,伦理习俗的必然性渐渐被推翻,开始呼唤新的"伦理习俗",我们开始意识到"道德范式"的转型,开始意识到社会"伦理规范"的提升。从个体与共同体之间的关系来看,共同体始终坚持伦理习俗的教化,个体追随道德偶然的真诚,整个社会永远处在一种伦理习俗与道德偶然的混沌与开放之中,通过历史的实践不断建构出伦理必然与道德偶然之间的和谐与中道。身处其中的个体,一方面有着自身生命的成长背景;另一方面有着社会发展的时代现实,个体越成长、社会越开放,偶然感也就越强烈。

当我们区分了伦理与道德,认识了伦理道德与偶然必然的关系,我们自然就可以理解伦理学、道德哲学、实践哲学的差异,自然也就理解了道德形而上学、实践人学、伦理形式主义、伦理质料主义背后所要坚持和表达的基本理念。古典伦理学从生活世界出发,在个体生命体验中发现道德偶然性(苏格拉底),在"人类"普遍生存的需要下去寻找一种伦理形式主义理念(柏拉图),最后在伦理习俗(伦理德性)中确立了伦理学的幸福目的论(亚里士多德),完成了伦理学的古典范式(理智德性)。近代道德哲学,从人类已经具有的道德规范与精神世界的反思出发(笛卡尔我思故我在),反抗先在的伦理必然性力量(休谟因果中断),渴望自由意志的到来,为个体生命确立主体精神(康德黑格尔实践理性与绝对精神),伦理必然性与道德偶然性辩证发展,交互并行。当代实践哲学,从具体个体生命的直接需要出发,在现代性的普遍性平台中寻找多元性的刺激(鲍曼的后现代伦理学),伦理学被从逻辑形而上学中驱赶出来,成为一种"心灵的倾向"(维特根斯坦),情感与偶然同行,不断凸显"偶然、反讽与团结"(罗蒂),"偶然性的道德"亟须获得道德世界观的承认。

承认了"偶然性的道德",那么对于"道德的偶然性"理解也就顺理成章了。人类在世界观的改造中基本遵循了两条路径，一种是在形上的视阈中树立与认识世界观的真理性，然后演绎出世界观之下的世界图景；一种是在形下的现实里践行出一种世界观的可能，进而呈现一种世界观的真实。前者试图让我们"相信"某种世界观，后者试图撇开世界观的问题，而是去努力尝试去阐释如果这种世界观是真的，那么世界会是什么样子。我们现在基本完成了对于"偶然性的道德"的形上探究，下面我们开始"道德的偶然性"的形下探究。如果我们承认了"偶然性的道德"，那么我们会有什么样的"道德的偶然性"。

四 道德偶在、道德偶性与道德偶然

在一般的意义上，当代伦理学被划分为"规范伦理学"、"元伦理学"与"应用伦理学"。虽然理论家们不一定都认同这种划分，但是对这三种划分背后所涉及的伦理道德的研究问题应该是没有异议的。规范伦理学重点探讨道德原则——"指导我们如何行动和怎么生活的原则"——的内容；元伦理学关心道德原则的性质，即道德原则的起源、普遍性、真假问题等；应用伦理学侧重于如何在实践中进行道德行动的道德原则的应用问题。① 从这个分类中，我们可以看出伦理道德的核心问题在于道德原则，规范伦理学比较注重在经验世界的日常世界里探讨道德原则，而元伦理学则比较注重形而上学层面对道德原则做哲学的思考，应用伦理学则是在实践世界里探讨道德原则应用的可能。围绕"道德原则"这个核心，伦理道德应该有三个相关的主题：一是道德原则的前提问题，即道德事实的存在，只有道德事实的存在才有道德原则的诞生，抑或说需要道德事实的存在来印证道德原则的可能；二是道德原则的知识性问题，亦即道德原则的真假性、普遍性与永恒性问题；三是道德原则的实践问题，亦即如何进行面向未来的道德行动。由此，我们发现将产生三种道德偶然性，亦即"道德事实的偶然性"、"道德原则的偶然性"与"道德行动的偶然性"。

正如我们前面对于"偶在""偶性"与"偶然"的区分，"偶在"是一种原初的存在，"偶性"是一种属性、是一种对"偶在"现象性质的认

---

① 参见程炼编著《伦理学关键词》，北京师范大学出版社2007年版，第1页。

第六章　美德偶在、品德偶性与道德偶然

识，"偶然"不同于原初的事实性"偶在"，而是经过"偶性"确证后面向实践的一种未来的"可能"，"偶然性"问题是关于存在论的"偶在"、认识论的"偶性"以及实践论的"偶然"的一种形而上学的统称。按照这个区分，我们自然即可得出"道德的偶然性"的三种基本样态："道德偶在"、"道德偶性"与"道德偶然"。"道德偶在"在存在论意义上探讨关于"道德事实的偶然性"问题，"道德偶性"在认识论层次上探讨"道德原则的偶然性问题"，"道德偶然"在实践论应用上回应"道德行动的偶然性问题"，三者共同构成"道德偶然性"理论的形而上学内涵。这里似乎与前面的美德偶在、品德偶性与道德偶然具有某种相似性和重合度，不同于前面美德偶在、品德偶性与道德偶然的区分，我们这里的道德偶在、道德偶性与道德偶然，更强调道德作为一般性范畴所体现的形而上内涵。前者是阐释道德概念的生存史，后者体现的是道德生活的呈现样态。

"道德偶在"作为一种"道德事实的偶然性"，首先在休谟的"是"与"应当"的区分中凸显出来。当休谟将"是"与"应当"间的"因果性"关系切断，由此而来的就是"是"与"应当"二者本身应该如何理解。休谟说，"理性要么判断事实，要么判断关系"。但是，当"是"与"应当"关系被切断后，我们该如何判断"事实"？在道德偶然性里，我们首先面对的就是如何确证我们拥有的美德经验事实的真实性与永恒性，休谟通过对"罪恶"事实的分析，为我们揭示了"道德偶在"的存在。休谟说："我们称之为罪恶的那个事实存在于何处，指出它来，规定它的时间，描述它的本质或本性，说明发现它的那种感官或能力。……你们不能说，这些东西自身永远而且在一切条件下都是罪恶……因此我们可以推断……罪恶不是任何特定的单个的事实，而是起源于一些复杂的因素，当这些复杂的因素被呈现于旁观者时，由于旁观者的心灵的特定的结构和组织，才激起谴责的情感。"[①] 在这里，休谟为我们揭示了没有了"是"与"应当"关系的指引，道德事实本身必然面临偶然性的现实，当"应当"的参照物去除后，道德评价的功能削弱，道德事实就成为一种仅有描述功能的陈述句。"某人做了某件美德的事或不德的事"，可能具有以下的内涵：第一，它是事实存在着的；第二，它也可以不存在，不是经常存在

---

① [英]休谟：《道德原则研究》，曾晓平译，商务印书馆2001年版，第139页。

的，只是一种可能性；第三，它可以在这里存在也可以在那里存在，不具有固定性；第四，它可以这样存在也可以那样存在，可以以这种方式存在也可以以那种方式存在；第五，它可以在这类生物存在也可以在那类生物存在，在同一类生物（比如，人类）中，可以在这个生物身上（这个人）存在也可以在那个生物（那个人）身上存在。这样的道德事实只是一种"偶然的存在"，亦即"道德偶在"。由是观之，后现代语境中的"道德境遇""道德距离""道德运气"等新兴的道德范畴都可以归结在"道德偶在"中加以审视与考察。

如果说"道德偶在"是对道德偶然性的事实性、经验性、存在性的描述，那么"道德偶性"就是对"道德偶在"的性质认识。如果道德事实是一种"偶在"的话，那么，在"道德偶在"的不同的道德事实之间，如何生成共同的道德原则与道德规范，从而形成我们共有的道德知识？这就涉及"道德偶性"，亦即"道德原则的偶然性问题"。在道德必然性的逻辑里，道德原则、道德规范、道德知识是普遍的、必然的，但这种必然性与普遍性源于何处，主要有自然主义、理性主义与神秘主义三种说辞。在知识论的视阈中，理性主义一直是主流。但是，近代以来，"一切能够以数学用语公式化表述的客体的属性，都可以被理解为客体自身（作为物自体之客体）的属性"[①]。这样的一种形式化、普遍化的要求一直都是近代知识论对科学知识的基本要求，这种要求后来渐渐转化为逻辑学与语言学所要求的严格必然性。但是，这个问题一涉及道德就会出现状况，道德规范、道德原则、道德知识如何通过数学化的公式、形式化的逻辑与符号化的语言表达出来？于是，语言哲学家们直接就将伦理道德问题剔除出了科学必然性的领域，使其成为经验偶然性的问题。这样，在道德偶然性视阈中，失去先验性的道德原则，如何理解基本的道德事实以及关于这些基本道德事实的知识就成为重要的问题。这正是当代道德哲学家乔纳森·丹西关心的问题："在一个特定的案例中，关于某事的事实（p），是做某事（q）的一个道德理由（R）吗？"以及基于这样的一种道德知识本身是偶然的吗？在丹西看来，"假设 p、q 之间存在某种关系，即 pRq，如果

---

① ［法］甘丹·梅亚苏：《有限性之后：论偶然性的必然性》，吴燕译，河南大学出版社 2018 年版，第 9 页。

只能借助经验（后天、偶然）得知 p 或 q，那么我们对于 pRq 也同样如此。"① 由此看来，"某种道德事实"与"做某事"都是具有后天偶然的经验性质，那么基于"某种道德事实"去"做某事"的"理由"这种"道德知识"也就一样具有了"后天经验"的"偶然性质"，这是一般的经验主义者都能接受的观点。但是，丹西更进一步说，如果没有"某种道德事实"的经验是不可能获得"做某事"的"理由"的这种"道德知识"，事实上是一种"仅凭经验方法才能获得的知识"，那么，这种"道德知识"的性质是什么？丹西说，他们是先天的偶然的道德知识。也就是说，这样的道德知识本身既是"偶然的"，又是先天存在的。这正是我们用"道德偶性"来表达"道德偶在"意义上"道德原则的偶然性"②。有了对于"道德偶性"性质的揭示，我们就可以理解当代道德哲学中道德特殊主义、道德相对主义、道德多元主义等道德理论涌现的道德偶然性背景。

在阐释了存在论意义的"道德偶在"与认识论意义的"道德偶性"之后，道德偶然性理论还需要理解与厘定实践论意义的"道德偶然"问题，即"道德行动的偶然性问题"。从传统的道德必然性世界观出发，在面对众多道德知识的选择时，我们面临的一个实践论的难题是，在我们进行道德选择时，道德个体有可能获得"整全"的道德知识之后进行"理性"的抉择吗？在后现代语境与知识爆炸时代，在现实上能够把握这种"整全性"道德知识不过是一种"理想主义"的"信念"，那么由此而来，我们只有"理性"地"不行动"。显然，这个结论无法为当代人的道德生活开辟道路。休谟之后，随着对因果关系的质疑，虽然有康德式"绝对命令"的挽救，但是在实践上也只是具有一种"形式"的完美，后现代人们的道德行动的逻辑逐渐地让位于"相关性"。建立在道德事实的偶在与道德理由的偶性基础之上的道德行动，显然就是一种"相关性"

---

① Jonathan Dancy, "Are basic moral facts both contingent and a priori?", in Mark Norris Lance, Matjaž Potrč, and Vojko Strahovnik, eds., *Challenging Moral Particularism*, London: Routledge, 2008, pp. 116-118.

② 这里需要注意的是，在道德必然性逻辑里，规范性与道德知识是一种"道德原则的必然性"问题，但是在道德偶然性里，规范性与道德知识问题已经由一种"道德原则的偶然性"转化为一种"道德理由的偶然性"，这里的"道德原则的偶然性"事实上就是"道德理由的偶然性"。

的"道德偶然"。法国思想家甘丹·梅亚苏通过"前先祖性"概念提出了一个证明"相关性"逻辑的有益思路,"数学的话语是如何能够描述一个人类缺席的世界,一个充斥着与显示无关的事物与事件的世界",以构成科学话语的数学形式何以能有"对伟大的外部进行言说的能力,以及对人类及生命都不在场之过去进行言说的能力?"① 我们说,宇宙起源于135亿年前,人类起源于200万年前,"年"这个时间计数是人类诞生之后人类知识的结果,我们何以可以用人类诞生之后发明的"年"这个时间方法去计算人类没有诞生之前的那个"宇宙",这种知识具有必然性吗?人类没有诞生之前的那个"宇宙"是按照我们人类诞生之后产生出来的那个"时间"法则进行运行的吗?我们的"前先祖性"如何说明?进而,梅亚苏提出"我们真诚地认为物体确实可能且无任何理由地以最任意的方式运行,但同时仍然不改变我们与事物之间可能有的普通日常的联系","我们要认真、尽力地去捍卫的,正是物理法则的真正的偶然性这一主张"。② "相关性"是一种真正的"偶然性"逻辑。由此,类似于自然规律的"相关性"逻辑,道德行动也应该建立在"相关性"逻辑之上,不似道德推理的演绎,"道德偶然"的道德行动依靠归纳、类比与实践的证成。其实,在道德事实成为"偶在",道德原则变成"偶性",道德行动自然就成为"偶然"。道德实践是相对的与相关意义上,一定条件下的行为与行动。接受"道德偶然",承认道德行动的偶然性,我们也就可以理解苏格拉底提出的一个美德的人何以不能教出美德的学生、一个美德的人何以不能每个行动中都保持美德的样态,而后现代语境中的"道德勇气""道德想象""道德创新"等新兴道德范畴也获得其可能的理论支撑。

在自然科学、社会科学呼唤与拥抱偶然性的后现代语境中,道德偶然性迟迟没有获得明确的界定与阐释,根本的原因在于我们对于道德偶然性的话语范畴无所适从。事实上,道德偶然性话语范畴已经包含在后现代伦理学的语境之中,包含在描述伦理学的客观基础之中,呈现在道德特殊主义、道德相对主义等理论建构之中。不同于"应该"的道德书写,道德偶然性的话语是一种"是"的道德偶在的描述;相对于"主体"的本质

---

① [法] 甘丹·梅亚苏:《有限性之后:论偶然性的必然性》,吴燕译,河南大学出版社2018年版,第54页。

② [法] 甘丹·梅亚苏:《有限性之后:论偶然性的必然性》,吴燕译,河南大学出版社2018年版,第166页。

追问，道德偶然性话语是一种对主体的"可能性"的道德偶性的揭示。同样，不同于对道德规范的普遍"必然性"认识的坚信，道德偶然性话语更倾向于在道德偶在与道德偶性基础上，"建构"出人类道德规范，这种规范本身是一种道德偶然世界观视阈里的经验、社群与历史的"相对性"，具有条件性，而不具有绝对真理性与普遍性。道德偶在、道德偶性与道德偶然构成了言说"道德的偶然性"的话语结构，为道德偶然世界观里各种后现代道德范畴的出场提供了道德语境。从偶然性到道德偶然性，偶然性的图式可以进一步发展为道德偶然性的图式。

表 6-4　　　　　　　　　道德偶然性的基本形态

偶然性						
偶然性的道德	道德的偶然性					
实体（道德）偶在	道德事实的偶然性		道德原则的偶然性		道德行动的偶然性	
	时间	偶在	偶性		偶然	潜能
	空间					可能
	频次		直言的偶然 逻辑上偶然	假言的偶然 经验上偶然	选言的偶然 形而上偶然	或然
						概然
	道德偶在		道德偶性			道德偶然
原初存在论	认识论				现实实践论	

在原初性存在中，实体的偶然与属性的偶然是不分的，但是到道德偶性中，实体的"偶在"具有更为根本的世界观意识，涉及实体与属性之间的附隶关系，是一种关于"偶然性的道德"的世界观，因而，我们可以将其分离出来，"道德的偶然性"在其内涵上更加明晰。

五　道德偶然性与当代道德哲学问题

西方道德哲学一直以来有两个重要的传统，一个是形而上学，一个是宗教传统。前者继承古希腊，后者继承中世纪基督教。西方的道德哲学始终离不开基督教传统与形而上学的庇护，当代伦理学一般来说，我们把它的起点界定为摩尔《伦理学原理》（1901 年）的"元伦理学"提出，在其中摩尔不再关心实践世界里的道德规范与道德理论，而是转向道德语言，为"善"寻找定义。当代伦理学界尤其是中国伦理学界对于西方当代伦理学的引介，或者是因为学者个人阅读文本的限制，或者是因为研究领域的限制，总是忽略当代伦理学背后的形而上学背景，而先入为主地开启当代伦理学的语言路向。而这个形而上学背景，对于我们理解甚至走出西方道德哲学的迷雾却是十分必要的。

近代哲学从古典时代本体论走向认识论，培根喊出"知识就是力量"，掌握了"知识"的人开始变得有"力量"（power），进而开始在这个世界争取"权力"（right），实现了人与人之间的平等。知识论紧随认识论而诞生，人们需要去寻找知识背后的普遍性认识范畴与认识方法。人们在认识论的进程中开始意识到自我与世界的对立，在自我内部认识到感性与理性的对立，在世界的内部发现现象界与物自体的对立，如何化解这一难题成为认识论上的方法论难题。休谟第一个发现了这一问题，我们常常被认为是"休谟之叉"①，亦即"事实知识"与"观念知识"之间的分叉。"推理关注的是观念之间的关系，事实必须牵涉到判断与陈述"，从而有了事实与价值的二分的"休谟问题"。需要注意的是，休谟是通过"定义"来发现这个问题的。休谟说："复杂观念或许能够很好地通过定义获知，这无非是列举组成复杂观念的简单观念。但是当我们通过定义获得了最简单的观念，发现尚存一些含糊晦涩之处，我们还能求助于什么呢？……产生印象和原始的情绪，据此观念得以复制。这些印象是强烈的、可感的，没有任何含混。"② 通过定义，休谟发现了观念与印象之间的因果关联，进而在因果关系的分析中发现了印象与事实之间的断裂，从而划分了事实与价值的二分。复杂观念与简单观念、因果关联与断裂、事实与价值的二分都源始于"定义"的无法融洽，事实的"判断与陈述"在原初上存在的表述多样性可能与观念传播的单一性矛盾。

休谟之叉后来发展为康德的分析与综合的区分，不同于休谟对于"事实"判断与陈述的因果联系的关注，注目纯粹理性的康德，更为注重的是"观念"关系之后的"推理"。康德将休谟的"定义"发展为"判断"，搁置了"定义"问题，从而也就搁置了"事实"。康德的"纯粹理

---

① Cory Juhl and Eric Loomis, *Analyticity*, London：Routledge, 2010, p. 1.
② Cory Juhl and Eric Loomis, *Analyticity*, London：Routledge, 2010, p. 2.

性"的基本起点是"纯粹知识"和"经验知识"的区别,在康德看来,按照时间,一切知识都是经验的,但是虽然一切知识以经验开始,却不是从经验发源的。在康德看来存在这先天的知识源头,而这一源头起始于"判断"。"在一切判断中,从其中主词对谓词的关系来考虑……要么是谓词属于主词……要么是谓词无安全外在于主词……在前一种情况下我把这判断叫作分析的,在第二种情况下则称为综合的。"① 从此,我们有了当代哲学一直延续的一个区分,而且产生了一个以"分析"为核心的"分析哲学"。我们在这里需要注意的是,康德的这个区分的前提是"在一切判断"中,而不是在"一切概念"或"一切定义"中,康德将知识的基础奠基在判断之上,而非定义之上,不再考虑"道可道非常道"的本体论,而是开始考虑"道名"之后的"判断",知识论的认识论问题。从某种意义上说,康德更为关心的是"关系"之"判断"而非"实体"之"定义"。古典伦理学的问题被遮蔽,近代道德哲学开始出场。转换到伦理道德,我们需要寻找的不再是苏格拉底的"美德是什么"的定义问题,而是关于规范性的"绝对命令"的绝对"判断"问题。从美德定义走向规范判断才是康德道德哲学的核心范型转变之根本所在。

康德哲学的结论是精彩的,但是康德哲学的"原罪"却是永恒的。很快,思想家们就发现了康德的问题。博尔扎诺认为,"康德断定分析判断是谓词以隐蔽的方式包含在主词里",这一方面"存在言语隐喻模式,不能清楚地分析概念",另一方面"这种表达产生了太多的可能的阐释"。② 为了解决这一问题,博尔扎诺提出一种"更为宽泛的分析性",他的分析性一方面肯定可以给予命题的"不同的阐释",另一方面"命题仍然是真的"。这是因为在博尔扎诺看来,在分析性命题中存在一些"指称性观念","这些指称性观念任意改变不影响命题的真假"。例如,"'一个堕落的人不值得尊敬'和'一个人堕落了却还沉浸于幸福'。原因在于这两个命题中包含着确定的观念'人',可以用任何其他概念(如天使、存在物等)来替换,替换了前者可以为真,替换了后者就是假的,这规定了他们一直具有指称"③。也就是说,为了让康德的分析性更为明晰,更为确定,博尔扎诺提出了"指称性"问题。我们在这里需要注意的是,

---

① [德] 康德:《纯粹理性批判》,邓晓芒译,杨祖陶校,人民出版社2004年版,第8页。
② Cory Juhl and Eric Loomis, *Analyticity*, London: Routledge, 2010, p. 11.
③ Cory Juhl and Eric Loomis, *Analyticity*, London: Routledge, 2010, pp. 11-12.

博尔扎诺在解决康德问题时，已经悄然地将康德那里的"一切判断"（judgements）变成了"分析命题"（analytical propositions），他不再关心康德的"判断"分类，而是为了使得康德的"分析"变得明晰，开始关心"分析命题"的"真假"。从"判断"走向"命题"，使得问题进一步得到拓展，同时也遮蔽了"源始性"的哲学问题。

博尔扎诺之后的弗雷格发现，"通过其新的谓词逻辑似乎可以用纯粹的逻辑词项来解释一些数学知识，并且可以将这些知识从逻辑真理中推导出来"，这样的理论以"逻辑主义"著称，"它移除了对直观的诉求，至少在算术系统中如此"。① 这就将博尔扎诺的"命题"又推广到了可以"推理"的"定理"与"公理"之中，并将哲学从逻辑学的领域推广到了数学。这个想法后来得以被罗素推广，进而开始在欧美哲学界产生持续的影响。"弗雷格和罗素已经展示了如何在算术领域中开展这种工作"，但是该计划在"几何、逻辑或形而上学领域中却举步维艰"，为了解决这些问题，维也纳学圈将维特根斯坦关于"命题的图像理论"带入分析真理，并被赋予了新的角色，分析真理变成了"重言式"的语言问题。② 语言哲学问题开始凸显，"概念"的定义性、"表达"的意向性、"指称"的现象学等问题重新进入我们的视野。

由此，我们可以清晰地看出，从休谟的定义、康德的判断、博尔扎诺的命题，到弗雷格与罗素的数理逻辑，再到维特根斯坦与维也纳学圈的语言、石里克的符号系统，最后到当代语言哲学的指称论、语用论与语义论，西方近代到当代的形而上学问题经历了从逻辑学到数学再到语言学的转换。这样转换的积极意义在于不断地拓展了哲学形而上学的领域，使得他们所认为的"哲学"越来越具有"科学性"，"分析"变得越来越"明晰"或"清晰"，以至于当代哲学变成了"明晰"的代名词。这样的转换的消极意义有两个方面：一方面使得康德当年提出的"分析"与"综合"二分的"综合"失去了意义，一种以思辨、综合为主关涉经验的哲学消失得无影无踪；另一方面从"定义"到"数学符号"再到"语言指称"，源初性的哲学问题被一步步遮蔽，西方哲学就像黑格尔所说的螺旋式上升，问题产生结论，结论又产生新问题，新问题需要新理论，新理论又产

---

① Cory Juhl and Eric Loomis, *Analyticity*, London: Routledge, 2010, p. 27.
② Cory Juhl and Eric Loomis, *Analyticity*, London: Routledge, 2010, pp. 27–28.

生新问题，循环往复，源初性的问题被消失得无影无踪。

在这个欧美分析哲学的尽头，源初性的问题在伦理学又被重新发现。普特南指出"为数学的客观性提供一个本体论的解释的企图看作一个实际上为数学陈述的真提供数学之外的理由的企图，以及把为伦理学的客观性提供一个本体论的解释的企图看作相似的一个为伦理学陈述的真提供伦理学之外的理由的企图；而我把这两种企图都看作深深地误入歧途的"①。无论是逻辑、数学还是语言，最终都是在西方形而上学必然性体系的世界观视野里的，其根本目的就是寻找必然性"真理"，这个过程本身就是在原初源头上的一种"决断"。反映在道德哲学视野中，源初性的问题就是苏格拉底"美德是否可教"的"美德是什么"的定义问题，在这个源初性问题上，苏格拉底最后选择的是"美德即知识"，知识普遍性、必然性与永恒性成了美德的基本限定，从此西方走上了追问道德必然性的真理之路。其实，苏格拉底的"美德即知识"，更为原初的意义上是"如果美德是知识的话，那么美德就是可教的"。这个假设变成了西方形而上学"美德即知识"的追求公式，成了道德可教的前提，忘却了这个论断中包含的"如果那么"的逻辑假设。在这个假设中，存在着道德偶然与道德必然的两种可能性，反映着苏格拉底问题的原初"混沌"与"无知"的状态。道德问题蕴含在美德的定义之中，美德的定义蕴含着偶然与必然两种可能。到了休谟，休谟通过观念发现在道德推理中"是"与"应当"关系的"因果"断裂，从而去挖掘更具有偶然性的"道德情感"，从而开启了英国道德情感主义的道德经验论思潮。可惜这条揭示道德偶然的道路，同样遭遇近代理性启蒙的必然性压制。

通过逻辑、数学与语言的形而上建构，我们在发现"语言是存在的家"的同时，也发现了语言对人的存在的压制。人要生活在语言之中，但人又可以超越于语言之外，"诗意地栖居在大地之上"。超越必然性的呼声越来越高。德法现象学与存在主义从人学与实践哲学的视野，为偶然性辩护。根据我国学者王俊教授的梳理，20世纪的现象学致力于某种针对传统形而上学的"反动或颠覆"，在这一思潮中存在一条"隐而不显却不可或缺的""偶然性问题"的"思想线索"。也就是说，偶然性问题已

---

① Hilary Putnam, *Ethics without Ontology*, Cambridge and London: Harvard University Press, 2004, pp. 3-4.

经隐含在现代现象学与存在主义对于以往形而上学必然性批判的哲学思考之中，但是没有得到明确的肯定。在王俊看来，在胡塞尔的现象学与海德格尔的存在主义那里存在着"意向性建构与生存的时机化"的"偶然性"；在梅洛-庞蒂与萨特那里存在着"身体处境与存在属性"意义上的"偶然性"；而马尔库塞和阿尔都塞提出了"具体哲学"和"偶然的唯物主义"，安德尔斯和马奎德提出"随机哲学"和"偶然性哲学"，公开为偶然性辩护。所有这些都表明，当代人的生活正走向一种"亲近生活"的实践性姿态。① 无论是前述的分析哲学，还是现象学，都在揭示当代哲学对于偶然性的拥抱。

从源始性的起点出发，我们在苏格拉底关于美德定义的追问中遮蔽了"美德事实的偶然性"，在休谟关于是与应该的因果分析中遮蔽了"道德规范的偶然性"。当代道德哲学终于在形而上学的语言哲学尽头开始重新追问"善是什么"的定义问题，在这个过程中，我们发现了以往一切理论在支撑道德行动选择中的理由的偶然性，从而揭示了我们"道德行动的偶然性"，伦理学成为一种"非科学"的学科。在科学的尽头中，人们发现"未知是由已知构建起来的"，人类可以通过"经验和错误来接近黑箱"，但是"我们该如何面对不可确定性的问题，如何面对不可递归枚举之物"，这就使得建基在理性之上的科学系统面临"算法偶然性"的威胁。② 在道德必然性追问的尽头，我们发现一切伦理规范都已经包含在语言之中，一切规范都可以通过语言逻辑地分析出来。元伦理学的分析最终在关于道德事实是否存在上落入了道德实在论、非实在论与准实在论的无休止争论之中；在道德事实是否可以认知的问题方面，形成了认知主义与非认知主义的对峙阵营；在道德规范性真假问题上，形成了自然主义与非自然主义的对立。而实在论与非实在论、认知主义与非认知主义、自然主义与非自然主义之间相互关联，又形成令人眼花缭乱的自然主义的认知主义（实在论认知主义）、自然主义的非认知主义（诠释虚构主义）、非自然主义的认知主义（变革虚构主义/错论/依赖理论）、非自然主义的非认知主义（虚无主义/表达主义/情绪主义/准实在论）等各种各样伦理学与道德哲学理论。实在与非实在、认知与非认知、自然与不自然最终面临着

---

① 王俊：《现象学中的偶然性问题及其思想效应》，《哲学研究》2018 年第 11 期。
② 许煜：《递归与偶然》，苏子滢译，华东师范大学出版社 2020 年版，第 177 页。

偶然与必然的世界观的决断。与埋头分析相对应的是另外一些面向现实的人，关注"做什么"的"应用伦理学"也在不断兴起。应用伦理学兴起的背后是科学必然性知识体系之下不断溢出的道德问题，堕胎是可控制的生育带来的，试管婴儿与同性恋问题相互支撑，战争伦理与全球技术治理紧密相连，等等。应用伦理学面临的根本性问题还在于，那些在理论上还无法形成共识的价值分歧，何以在"应用"中构成一元化标准。个人自由的绝对权利如何防止弱肉强食的丛林法则，生命优先的事实判断如何面临安抚人之为人的道德价值，"最大多数人的最大利益"的功利主义只是一种"近似"完美，诸如此类的问题，也都需要我们做出一种世界观的决断，以及需要一种与此世界观相对应的伦理道德话语。偶然性的道德世界观是我们的决断，偶在、偶性与偶然是其基本的范畴，道德偶在、道德偶性与道德偶然构成了我们所提倡的道德偶然理论的基本话语。

　　道德偶然性，既是理论发展的必然，也是人类社会发展的必然，更是人的解放的必然。从"偶然—必然"出发的偶然性世界观，而非"必然—偶然"出发的必然性世界观，是一种新的形而上学，也是一种新的道德世界观哲学。

第七章　道德偶在的生活世界

道德偶在，顾名思义，就是道德是一种偶然的存在。设想一下，世界上第一个出现的美德，我们知道它叫"美德"吗？试想一下，今天拥有无数美德知识的我们，还能发现一个新的"美德"吗？作为一个"前不见古人，后不见来者"的"现代人"，我们能够"重现""前古"的美德，能够"规范""后来"的美德吗？道德偶在直面我们每个个体自己作为人类存在者的真实处境，发现道德世界的多样性，造就不同价值的个体，拥有一种"对于世界的开放性"①，承认世界具有"难以控制的无常样态"，进而成为一个真正的"好"人。

一　德行、观念与定义

余纪元先生曾经将亚里士多德《形而上学》中的"存在"（"是"）划分为四种：偶性之在、真假之在、潜能/现实之在、依凭自身之在。②邓安庆教授根据这种划分，指出伦理同样涉及这四种"存在"形式："'德性论'涉及的就是把我们每个人'偶然获得的人性'（偶性之在或偶性之是）养成和训练为最佳人性（德性）；'最佳人性'是'本真'的人性（本性）而非虚假的人性的实现；这种本真人性的最佳实现，尤其离不开'潜能/现实之在和依凭自身之在'，因为这不仅涉及自然目的论，而且涉及伦理学最为根本的自由：自由不是别的，就是存在论上'依凭

---

① ［美］玛莎·C. 纳斯鲍姆：《善的脆弱性：古希腊悲剧与哲学中的运气与伦理》，徐向东、陆萌译，徐向东、陈玮修订，译林出版社 2018 年版，第 3 页。
② 余纪元从"是"的角度"偶性之是""真假之是""潜能/现实之是""依凭自身之是"，我们依据"存在"意义，转述为"偶性之在""真假之在""潜能/现实之在"等，传达我们想要表达的存在论而非本体论意义。

自身之在'而自由选择和造就自身的卓越。"① 邓安庆的这个表述，表达了一般的伦理必然主义的思路，同时也道出了"道德偶在"的存在论根源。伦理学或道德哲学的根基在于"美德"，以及建基于美德之上的"德性论"。德性论的存在论基点是：把我们"偶然获得的人性"（偶性之在）养成和训练为"最佳人性（德性）"。这里的逻辑断裂在于"偶然获得的人性"怎么就成了"最佳人性"？只是因为它是德性吗？在这个源头上，我们知道德性不过是一种"偶性之在"，怎么就变成"最佳人性"？如果我们这样的抉择错了怎么办？德性是我们唯一的"最佳人性"吗？正是在此意义上，我们才看到了后来的"潜能/现实之在"的偶然性出场，其源头正在于其开端的"偶性之在"。也正是在这个意义上，我们才能理解道德哲学纷争的世界观视野，我们往往忽视了这个存在论开端性的"偶性之在"，而在形而上学的"真假之在"的真理长河中长期争论，最后发现"自我"与"他者"二者都是"依凭自身之在"，有着无法超越的鸿沟。道德偶在才是伦理学成为第一哲学的根基，因为它是存在的起点，是真理世界观的分野。正是在这个意义上，我们才能够理解威廉斯关于真理的两个美德"准确"与"诚实"之间的分野，才能够理解孟子"万物皆备于我、反身而诚"的中国哲学世界观。

美国学者阿隆·齐默曼（Aaron Zimmerman）曾经提出关于道德知识论的三阶学说，认为零阶的道德考察是关于人及制度的动机和行为的描述；一阶的道德考察是对特定道德评价的描述，这种评价是对于人及制度的动机和行为；二阶的道德考察是对一阶道德考察所揭示出的特定道德评价的评价。同时指出，零阶考察是描述我们的道德信念，一阶考察是描述我们对于道德信念在这知识论上的不同评价，二阶考察在于对一阶知识论的再评价。② 阿隆从道德知识论的视角提出了道德信念作为道德知识零阶的基础性地位，事实上，从存在论的视野来看，道德信念出场还有一个零阶基础的零阶问题。道德信念的描述离不开道德事实的存在，只有道德存在的事实性，才会有道德信念的观念性诞生。费希特曾经指出："无论是谁，如果他没有发现一个点，看到客观东西与主观东西在其中全然不分，

---

① 邓安庆主编：《存在论的伦理学：以海德格尔为中心的探讨》，上海教育出版社 2019 年版，第 10—11 页。
② 参见 Aaron Zimmerman, *Moral Epistemology*, London：Routledge，2010，pp. 9-14。

而是浑然一体,就绝不会解释,怎么某个客观东西能变成主观东西,自为的存在能变成被表象的东西……我说的是,怎么能发生这种奇怪的转化。"① 正是在这种客观东西向主观东西的"奇特转化"中,人类具有了道德信念,拥有了道德知识,同时也具有了不同的道德世界观。重构道德世界观的根本,需要我们回到这个源头,理解道德发生时道德信念的客观基础,能够将主观的东西、客观的东西、主观向客观转化的东西、客观向主观转化的东西区分开来。

根据我国学者陈来教授的考证,"德"在甲骨文中为"徝",从"彳"从"直"。金文中,加了个"心",成为"德"。由此,产生了"德"的基本含义:一是指一般意义上的行为、心意;二是指具有道德意义的行为、心意。从而衍生出德行、德性分别指道德行为和道德品格。② 由此可见,德行具有三重逻辑推进:一是一种客观存在的"行"为,二是一种主观意义上的"心意",三是一种具有客观内涵"德"行观念。德行首先是一种行为,是一种客观存在,然后我们在行为中产生了道德观念,从而产生了"德"行的观念与看法,进而拥有了一种可能成为人的特征的"道德品格"。从"行为"到"观念",是主客观的第一次相遇,相遇的基础是"观念"。"观念"(Idea),今天我们常常将其作为主观的认识、想法与概念来对待。我们可以从最简单的词义解释学上来看待,"观念"在本质上是一种主客观统一的第一次相遇。"观"是"又""见","念"是"今""心",第一次相见,纯属偶然,也是偶在,第二次相遇,我们开始思考"是否经常""有无可能""能否恒在",此"念"在"今"、在"心",由此而成了"观念"(又见在心)。这样的一种"观念",是一种在费希特意义上主客观"全然不分""浑然一体"的状态,用中国道家的观点是"恍兮惚兮,其中有象,玄之又玄,众妙之门"的状态。转换到"德行",我们与道德的第一次相遇,完全是"偶在",可能"稍纵即逝""无影无踪",但是第二次相遇("又""见"),我们开始"在今在心""念""念"不忘,从而有了"德"的"观念",将这种行为称作"德行",开始辨别"德"的品行与品性,从而产生"德性"。

从"观念"到"定义",是德行的第二次飞跃,从"又见"走向

---

① [德]费希特:《伦理学体系》,梁志学、李理译,商务印书馆2007年版,第3页。
② 参见陈来《古代宗教与伦理:儒家思想的根源》,生活·读书·新知三联书店2009年版,第277—288页。

"恒见",是"定义"的普遍主义追求,是一种必然性追求。"观念"与"定义"也是中西方伦理思想的分歧,从中也可以看出道德世界观的分歧。在中国文化中,从发源到今天,"德"始终是一种"观念",中国人几乎没有给"德"下过确定性的定义,也没有追问过苏格拉底式"美德是否可教"的问题。① 根据陈来先生的考证,德与德行的观念晚起于一些具体的美德,是一种抽象的观念。但是中国人在源初使用"德"时,总是以"俊德""否德"等样式出现,都是"在德的前面加一个形容词",在这种用法中,"德并不表示'有道德',只表示一般的可以从道德上进行评价的行为状态或意识状态,从而这种状态可以是好的,也可以是不好的",在这种意义上,"德只标示在价值上无规定的意识—行为状态"。② 这种对于"德"以及由此而产生的对于"道德"的理解一直都是中国人的传统,没有确定性的定义,总是在一种过程之中理解道德,在一种整全性的整体中理解道德是中国人的传统,这些传统后来反映在《大学》里的"明明德"。"大学之道,在明明德",大人之道、成人之道不在于"明""德",而在于"明""明德",也就是说,成人之道不在于知道或成就具体的美德,而在于要知道与理解"彰明美德"。不去定义具体的美德,而是要追问形成与认知道德观念的一般性的方法与道理。在中国人看来,道德始终离不开具体的情景,离不开具体的文化习俗,从而始终处于一种"无规定"的可能状态,具有一种偶然的性质。道德是永远有待完成的任务,我们拥有"德"的观念,拥有无数的"德目",可以集辑《二十四孝》的道德故事,但是我们一直都没有关于"德"或"道德"的明确定义。

不同于中国伦理学传统,西方的道德第一次出现在西方思想史上就是以苏格拉底的著名的"美诺问题"为代表的"美德是否可教"。由此,开启了西方伦理学注重"定义"的传统。我们前面对于西方伦理思想史梳理时已经揭示了这一点,事实上,西方人一直都在寻求道德的定义。苏格

---

① 香港学者黄勇在《当代美德伦理:古代儒家的贡献》(东方出版中心2019年版)一书中提到"孔子论美德如何教"的问题,试图从相关文献中找出孔子对于美德可教问题的答案,这种尝试无疑是有益的。但是,我们在此需要指出的是在中国儒家历史上没有一个儒者明确提出如苏格拉底那样"美德是否可教"的问题,并予以系统的讨论。令人吊诡的是,从古至今的中国,美德教育却一直都是学校德育教育的核心。

② 陈来:《古代宗教与伦理:儒家思想的根源》,生活·读书·新知三联书店2009年版,第278—279页。

拉底对美德不可定义的揭示，最后以"美德一般"的形式假设取代"美德多样性"的偶然性内容。进而柏拉图提出了"理念论"，直接关注苏格拉底的"美德一般"，而将多样性美德的偶然性遮蔽，将道德上升为一种普遍性的"共相"，从而走向了形式主义。到了休谟发现道德律背后的是与应该的悖论，康德又一次从道德形而上学出发，要去除一切道德质料主义的经验性因素对于道德哲学的影响，还是要去解决"美德可教"，从而得出"出乎道德"的绝对义务与绝对命令。再到摩尔提出元伦理学，对于善的定义的追问。

"德"在中国源初性的经典中，亦即从中国人一开始的道德认识中就具有三种基本含义，"无价值规定的品行""美德""有美德的人"①，今天依然如此，道德偶在一直都是中国道德观念中隐含的内在信念，道德偶然性的世界观一直是中国人的基本道德世界观。"行道德之事""做道德之人"优先于"问道德之知"。前者认为道德偶在的可能性永远存在，后者对于道德必然性的道德信念是其道德知识的自然起点。看待德行的观念与定义二分，也是偶然性道德世界观与必然性道德世界观的二分。我们的基本观点是从道德偶在的零阶道德信念的零阶道德事实出发，是一种不同于道德必然优先论的道德偶然的优先论。

二　道德陈述与道德偶在

正如当代美国学者迈克·施罗德（Mark Schroder）所言，对应于哲学方法在伦理学中的应用，产生了关于伦理学的四个核心问题：一是在道德形而上学上的"道德问题关乎什么"（what are moral questions *about*?）的问题，二是在道德认识论上"我们是怎么知晓'道德是关乎什么'（how do we *find out* about that?）的问题的"，三是在此基础上从道德语言上来说，"我们何以能够谈论它"（how do we manage to *talk about* it?），四是在道德思想上"我们何以能够思考它"（how do we manage to *think about* it?）。在这四个问题中，施罗德一方面指出了四个问题的具有两个共同的特点，一个是四个问题的真假预设问题，"每一个问题都包含这一个预

---

① 陈来：《古代宗教与伦理：儒家思想的根源》，生活·读书·新知三联书店 2009 年版，第 279 页。

设，即该问题假设为真的观念，如果这个观念不是真的，相应的问题也就失去了意义"；一个是四个问题的前提问题，"每个问题都基于这样的一个前提：道德问题确实关乎某些事物"。① 由此而来，就产生了具有普遍意义的道德认知主义，坚持道德确实是关乎某种东西的道德实在论，存在着不以人的意志为转移的道德真理。但是，一直以来道德实在论、道德认知主义、道德普遍主义关于这些问题都没有得到共识性的答案，所以有些哲学家开始转向，认为"这些问题的预设实际上是假的——实际上，道德问题根本无关任何事物"，进而我们也就"回答这些的核心问题了"。②这就出现了伦理非认知主义。

事实上，这四个问题中最为核心的就是前两个问题，亦即"道德问题关乎什么"与"我们是怎么知晓这些问题的"。前者是个本体论问题，后者是个认识论问题。对于前者的回答，我们一般的思维是"道德是关乎什么的"或者是"道德是不关乎什么的"，亦即"道德存在"或"道德不存在"两种截然相反的状态。对于后者，我们知晓道德关乎什么或不关乎什么的方式也主要有两种，一种是心灵的感知，一种是语言的表达，也可以叫作"内在的知晓"与"外在的知晓"，内在的知晓具有神秘性、个别性、不确定性，外在的知晓具有客观性、共同性、确定性。休谟正是在这两个层次上，发现了"是"与"应该"的分叉。在这个问题中，人们一般地都关注的是"是"与"应该"之间的区分，可是我们从中分析可以看出，休谟更为关注的是"是"与"应该"之间的关系，是从"是"到"应该"转变过程之中的逻辑问题与认识问题。当然这个问题就更为复杂，因为这里不仅涉及"是"自身的真假问题、"应该"自身的规范问题，还要涉及"是"与"应该"之间的关系问题。形而上学的世界观，对于"存在"不是"是"就是"非是"，规范性的"应该"不是"应该"就是"不应该"。由此而产生了不是普遍主义的绝对认知，就是虚无主义的伦理非认知主义。事实上，从"是"向"应该"转化的"过程"中，永远存在着"道可道非常道""名可名非常名"的中间状态；在"是"与"非是"之间，还存在着"可能是"；在"应该"与"不应该"之间，还存在着"可以"或"能够"。正如，明天下雨，除了"明天下

---

① Mark Schroeder, *Noncognitivism in Ethics*, London: Routledge, 2010, p. 8.
② Mark Schroeder, *Noncognitivism in Ethics*, London: Routledge, 2010, pp. 8-9.

雨"与"明天不下雨"两种截然不同的形而上解释之外，还有"明天可能下雨"的选项。在"明天可能下雨"中，"下雨"与"不下雨"都具有可能性，因而也具有偶然性。

这种"道可道非常道""名可名非常名"的状态一直没有得到我们足够的重视，从偶在走向观念，我们永远无法去除的一个"强曰道强曰大"的个别性印记，这个个别性印记在现象学上叫作"意向性"，这种"意向性"如果变成"强曰"，对于"他者"来说，就永远具有"暴力"的非道德强加。一直以来，西方的形而上学都是坚持这种个体性的"决断"，并相信在"总体性"中可以达到"和解"。可是事实上，一直以来都是不断地"否定"与"悬置"。西方人化解的方式就是不停地回到"自然状态"，回到"道可道非常道""名可名非常名"的"观念原点"中去寻找。苏格拉底的"自知自己无知"，近代洛克、霍布斯、卢梭的"自然状态"，现代罗尔斯的"无知之幕"，再到威廉斯的"新自然状态"，都是如此。事实上，每一次假设，都是面向一个自己时代的问题。威廉斯的"自然状态"假设，存在一个小型的人类社会，人们共享一种共同语言，我们假设"他们"说一种"我们"最终可以理解的语言，这个自然状态是关于语言的，这是因为我们现在处于不同语言相互理解的时代；罗尔斯的"无知之幕"，设想我们大家在一个社会决策中都处于对自己过去、现在、未来的角色等都"无知"状态，这是因为罗尔斯处在一个社会分工带来的不平等问题，而要回到那个不平等产生的原初状态；洛克、霍布斯、卢梭的自然状态，寻找国家诞生的原始状态，是要为业已产生的民族国家的不同国家理念找到共通的现代精神，回到那个个人与社会交接的地方；苏格拉底则从观念诞生的地方说起，说出了"定义"的暂时性问题。西方哲学的形而上学本性决定了其每一次历史的发展都是回溯到"自然状态"，回到那个"观念"诞生的"原初源头"，进而反思"观念"的"强曰"带来的"暴力"问题。形而上学最大的问题就在于用一个"强曰"去接续另一个"强曰"，却总是以"进步"的名义"前进"。

由此而来，我们存不存在着一种可能性，就是我们始终将自己处于一种"道可道非常道""名可名非常名"的智力警惕状态，保持知识的开放性。道德偶然性的世界观就是这样的一种世界观，道德偶在需要获得一种理解，需要获得一种表达，但是这种表达在本体论上不是绝对的"是"或"不是"的判断，而是"可能是"；在实践论上不是绝对的"应该"

或"不应该"的决断，而是"可以"或"能够"。后现代社会不是建立在流沙之上，后现代社会不是一种需要克服的社会，而是一个需要肯定的社会，是具有无限可能性的社会。后现代社会的个性张扬与可能性正是对现代性社会必然性的反思与突破，是一种发展，而不是退化。后现代中的人们越来越意识到个体性的价值，意识到个人的特殊性在社会的共同体性之中存在着各种各样的可能性，因而具体个体的人生也具有不同的偶然性，接受偶然与拥抱偶然成为我们的核心，因而那些前现代或现代性社会中的"意义观念"不再能够提高我们的伦理道德，它们只具有"共享"价值，是一种"薄"伦理。道德偶然性世界观里的后现代伦理学，是一种面向个体境遇生存的，产生在每个特定时空中的偶然性存在，是一种"厚"伦理。

道德偶在需要陈述，道德偶在的道德陈述对"可能""也许""大概"等偶然性的道德承认，是对每一个境遇下的"道可道非常道""名可名非常名"的道德矛盾的揭示，是对心灵通向观念的"意向性"与"实在性"相统一的道德概念的表达。"道德"作为一种"名"，有其具体的指称，是我们区别其与"政治""法律"等不一样的"名称"而已，但是对于"道德"本身，我们永远不可"定义"，只需要"明""德"即可，不断地揭示道德多样性，我们通过语言表达"某种道德"，而不是"一切道德"。正如张志扬指出的那样："'偶在'已经表明，它不仅仅是某种附加的属性，不仅仅是非必然的可能性，也不仅仅是漂浮在语言竞赛中更有用的话语策略，它是实存着的可以叫做'机缘'的相关性，可使任何形态（存在、思想、表达）及其关系从僵死中苏醒过来，自我指设而相互影射，由此造成限定与置换的模态演化。"[①] 同样，道德偶在，不仅仅是指道德是人的一种附加的属性，不仅仅是一种非必然的可能性，也不仅仅是一种道德语言表达的技巧，而是实存着的道德形态，可以让道德本体论、道德认识论以及道德语言哲学从当代西方分析哲学与现象学中苏醒过来，进行自我选择与自我担当，从而产生不同个体之间的"相关性"关联与"机缘性"影响，增强人的道德感，去除道德加在我们身上的"意义枷锁"。

虽然"道可道非常道，名可名非常名"，但我们还是要"道"、要

---

① 张志扬：《偶在论》，上海三联书店2000年版，第37页。

"名"。不同于绝对必然主义确定性的"道"与确定性的"名",道德偶在更关心的是"可",是如何将"可"表达出来,并一直处于"可"的临界点上,知其非"常"之态。由此,我们需要区别陈述、道德陈述与道德偶在的陈述。现在假设我们走在红灯路口看到一个路人扶着一个老人过了马路,回家之后,我们该如何告诉自己的家人,自己看到的这件事情。我们设想一下,可能有多少种情况:

1. 今天上午九点多,我看到一个人在恒山路的红灯口扶着一个老人过了马路。
2. 今天上午九点多,我看到一个人在恒山路的红灯口帮助一个老人过了马路。
3. 今天上午九点多,我看到一个好人在恒山路的红灯口扶着一个老人过了马路。
4. 今天上午九点多,我看到一个好人在恒山路的红灯口帮助一个老人过了马路。
5. 今天上午九点多,我看到一个人在恒山路的红灯口扶着一个老人过了马路,这个人真是好人啊!
6. 今天上午九点多,我看到一个人在恒山路的红灯口扶着一个老人过了马路,真是件好事啊!
7. 今天上午九点多,我看到一个人在恒山路的红灯口扶着一个老人过了马路,这个人可能是个好人。
8. 今天上午九点多,我看到一个人在恒山路的红灯口扶着一个老人过了马路,这可能是件好事。

自从语言哲学关注伦理学与道德哲学以来,道德语言或伦理符号就被认为是一种"伴随着说话者的某些感受","并不给它所在的命题增添任何事实内容",只是表达一种"特殊的道德不赞同",道德语言变成一种主要关乎感情,而不能表达"任何或真或假的命题"。[①] 真与善的纽带被中断了,真就是真,善就是善,二者之间不存在任何的可比较性,像平行线一样没有交集,虽同属于这个世界,但却是不同的、无法交叉的领域。

---

① A. J. Ayer, *Language, Truth, and Logic*, New York: Dover Publications, 1952, p.107.

我们由上述八句陈述中，可以看出第1句是一种最基本的陈述，这个陈述可以用事实来验证真假，可以用科学的命题来判断。第2、3、4、5、6五句话中都有情感性的表达，某种意义上都存在一种道德的判断，但这种判断正如艾耶尔所言，不能增加陈述的事实内容，与命题的真假无关。当然，我们在其中可以看出这些道德陈述之间的情感强弱与强调重点，比如"好人"就要比"帮助"的情感重些，"好人"与"好事"所侧重的道德判断的对象存在差异，"好人"与"帮助"的结合显然要比"好人"与"扶"的结合的情感强度更重些，但这都是在道德陈述内部来表达。我们重点关注的是第7、8两种表述，"可能是个好人"与"可能是件好事"这样的表述，表述了一种道德情感，但是这样的道德情感与上述2、3、4、5、6的道德情感不一样，这样的道德情感需要建基在前面的陈述的理解基础之上，一个"可能"包含了对于前面陈述的真假判断，这样，命题的真假判断与"好人""好事"的好坏判断就有了一种模态的联系，真假判断影响着好坏判断，好坏判断也深化着我们对真假判断的理解。这种陈述表明道德中有着真假的存在性关涉，这种真假的关涉与科学中事实的真假关涉不太一样，不是一种孰是孰非的非此即彼的纯存在判断，而是一种在道德与存在之间动态关系上的判断与表达。这就是我们要陈述的一种道德偶在的陈述，从陈述到道德陈述再到道德偶在的陈述，我们看到了从"真假"判断到"好坏判断"再到"真假"与"好坏"之间的关系的判断。

　　道德偶在的陈述，是一种可能性的陈述，这种可能性中既有客观性的原初存在，又有主观性的情绪表达，正如威廉斯所指出的真理的两个美德：准确与真诚，"可能"的表述正体现了存在论的准确与价值论的真诚之间的动态平衡。可能性的"潜能"，"超越所有能力，超越所有知识，这个肯定直面最为迫切经验的主体"，是需要被我们"给予估量"的人类"经验"①，以往的"伦理学传统经常力图通过把潜能化约为意志和必然性的术语来回避潜能问题。它的主导性主题不是你能做的，而是你必须做的"②，我们需要将这种潜能揭示出来，表达出来。后现代伦理学在提到

---

① ［意］乔吉奥·阿甘本：《巴特比，或论偶然》，王立秋等译，漓江出版社2017年版，第2页。
② ［意］乔吉奥·阿甘本：《巴特比，或论偶然》，王立秋等译，漓江出版社2017年版，第179页。

道德偶然性概念时，总是故意回避概念的定义，威廉斯在提到道德运气时说："我将会很慷慨地使用'运气'这个概念，而且即使我没有定义这个概念，但我认为它是可理解的。"① 正是因为对于道德偶在性问题认识的模糊以及对于偶然性道德世界观的不坚定。我们将在道德偶然性的世界观视野之下来理解道德偶在，并厘清道德偶在说具有的开放性道德概念。

三 道德偶在话语

我们做了一件美德事情，或者我们看到一件美德的事情，这件美德的事情如果要具有公共性或者可理解性，我们必须通过语言将其表达出来。原初的美德事件的描述性陈述的基本样式可以表达如下：

陈述：某人（主体）在某地某个时刻某个境遇下（状语）做（谓语）了某件好的（定语）事情（宾语）。

在这个表述中，"好"可以更换为"美德"这个一般性的词语，也可以用勇敢、宽容等具体的美德替代。关于这个陈述，我们发现有三个层次，第一个层次是涉及主谓宾、定状补的要素，它们应该有确切的含义，这个层次我们常常涉及概念的明晰性；第二个层次，会涉及各个要素之间的关系，例如时刻与好、时刻与做等，它们是否构成必然的因果联系或者偶然的经验遭遇等；第三个层次是要素之间形成的整体性内涵，构成了一个句子所要表达和传达的真实信息。在这样的陈述中，第一层次的描述包含存在论的境遇以及价值论的"好"，由此而来就产生了第二层次的关系，即我们是"在存在中陈述'好'"（从存在看待道德），还是在"'好'中界定存在"（从道德看待存在），关于道德语句的整体性内涵从而就有了存在论和价值论的分歧。如果从存在的角度来看，我们会去思考道德存在的真实性和准确性，但是如果从道德偶在的视角来看，我们会去思考"道德"在"存在"中的样态，从而去说明"道德"本身的必然性或偶然性。由此，从道德偶在来看，道德本身有一种内涵的"好"，道德

---

① Bernard Williams, *Moral Luck: Philosophical Papers 1973—1980*, Cambridge: Cambridge University Press, 1981, p. 22.

第七章 道德偶在的生活世界

之"好"获得了存在的内涵。如果用"道德"视阈来定性于这个"陈述",我们就有了各种各样的道德偶在性陈述。时间、地点、境遇等是外在原因(从描述意义来说是原因)或者外在理由(从评价来说是理由),善是内在原因(客观存在上说是原因)与内在理由(内在信念与真诚视角是理由),二者的结合产生了道德态度与道德选择。

道德偶在从美德产生的自然状态出发,处于"道可道"的临界点上,对人类的存在与道德始终抱有警惕性与开放性。"太初有言"与"太初有为",真理是被"说出来",还是被"做出来",始终存在着差距。威廉姆斯的自然状态着力于"道可道"的那个状态,指出真理言说的两种美德"准确与真诚",二者的结合构成语言描述的观念。这种观念是偶在的表现,是观念的定在,道德偶在通过道德观念呈现出来,不是在主客观分离的地方,而是在主客观同一的地方。这种同一是一种观念的偶在,在这种观念的偶在中包括客观事实的偶在,也包括主观感官的偶在。这种道德偶在又是在一种生活实践中呈现出来的,观念的定在也是实践的实在,由此而产生了道德偶在的话语。由此,我们可以发现生活世界中处处都显现的道德偶在的话语:从道德现象出发——在我们的意义上是"现象性道德偶在"——存在着道德故事、道德榜样和道德楷模等,它们之所以成为一种生活世界的道德观念,不是其本身的必然性,而是因为其存在的个别性和偶然性,作为一种示范和榜样,也不是对他者道德要求的强制性,只具有一般的示范性或者"类比性",对我们的行为具有一种相关性因果关系;从道德偶在的时间性出发,抑或可以称为时间性道德偶在,我们可以发现道德机遇、道德运气与道德教育等范畴,在不同时刻面临不同的道德机遇(条件)产生不同的道德运气会产生不同的道德存在,这些道德偶在不是永恒地发生,也不是永恒地在场,由此而产生的道德教育中的时间性问题;从偶在的空间出发或者说空间性道德偶在话语,我们会发现道德距离、道德风险与道德治理等,道德认知与道德实践之间的界限产生了道德距离,进而也带来了生活世界中的道德风险,使得道德治理成为一种常态性的制度设计,这个话题我们将在后面的章节中加以详细阐释;从道德主体的视角来看,或者说主体性道德偶在方面,诸如道德想象、道德冷漠、道德信任和道德创新等范畴重要性不断凸显,在科学理性不断彰显的时代,重新挖掘和发现生活的意义成为当代生活世界的新兴道德追求,由此而产生了一些新兴的道德问题诸如道德冷漠、道德信任等,以及对一些古老道德范畴诸如道德想象等的重新发现，事实上这些都在不同程度上反映了道德偶在的永恒在场。当然这些道德偶在性话语之间也存在着交叉，比如道德境遇既包含时间性偶在也包含空间性偶在，道德信任事关道德主体也关注道德距离，等等。

　　道德运气、道德距离、道德冷漠、道德信任等道德偶在性话语，在一种道德必然性的世界观中，常常表现为一种矛盾性。道德如果是一种应该与必然的规范，那么运气、距离、冷漠、信任等却又表现出这种道德出现的概率、空间限制、主观差异等。这样，就使得道德运气、道德距离、道德冷漠等成为一种似是而非的概念，在相关研究中以至于很难对其进行定义，常常使得研究者对于这些概念与范畴的表述模糊不清。比如，威廉姆斯在研究道德运气时说："我将会很慷慨地使用'运气'这个概念，而且，即使我没有定义这个概念，但我认为它是可理解的……对于一些很不寻常的状况，我要读者去反思一下他们如何思考和感受那些状况，但不是按照实质性的道德观念或者道德'直观'，而是按照他们对那些状况的体验去思考和感受……要是我们生活中没有那些体验，那么我们就需要对我们的情感以及我们的自我观念进行一种规模更大的重建。"① 我们发现这样的道德运气是一种道德产生之后的运气，不是道德产生时的运气。如果我们从道德偶在的视野去看待这些概念，它们就获得了更为合理性的理解与建构。这不是一种"世界观意义上"的"自我观念"的"大规模重建"。如前所述，道德偶在是介于一阶道德事实与二阶道德评价之间的"可能"与"模态"，是一种客观实在与主观观念相互认同的阶段。从形而上学的视角看，对于事实的道德评价是一种概念的定义，逻辑上是一种直言的判断。但正如九鬼周造指出的那样，在这种"直言的判断"中永远存在着"直言的偶然"，这种"直言的偶然"包括"概念与直言的偶然""综合判断的偶然性""特称判断的偶然性""作为孤立事实的偶然性""例外的偶然"等。② 这样，关于道德事实的陈述句也就存在上述偶然性：

---

① Bernard Williams, *Moral Luck: Philosophical Papers 1973—1980*, Cambridge: Cambridge University Press, 1981, p. 22.
② [日]九鬼周造：《九鬼周造著作精粹》，彭曦、汪丽影、顾长江译，南京大学出版社2017年版，第71—83页。

陈述：某人（主体）在某地某个时刻某个境遇下（状语）做（谓语）了某件好的（定语）事情（宾语）。

概念与直言的偶然："好"概念在这一事件的评价中是一种主导性还是非主导性属性，对于这个句子的意义起到本质性还是非本质的限定？

综合判断的偶然性："某人"与"做了某件好的事情"是康德意义上的分析性关系还是综合性关系？某件好的事情是属于或内在于某人的，还是某人与某件好事是相互外在综合的？

特称判断的偶然性："某人"能代表"所有人"吗？

作为孤立事实的偶然性："在所有时刻与所有地点"都能做吗？

例外的偶然：实际上做了一件"坏"事。

从语言哲学的视角来看，语言是对实在的反映，道德事实需要通过道德陈述表达出来。从语义学的视角来看，语言陈述能够表达主体的意义，亦即"说话者能够使用那些语句达到他们交流的目的"。因此，我们必须找到语句的普遍性意义，由此而产生了语义真值条件问题，即"无论语句的意义是什么，它们最好能由语句组成部分的意义以及那些部分组织起来的方式而得来"[①]。这样，在逻辑学里的概念、判断、推理等逻辑学问题就变成了词语、指称、语句、语法等语言哲学的问题。反过来，我们可以从语言哲学反推道德实在，因为在道德实在形成语言陈述时，存在这些逻辑上无数的"偶然"难题。按照真值条件语义学，语句每个部分的确定性才能保证整体语句的确定性，但是从上述分析来看，在事实向概念转换的过程中永远存在一些逻辑的偶然，也使得语句的意义变得模糊与不确定。现在是每个要素在"存在—表达"临界点上都存在"可能"，这种属性决定了"道德偶在性"。虽然语言的表达具有普遍性，但是语言的理解具有多义性。因而，这种道德永远存在着"运气""距离""冷漠""信任"等条件，也成为一种"境遇"式的东西，但又因为"可能"，这种道德不是一种"相对主义"，而是一种"实在主义"，只不过这种道德实在不是一种必然性的，而是一种偶在性的。

道德运气、道德距离、道德冷漠、道德信任等这些道德话语，只有在

---

① Mark Schroeder, *Noncognitivism in Ethics*, London: Routledge, 2010, p.27.

一种偶然性的世界观中才能获得其融贯性理解,才能够进入我们的道德认知与道德实践的视野中,进而发现其意义,发挥其功能。

四 道德多样性生活

正如胡塞尔指出的那样,生活世界是我们每个人一生下来就存在其中的那个世界。这个生活世界在存在论上有两个层次的意义,一是我们都会面临道德偶在性问题,另一个是我们每个时代的道德偶在性问题存在的历史起点不同。前者具有普遍偶然性,后者具有历史偶然性,二者共同作用,构成我们各个时代具体个体的道德多样性生活。

亚里士多德在创立伦理学时,就曾说过:"善是多变的,有很多人由于善良受到伤害。正如有一些人由于财富而遭致毁灭,另一些人则以生命换取勇敢之名。既然以这样多变的观念为前提,人们也只能概略地、提纲挈领地来指明这一主题的真理性,对于只是经常如此的事物并且从这样前提出发只能概略地说明。"① 道德多样性是伦理道德的本真样态,但是从古典伦理学走向现代伦理学的过程中,"道德多样性"被渐渐遮蔽。在古典伦理学中,(1)以"什么样的生活值得一过"为问题起点,人们开始寻找一种"好"生活,从而走向"目的论"的伦理学,"幸福"以"自身满足的善"作为一切他物的"至善"获得了目的论伦理学的认可。(2)在幸福论的指导下,虽然"幸福是什么是一个有争议的问题","大多数人和哲人们所提出的看法并不一致",但是"研究还是从我们知道的东西开始","不论一般大众,还是个别头面人物都说:生活优裕,行为善良就是幸福","那些想学习高尚和公正的人……最好从习性或品德开始"。② 就这样,"品德""德性"成了幸福的主题。(3)"德性"成为"幸福"的重要内容和主要追求,但是在描述"幸福生活"时,亚里士多德还是提出了"享乐生活""政治生活(德性生活)"与"思辨生活"三种方式,并且提出要从"普遍"的视角发现关于这三种生活的优越性争议到底在哪里。(4)这就将"德性"问题引向了"善"的普遍性问题,在这个问题上,"善既可以用来述说是什么,也可以用来述说性质,

---

① 苗力田编:《亚里士多德选集 伦理学卷》,中国人民大学出版社1999年版,第5页。
② 苗力田编:《亚里士多德选集 伦理学卷》,中国人民大学出版社1999年版,第7—8页。

还可以用来述说关系。自身和实体在本性上由于关系，关系似乎是存在的附属品和偶性，所以对这些东西并不存在共同的理念"①。为了将善与幸福统一起来，亚里士多德提出，幸福是自身满足的善、善就是幸福、幸福就是善，我们是通过自身而不是通过他物而选择就是幸福、就是善。"不论我们选择的是荣誉，是快乐，是理智，还是所有的德性，都通过它们自身而选择它们"，这样德性与幸福就通过善而统一起来了，"人的善就是合乎德性而生成的灵魂的实现活动，如若德性有多种，则须合乎那最美好、最完满的德性，而且在整个一生中都须合乎德性（自身满足的善）"。②（5）幸福、善、德性在幸福论中成了同语反复、相互定义的同义词。

在现代道德哲学中，康德直接将"善良意志"作为"无条件的善"。本来在古典伦理学那里，从幸福引出"德性"，"幸福"是"德性"的充分条件，有幸福才会有德性。但是到了康德那里，"善良意志是值不值得幸福不可缺少的条件"，德性成为配享幸福的必要条件，没有德性就没有幸福可言。伦理道德的问题变成了"我应当如何行动"，寻找普遍的"道德律"成就了规范伦理学的"道义论"。道德多样性的具体性让位于道德形式的普遍性。但是，幸福论伦理学也获得了其自身的发展，在现代伦理学中通过"最大多数人的最大幸福"的功利主义获得了新的生命。只不过不同的是功利主义的幸福在某种意义上是一种快乐感受的苦乐计算（happiness），不再是亚里士多德意义上既包含快乐感受又包含外在运气的"福祉"（well-being）。无论是"道义论"还是"功利主义"都将问题预设为"我应该如何行动"，只不过一个注重动机，一个注重后果。由此而来，现代伦理学与道德哲学就将古典伦理学的"德性"发展为"德行"。通过"普遍主义的启蒙谋划"，去寻找"人为自然立法"的"绝对命令"，成为现代性主体的"自律"。个体的意义在于以"普遍规律"的实体性为自身的教养，黑格尔提出，现代人的教养，就是从一个个特殊的个体上升为普遍的个体。一个个特殊个体的生命意义与时代精神，就是从一个个自然的特殊性的个体，上升为把握了"道德知识"普遍性的、具有"主体性"的个体，从而获得现代文明的资格。现代文明将古典时代

---

① 苗力田编：《亚里士多德选集　伦理学卷》，中国人民大学出版社 1999 年版，第 10 页。
② 苗力田编：《亚里士多德选集　伦理学卷》，中国人民大学出版社 1999 年版，第 16 页。

的个体意识与中世纪的上帝形式结合起来,以主体性的视角获得"个别与一般""特殊与普遍""偶然与必然""个体与实体"的统一。

无论是古典幸福伦理学的德性论还是现代规范伦理学的德行论,都是一种以普遍必然性为背景的伦理学或道德哲学,都是道德多样性生活被一步步遮蔽的道德实践史。在西方现代性内部,康德黑格尔之后,存在主义开始兴起,通过反思"存在",海德格尔发现了"此在",通过追问"自在自为"的黑格尔式自由,萨特发现了"虚无",近代"个体"的"实体"意义开始消解,"存在"意义开始凸显,"此在""偶在"与存在多样性渐渐得以敞开。当代人尤其是互联网时代的伦理道德生活,不再是去追问"什么样的生活值得一过"的"好生活",也不再去追问"我应该如何行动"的"道德律",而是追问"我可以过出什么样的生活"。在那种普遍单一性指导下的古典所谓"德性"生活,经过现代社会的同质化,甚至成为一种"不道德"的生活,生活的意义既不在于普遍主义的"应该",也不在于个别性与普遍性相互妥协的共同体特殊主义的"主体性",而在于个体从自身出发,能够直接体验的当下性、瞬时性的"偶在性"。支撑古典主义伦理学带来的功利主义的苦乐计算,转化为后现代个体主义碎片化的"快乐"。古典伦理学追求的"最大多数人的最大幸福",以德性为基础的永恒的快乐,以及面向未来、顾及后世的德性报应,在当代人看来都是没有意义的。每时每刻的"快乐"连成了"一生"的快乐,传统"德性"所带来的快乐的"厚度"和"力度"都在消减。康德道义论所设定的"普遍主义"在互联网时代也日益变得不可能,人们日益感受到个体不是全能的个体,个体的生活不可能是"大全"的生活,"道德多样性"通过互联网的信息传播变成越来越直观的生命体验。生命的价值与意义在于,每一个个体自身在一生中能够呈现出更大的可能性,社会能够出现更多不一样的、历史上未曾出现的、能够拓展人类生命广度的"新兴"、具有独特性的个体,成就"新兴人类"。多样性是常态,道德多样性是新态。个体生命的有限性成为伦理道德生活的起点,人们不再将伦理道德的起点放置在遥不可及的"目的论"的"未来承诺",各种各样的伦理学理论提供的相互矛盾的"道德知识"使得人们不再相信"道德规范"的客观性,唯一可以予以寄托的是面对生活的当下性以及在此过程中发现道德生活的多样性。

道德偶在论是一种存在论优先,是一种美德生活多样性的具体性,不是道德知识的必然性，也不是道德目的的预设性，而是道德生活的偶在性。互联网时代的当代人的生活，不再是在绝对的外在存在者——上帝的普遍主义普照下的生活，也不再是近代以来个体把握普遍性的主体性的特殊性生活，而是一种个别性生活、个性生活。人们对于道德生活的选择、行动与实践建基于个体性的实在感受、道德知识的综合与道德实践的境遇，而在这些道德生活的每一个环节都有着偶在性，从而呈现出道德生活的多样性。个体感受的不全面性，道德知识要素组合的多样性，道德实践境遇的复杂性，使得道德生活呈现出多姿多彩的样态。在传统社会中，我们的道德选择可以因为道德教化与道德知识的选择而遮蔽其多样性，但是互联网时代将这种多样性加以"透明化"的呈现，"道德多样性"事实具有了开放性传播空间，地方性知识与时空差序格局都在互联网平台中变"平"了，普遍主义、绝对主义渐渐让位于"建构主义"。道德自身的多样性，道德境遇的多样性，道德时空的多样性，道德习俗的多样性，道德理解的多样性，道德理论的多样性等都成了我们重新审视道德世界观的基点。互联网时代的人们，已经从一种寻找"普遍性"道德的共同体时代走向绽放"个别性"道德的具体个体的个人主义时代，道德偶然研究是一次世界观的革命，道德偶在论是一种存在论优先的道德生活。

　　黑格尔说，哲学是傍晚起飞的猫头鹰。以道德必然性为基础的道德哲学与伦理学，是面向历史的反思，从而获得先验理性，演绎出我们的道德理想。道德偶在论的生活，是清晨起飞的鸽子，是面向未来的建构，带着历史理性，绽放出我们的道德生活。

第八章　道德偶性的规范建构

如果说，道德是建立在偶在性的多样性基础之上，那么我们由此而来必然面临两个问题：一是如何看待在道德必然性世界观视野下产生的道德规范性理论，这些理论在道德必然性视野下产生的问题在道德偶在论上有没有解决的可能，我们能否获得一种融贯论的一致性解释；二是道德偶在论基础上的道德规范自身又会具有什么样的特性，这些特性本身在解决理论上融贯性问题之后，如何与当代道德生活相切合。黑格尔说："在考察伦理时永远只有两种观点可能：或者从实体出发，或者原子式地进行，即以单个人的基础而逐渐提高。"并且，黑格尔做出断言，原子式的个体考察伦理的方式是"没有精神的"，因为"它只能做到集合并列"。① 道德偶在论是一种从具体个体出发的原子式方式，那么建立在道德偶在论基础上的道德偶性规范是否只能是一种"集合并列"，我们有否可能"建构"出某种具有后现代精神气质的道德理论，也是我们努力探寻的方向以及研究的意义所在。

一　理性、德性与规范性

亚里士多德在开始研究伦理道德时说，有的道理来自本原或始点，有的道理以本原或始点告终。并提醒我们要注意它们之间的区别，但是在研究方法上，我们到底是从始点或本原（苏格拉底）开始，还是回到始点或本原（柏拉图），亚里士多德却另辟蹊径地指出："我们最好是从所知道的东西开始""研究还是从我们所知道的东西开始为好。"②

---

① ［德］黑格尔：《法哲学原理》，范扬、张企泰译，商务印书馆1961年版，第173页。
② 苗力田编：《亚里士多德选集　伦理学卷》，中国人民大学出版社1999年版，第8页。

这样，亚里士多德就从我们知道的东西开始，为人类画出了第一张"善的概观图"。

> 不过把最高善称为幸福，看来是某种同语反复。还应更着重地谈谈它到底是什么。如若以人的功能为例，事情也许会清楚点，例如一个长笛手、一位雕刻家，总之那具有某种功能和行为的人，在他的功能中存在着善和优美，由于他们有着某种功能，所以他们的人也是善和优良的。为什么在木工和鞋架那里都有某种功能和行为，而在人却一无所有呢，是他天生无能吗？或者，在眼睛、手、脚等整个的身体四肢似各有功能，在这一切功能之外，还有什么人给予人的共同功能吗？那么这种功能到底是什么呢？生命对于植物也显得是共同的。要寻求人所固有的功能，那就要把生命的生长功能、营养功能放在一边。再下一个就是感觉功能，这是为牛、马和一切动物所共有的。再下来就是理性部分的活动。理性部分有双重意义，我们应该就其为实现能力来把握它，因为这是它的主要意义。如若人的功能就是灵魂合乎理性的实现活动，至少不能离开理性，并且，我们说这个人的功能和这个能人的功能并没有什么不同（例如长笛手和长笛能手）。能手就是把出众的德性加于功能之上。若是情况实际如此，那么人的善就是合乎德性而生成的灵魂的实现活动。若德性有多种，则须合乎那最美好、最完满的德性，而且在整个一生中都须合乎德性……在这里，让我们对善作一概观，首先勾画一个略图，以后再往里面添加细节。①

这个概略图成为伦理学尤其是西方伦理学的一个基本框架，一直影响到今天。我们可以用更为直接的图表将其示例如下。

由此，我们可以看出亚里士多德的基本勾画，从我们所知道的东西开始，亦即大家一般都比较公认的事实。植物具有生长、营养的功能，动物区别于植物在于动物有感觉功能，人区别于动物在于人有理性，能人、善人、卓越的人区别于人在于德性。我们需要注意的是，亚里士多德的这个

---

① 苗力田编：《亚里士多德选集 伦理学卷》，中国人民大学出版社1999年版，第15—16页。

表 8-1　　　　　　　　亚里士多德关于生物功能性的区分

	功能			
植物	生长功能 营养功能			
动物	生长功能 营养功能	感觉功能		
人	生长功能 营养功能	感觉功能	理性功能	
能人（善人）	生长功能 营养功能	感觉功能	理性功能	德性

划分与规划是从事实出发，至于事实的性质（是偶性还是本性），亚里士多德没有做根本的分析，亚里士多德只是说"这是我们所知道的东西"。在这里我们可以看出一条清晰的人性图谱：人性经过理性走向德性。关于这一点的确定性问题，亚里士多德说，"无须在全部研究中要求同样精确，这要看那一门科学的主题是什么，要看它所固有的程序和方法"，"同时也没有必要，对所有的事物都同样找出一个原因，而能够很好地说明它们是怎么一回事也就足够了"。① 可以说，人性中的理性与德性，在亚里士多德那里是存在论的，是建基于事实的，没有绝对的精确性。这样的一个理由往往被称为认知理由，而我们认知理由的最终根基是客观事实，这种客观事实我们是不能怀疑的，否则一切都无从谈起。亚里士多德因而说"能够很好地说明它们是怎么一回事也就足够了"。但是这个建基于理性之上的德性，亚里士多德之后却成为伦理学与道德哲学（特别是西方）的核心议题与绝对主题。

亚里士多德伦理学现在被我们称为古典幸福论伦理学，也称为德性论伦理学，这个传统到了近代道德哲学，亚里士多德的理性与德性进一步被康德道德形而上学规定为绝对必然性的规范性。康德说："人们是否认为有必要制定出一个纯粹的，完全清除了一切经验、一切属于人学的东西的道德哲学，因为责任和道德规律都有自明的普遍观念来看，必须有这样一种哲学是很显然的了。每个人都会承认，一条规律被认为是道德的，也就

---

① 苗力田编：《亚里士多德选集　伦理学卷》，中国人民大学出版社 1999 年版，第 17 页。

是作为约束的根据，它自身一定要具有绝对的必然性。"① 康德将亚里士多德那里从事实出发提升上来的作为人的最高形式的德性变成了成为一个德性人的基本始点，德性本来是人的功能，现在变成了人性，为人类找到了绝对必然性的道德规律。

> 在世界之中，一般地，甚至在世界之外，除了善良意志，不可能设想无条件善的东西。理解、明智、判断力等，或者说那些精神上的才能，勇敢、果断、忍耐等，或者说那些性格上的素质，毫无疑问，从很多方面看是善的且令人羡慕。然而，它们也可能是极大的恶，非常有害，如若那使用这些自然禀赋，其固有属性称为品质的意志不是善良的话。……善良意志，并不因为它所促成的事物而善，并不因为它期望的事物而善，也不因为它善于达到预定的目的而善，而仅是由于意愿而善，它是自在的善。……理性，不但不足以指导意志对象和我们的要求，从某个角度来看，它甚至增加了这种要求。那与生俱来的自然本能，反倒可以更有把握地达到这一目的。我们终究被赋予了理性，作为实践能力，亦即作为一种能够给予意志以影响的能力，所以它真正的使命，并不是去产生完成其他意愿的工具，而是产生在其自身就是善良的意志。……只有为有理性的东西所独具的，对规律的表象自身才能构成，我们称之为道德的，超乎其他善的善。因为，正是这种表象，而不是预期的后果，作为规定了的意志。这种善自身已现存于按照规律而行动的人中，而不须从效果中才能等到它。②

在亚里士多德那里，作为人之卓越的事实性的德性，已经转化为人之为人的基础性条件。理性本来是与德性相并列只不过是人所具有的功能，现在已经是变成认识善良意志的能力。德性本来在亚里士多德那里，还是具有某种不确定性的，但是在康德看来却已经是"去除了一切经验的"绝对必然性的规范性。我们也可以用一张表来呈现。

---

① ［德］康德：《道德形而上学原理》，苗力田译，上海人民出版社2005年版，第3页。
② ［德］康德：《道德形而上学原理》，苗力田译，上海人民出版社2005年版，第8—17页。

表 8-2　　　　　　　　　人性认知的基本内涵

	人性		
德性	善良意志		
理性	善良意志	实践能力	
规范性	善良意志	实践能力	道德律

如果说亚里士多德是将人的本原作为某种目的性的东西,从而将人从生物中区别开来,那么,康德就是将人的本原作为人之为人的始点。但是在这个转化过程中,我们发现伦理学已经从"我们知道的东西"的事实出发,走向了"去除一切经验"的绝对必然性的"规范性"出发。在这个过程中,我们发现在亚里士多德那里蕴含着的"不确定性",变成了康德式的"应该"式的绝对命令,而在这个过程中,我们会发现"是"与"应该"休谟式问题的在场。或许我们将二者加以整合,可以看出这个历史逻辑发展的断裂与永恒问题的在场。

表 8-3　　　　"事实与应该"视阈下的人性认知发展逻辑

植物	动物	人	善人	现代人	有理性	规范性
营养功能	感觉功能	理性	德性	善良意志	实践能力	道德律
事实				应该		

从我们所知道的东西出发,也就是从我们共见的事实出发,这样的事实具有不确定性,这是由伦理学或道德哲学这样的科学本性所特有的。亚里士多德说,对于这样伦理道德的东西,我们永远都具有非精确性,也只能画出一个"略图",我们每个人存在的意义和价值在于"任何人都可以添加细节把它完成",而"时间是一个出色的发现者和开拓者,技术就是这样为后继之人所完成,每个人都可以补充其不足"。① 这时间就是我们具体个体的人生,共同体的奋斗史,也是人类实践的历史,一代又一代人对其补充,发现其新的意义与价值。但是,现代性的人彻底转变了这种路向,渴望一种从绝对必然性把握人性,从而转变人性的根本,由此我们可

---

① 苗力田编:《亚里士多德选集　伦理学卷》,中国人民大学出版社1999年版,第16页。

以看出其带来的恶果，个体道德多样性在规范性的普遍性中变成了决定论的宿命，甚至于当代西方规范伦理学致力于将"美德"也变成一种"规范"，渴望证明一种"规范美德伦理学"或"美德规范伦理学"理论。[①] 道德偶然研究就是要揭示这种断裂发生的地方，重回亚里士多德道德偶在论的事实，将康德哥白尼式的革命再进行一次反思，再进行一次道德世界观的回归与新革命。

二 道德定义、道德判断与道德规范

伦理学不同于伦理，道德哲学也不同于道德。"道可道非常道，名可名非常名。"伦理道德是一种偶在性事实，但是伦理学或道德哲学的研究必须有一个"始点"，从而找到所谓"本原"。经验的偶在性进入研究视阈必须让位于逻辑的确定性。在伦理与伦理学，道德与道德哲学交界的地方，存在着伦理道德、伦理学与道德哲学永恒的问题，这个问题构成了道德偶然研究的事实基础与本体基石。

伦理道德作为一种自然的东西，似乎很正常，它客观存在着。但是伦理学或道德哲学需要追问，伦理道德是一种什么样的存在？我们是怎么知道伦理道德的存在的？我们能够知道它们怎样存在？这里面遇到的第一个问题就是对道德加以定义。"美德是什么"，是苏格拉底与智者派们追问"美德是否可教"带来的附属性问题，也是"美德是否可教"所带来的逻辑必然性问题。因为，美德是否可教关涉道德在不同主体间的相互理解问题，所以必须给道德界定一个所有人都认可的普遍的、永恒的范围，由此产生了"美德是什么"的定义问题。众所周知，苏格拉底在与普罗泰戈拉和美诺的两次对话中，第一次苏格拉底（或者说那个被称为苏格拉底的人）

---

① 西方伦理学对于伦理学的划分一般为元伦理学、规范伦理学与应用伦理学，这种划分是以规范伦理学为核心的，元伦理学是对规范伦理学之规范的形而上学论证，是一种二阶理论，应用伦理学是对规范伦理学中各种规范的实践与应用。在规范伦理学中，道义论与功利主义是两大主流，但是随着20世纪80年代以来，西方亚里士多德古典美德伦理学的当代复兴，美德伦理学的属性问题成为对于西方现代伦理学的划分的挑战。从美德伦理学本身来看，似乎它不属于规范伦理学，但从美德伦理学面向一阶生活事实来看，它与规范伦理学似乎又是同一性质。美德本身以人的实体为依托，以人的属性为对象，以人的存在为内容，本质上指向行为者，而规范伦理学更多地指向行为。因而，自从美德伦理学复兴以来，美德与规范之间的张力问题就成为一个重要的学术问题。美德能否成为规范，也是西方当代伦理学正在争论的问题。

对普罗泰戈拉提出了"美德可教"的疑问,而第二次是美诺向苏格拉底提出了"美德是否可教"的问题。通过一次追问与一次被追问,苏格拉底在第二次被追问中提出了"美德是什么"的定义问题。在与美诺对话的结尾,众所周知,苏格拉底得出了"美德即知识"的结论。

> 能够正确引导的只有两件事:真的意见和知识,具有这二者的人就引导得正确。因为偶然发生的事情就不是由于人引导的,人能引导得正确就得靠这二者:真的意见和知识。……品德如果不可传授,那就不再是知识了。①(王太庆译本)
>
> 正确的意见和知识可以用来指导我们正确行事,拥有它们的人可以成为真正的向导。我们可以把偶然性排除在外,因为凭着偶然性行事也就是没有人的指导。我们可以说,在有人的指导以达到正确目的地方,正确意见和知识就是两个指导性的原则。……现在,由于美德不可教,我们无法再相信它是知识,所以我们这两条好的和有用的原则中有一条就被排除了,知识并非公共生活的向导。②(王晓朝译本)

这就是我们常常挂在嘴边的"美德即知识"的版本,尽管二者之间的翻译有点差异,我们也可以看出文本中的基本结论是"如果……那么"的假言判断,而不是客观事实的定言命题。这个判断本身事实上根本没有给予美德作出具体内涵式的定义,而只是一个性质的判断。这个性质判断正如"张三是人"式的性质判断一样,没有给予"张三是什么"的具体内涵。正是这个性质判断,将伦理道德赋予了人本身,也将伦理学和道德哲学引向了必然性,将人的"偶然性行事"方式排除在外。但是,我们需要注意的是,这个道德定义只是一个"如果……那么"的条件式的假言定义,即"如果美德是知识的话,那么美德是可教的"。不幸的是,后来的西方伦理学与道德哲学就将道德必然性的道德知识论作为其真理性的方向。

苏格拉底的道德定义给美德界定了"知识"性质,将偶然性与美德的关系剔除。但还是需要给道德下出确切的定义。亚里士多德的幸福目的论,将幸福定义为"最高善""幸福合乎德性的灵魂的实现活动";最高

---

① [古希腊]柏拉图:《柏拉图对话集》,王太庆译,商务印书馆2004年版,第204页。
② [古希腊]柏拉图:《柏拉图全集》第1卷,王晓朝译,人民出版社2002年版,第534页。

善定义为"自身满足的善",人的善界定为"合乎德性而生成的灵魂的实现活动";关于德性,亚里士多德说:"我们的探讨不是为了知道德性是什么,而是为了成为善良的人……对于生成什么样的品质来说,这是个主要问题。"① 这样,亚里士多德就将德性的定义问题转化为"幸福"与"善"的认识问题,但是"幸福"与"善"的定义,显然它们之间又形成了一个相互定义、同语反复与循环定义的问题。到了康德,将"幸福"与"善"关系割裂,建立了"善"与"德性"的直接联系。"善良意志"就是"在其自身就是善良的意志",就是"无条件善的东西"②。这种"无条件的善"就是"最高的善",亦即"至善","至高的东西可以意味着至上的东西,也可以意味着完满的东西。前者是这样一种本身无条件的,亦即不从属于任何别的条件的条件;后者是一个整体,它绝不是某个同类型的更大整体的部分……因而是至上的善"③。这又回到了亚里士多德那个"最高的善"与"自身满足的善"的定义。当代元伦理学发现,"善"是一个核心问题。德性是什么的问题,现在变成了"善是什么"问题。关于"什么是善和什么是恶?"的讨论变成了"伦理学的主题"。可是,关于这个问题的答案,元伦理学的开拓者摩尔得出的结论,可能让我们崩溃,"如果我被问到'什么是善',我的回答是:善就是善,并就此了事。或者,如果我被问到'怎样给善下定义',我的回答是,不能给它下定义"④。"善"是一个单纯的、不可分割的概念。最后,维特根斯坦彻底地将我们从"伦理学"拉回到"伦理",认为"伦理道德"只是我们"心灵的倾向",是一个不可研究的对象,但是它又确实存在,我们不能无视它的存在。"伦理学是出自想要谈论生命的终极意义,绝对的善、绝对的价值,这种伦理学不可能是科学。"⑤ 绕了几千年,我们又从"伦理学"或"道德哲学"回到了"伦理""道德"。

比道德定义更进一步的是道德判断,道德判断一方面建立在道德定义所界定的严格的道德概念基础之上,另一方面也有其自身的独立性。在道

---

① 苗力田编:《亚里士多德选集 伦理学卷》,中国人民大学出版社1999年版,第32页。
② [德]康德:《道德形而上学原理》,苗力田译,上海人民出版社2005年版,第12页。
③ [德]康德:《实践理性批判》,邓晓芒译,杨祖陶校,人民出版社2003年版,第151页。
④ [英]乔治·摩尔:《伦理学原理》,长河译,上海人民出版社2005年版,第11页。
⑤ [英]维特根斯坦:《维特根斯坦论伦理学与哲学》,江怡译,浙江大学出版社2011年版,第8页。

德定义同语反复、相互界定与循环定义中,我们自然看到了道德判断由此而带来的意义偶然性。现在,我们还需要来审视一下道德判断本身存在的偶然性问题。如前所述,一个道德事实可以陈述为:

> 某人(主体)在某地某个时刻某个境遇下(状语)做(谓语)了某件好的(定语)事情(宾语)。

在这个陈述中,既包含着事实陈述,也包含着道德判断。从道德定义视角来看,我们可能存在着对"好"的定义困难,从而造成整个语句的意义理解困难,这已经包含在道德定义的偶然性中了。作为一个道德判断,首先,面临的质难是"某人"自身包含着"好"的属性吗?"某人"代表的是"所有人"吗?这个问题就是亚里士多德对于"实体"与"属性"的划分,道德是"人"的"偶性"还是"本质属性",这个问题一直都贯穿在道德形而上学的争论之中。其次,"某时""某地""某境遇"中包含着"好"吗?"某时""某地""某境遇"是"好"的"原因"还是"结果"?由此而产生了著名的"是"与"应该"的休谟问题,由此而来形成了对"道德因果关系"的怀疑,从而使得伦理学与道德哲学开始转向情感,走向心灵哲学。最后,"某时""某地"是如何成为道德的条件的?某人在 T1 时间 A 地 M 情境之下做出的好事,在 T2 时间 B 地 N 情境之下还会做出同样的好事吗?这个问题变成了道德知识可否认识的问题,由此而产生了语言哲学视角研究道德判断问题,道德判断到底是一个定言命题还是一个假言命题。从指称、词语、语句、语法,一步步走向语义学与语用学,道德知识论一步步推进道德判断的普遍性语言形式,每一次都是增强了"普遍性"。但这种"普遍性"在心灵哲学的"意向性"中总是变成"如果"式的条件。究其根源,我们要回溯到康德关于判断的分类,"一切判断,要么是分析的,要么是综合的"①。在道德必然性指引下的道德判断,总是希望通过分析性原则找到道德判断的真理性。可是最终我们却发现,"关于善的诸命题全都是综合的,而绝不是分析的"②,康德提出的关于实践理性的"先验综合"的形式必然性也被克里普克的

---

① 参见 [德] 康德《纯粹理性批判》,邓晓芒译,杨祖陶校,人民出版社 2004 年版,第 8—11 页。
② [英] 乔治·摩尔:《伦理学原理》,长河译,上海人民出版社 2005 年版,第 11 页。

"后验必然性"与"先验偶然性"给化解了。最终，我们看到当代道德哲学中"非伦理认知主义"的张扬。

比道德定义与道德判断更深层次的研究是规范性的道德规范研究，它们讲道德必然性的真理性建立在体系性的发现之中。认为，只有一种体系性的道德理论才能够提供道德普遍性的规范，由此而产生了规范伦理学。在众多规范伦理学中，主要有利己主义、利他主义、功利主义、道义论、后果主义等。利己主义、利他主义、后果主义总是与功利主义有着某种异曲同工的效果，因而功利主义与道义论可以看作规范伦理学的重要代表。功利主义从经验主义出发，承续古典幸福论的目的理想，通过现代科学的苦乐计算，提出"最大多数人的最大幸福"的道德原则。这个"最大多数"与"最大幸福"总还是无法涵盖"所有人"的"所有幸福"，因而平等、正义总是成为"幸福"问题的道德难题，进而使得功利主义成为"多数人对少数人的暴政"的政治冷血机制，从道德的一面走向反道德的一面。道义论，另辟蹊径，试图从"合乎道德"的"绝对命令"出发，找到绝对普遍性的"道德规律"，从假言判断走向定言判断，从而使人成为一个真正道德的人。这方面的经典代表就是康德的"绝对命令"："要按照你愿意它成为并且能够成为一条普遍法则那样的一条准则去行动。"这样的一条"准则"，是"你"主观"愿意"的；这样的一条"法则"是客观"普遍的"；这样的一个道德规律，是"你""能够""行动"的"自律"，是应该。在理性的极限上，康德实现了"普遍"，但是在实践的活动中，有无数"你""愿意"的却不是普遍的"法则"的行动，也有无数明显是普遍的法则，但却是你没有"愿意"或者"不能够"去做的。康德的绝对命令类似于柏拉图的理想国，后者创造了一个理想共同体，前者设定了一个理想的道德主体。道德规范无法带来道德生活，道德的多样性被消解。

正是在上述背景下，当代道德哲学中出现了美德伦理学的复兴。西方学界，一般性地将德性伦理学归属为"规范伦理学"。在我看来，德性伦理学恰恰是对规范伦理学的彻底反思，重新挖掘古典伦理问题的当代答案。正是功利主义对于幸福生活定义的失败，以及道义论对于道德多样性生活的否定，才导致了德性伦理学重新开始关注当代每个人切身感受的道德生活，重新发现古典美德问题，使"人"回归人。回答美德伦理的起点，我们发现古希腊的德性在走向伦理学的过程中，遮蔽了德性偶在性。

美德是人的一个属性，但不是唯一的属性，更不是绝对的属性。"张三做了一件好事"与"张三是一个黄皮肤的中国人"一样，"好事""黄皮肤"之于张三都具有偶然性，德性是一种"偶性"。由此而来，道德定义总是具有"道可道非常道"的"恍兮惚兮"的模糊性，道德判断也总是一种"可能性"，道德规范也只具有一个群体、一个地区、一个时代的"时空性"。从寻找道德必然律的道德规范走向承认道德偶在的道德偶性规范才是更为客观，也更为可取的道德认知，道德偶然理论正是建基在这样的美德伦理学复兴的意义上的。

三 道德偶性规范与道德建构

按照道德偶然理论，道德是一种人的"偶性"（偶然属性），美德是人的存在的一种"偶在"。这样，建基在道德"偶性"之人的美德的道德偶在基础之上的社会道德规范就是一种具有偶然性性质的道德规范，我们姑且将其称为"道德偶性规范"。我们用这个概念来区别伦理学与道德哲学中"规范性"概念所追求的道德必然性。由此而来的问题是，道德偶性规范不具有道德必然性，它如何成为"我们"、"我"与"他者"之间行动的"规范"呢？这样没有了必然性的"规范"，它还具有什么样的特性呢？道德偶然理论的道德规范不以绝对必然性的道德规律为出发点，而是努力形成在一定时空中的具体的道德共识为目标，不是一种道德普遍主义，而是一种道德开放主义，不是一种道德绝对主义，而是一种道德建构主义。

道德偶在呈现了道德多样性，道德多样性会不会走向道德相对主义？道德定义的模糊性，会不会影响道德实在性？道德判断中是与应该的断裂是否会影响道德行动的决断？道德规范的经验性如何和道德规范的理想范型相结合？这些问题都是美德偶在之后，规范偶性之后，我们需要面对的问题。清华大学李义天教授在面对道德多样性面临的道德相对主义的责难时，提出了一个极具敏锐洞察力的概念："当下确定性"。这种"当下确定性"，在客观性的实在方面，意指"在根本意义上，不是要与人们心中的普遍主义情结相符，而是要与事实的'未遮蔽的'和'如其所是'的状况相符"；在主观性的表达方面，"无非就是将这种'未遮蔽的'和'如其所是'的事实状况通过语言和思维揭示出来、表达出来，但并不一定要以普遍主义的形式表达出来"。这种"当下确定性"表述了美德的实在性，也呈现了道德的多样性，但不能说是一种道德相对性。这种"确定性"是实在的，每一次美德的发生都是实在的，表明了美德存在的客观性，但是在每一次存在中都有其"不确定性"。生活领域的"每个情境都不可完全复制，每个行为者都不可相互替代"，"不必奢望行为者 A 在情境 M 中所把握的那个确定的适度之处就适用于情境 N，也不必奢望行为者 A 在情境 M 中的反应就同样适用于行为者 B"。① 他们共享着"道德实在性"，却面临不同的"道德境遇"，从而产生不同的道德认识，这些道德认识通过共享的道德概念而形成道德共识，这种道德共识总是因不同的时空变换而具有发展的空间，因而这样的道德规范是一种具有永远向地方性开放、向未来开放的建构性。这种建构性，可以用马克思主义的"抽象的具体"来表述，在这种道德实在的道德建构中，"抽象"代表着由道德实在经验形成的道德共识，"具体"既代表一种存在论的实在多样性，也代表着面向未来实践的行动多样性。

建基在道德偶然上的道德建构主义，有可能回归一种真正意义上的"美德伦理学"，美德是人的一种品质，是人的一种卓越表现。这种卓越表现，是人本身的"好"，这种"好"不以任何他物为前提，因而它不是为了幸福目的论而存在，也不是为道德而道德的道义论存在，而是为自身而存在。又因为其在人身上具有的偶在性，不是每时每刻都会存在，所以它需要我们一生去追求，去建构，去寻找。这样的一种美德伦理学才是人的伦理学，才是一种理想范型的美德伦理学②，既不依赖目的论的幸福，也不依赖功利的后果，而是品性本身。道德偶然理论的道德偶性规范建构主义还有一个根本的转变，理性不再是德性的始点或本原，而是德性的手段或工具。人是目的，根本上行说人是德性的目的，但人同时还有感性与理性的能力，能力作为目的实现的手段，感性与理性作为德性实现的方式是融合而不矛盾的。从一个个个体的德性完善出发的道德偶然理论，与以人的理性为基础的道德绝对主义，对待理性的态度是完全不同的。理性帮助我们反思与建构德性，理性是德性的工具，正是拥有理性，我们才能够将德性的共同性呈现出来并建构出来。正如康德提出纯粹实践理性必须实现从普通的道德理性知识过渡到哲学的道德理性知识，从大众道德哲学过

---

① 李义天：《美德伦理学与道德多样性》，中央编译出版社 2012 年版，第 236 页。
② 关于美德伦理学的理想范型讨论，可参见黄勇《当代美德伦理：古代儒家的贡献》，东方出版中心 2019 年版，第 38—40 页。

渡到道德形而上学，从道德形而上学过渡到实践理性批判一样，道德偶性规范的建构主义也要建立从个体道德实在一步步上升为道德理性的共识，进而发现道德规范的偶性。为此，我们可以通过当下道德理论的理性建构，发现现实道德生活"抽象具体"的丰富多彩。

王海明教授在《新伦理学》一书中，曾经提出一个关于伦理行为类型，他的这个模型是从行为实践视角提出来的。我们从道德事实的道德偶然研究视角，将这个行为类型进行一个转化，可以得出一个"道德事实"的行为模型。这个模型就是将王海明教授的行为"目的""手段"与"类型"改为道德陈述中的"主体真实""客观真实"以及"道德事实"，具体内容如下。

表 8-4　　　　　　　　王海明 16 种伦理行为类型分析①

客观真实 \ 道德事实 \ 主体真实	利己	利他	害己	害他
利己	1. 完全利己（只能偶尔）	5. 为他利己（可能恒久）	9. 利己以害己（只能偶尔）	13. 利己以害他（只能偶尔）
利他	2. 为己利他（可能恒久）	6. 完全利他（只能偶尔）	10. 利他以害己（只能偶尔）	14. 利他以害他（只能偶尔）
害己	3. 害己以利己（只能偶尔）	7. 自我牺牲（只能偶尔）	11. 完全害己（只能偶尔）	15. 害己以害他（只能偶尔）
害他	4. 损人利己（只能偶尔）	8. 害他以利他（只能偶尔）	12. 害人以害己（只能偶尔）	16. 完全害他（只能偶尔）

西方当代学者威廉姆斯曾经提出关于真理的两个美德，即"准确"与"真诚"的标准。中国春秋时代的孟子也曾提出，"万物皆备于我矣，反身而诚，乐莫大焉"。美德"如其所是"的"未遮蔽状态"的"当下确定性"，一方面是主体内在的"如其所是"，另一方面是客观存在的

---

① 参见王海明《新伦理学》，商务印书馆 2001 年版，第 240 页。在参照的基础上有所改动：一是王海明先生以"行为目的、行为手段与行为整体"来进行行为分析，笔者从道德行为的"主体真实、客观真实、道德事实"的视角来进行划分；二是在王海明先生那里，从利己立场出发，将"为己利他""损人利己"二种行为视为"可能恒久"的行为，笔者从个人至善与社会至善相统一的道德哲学视角，将"为己利他"与"为他利己"视为"可能恒久"的道德行为。

第八章　道德偶性的规范建构　183

"如其所是"，二者的合一才是"真实"的道德事实。道德事实不同于自然物的客观真实，自然物相对于人的主体有其不以人的意志为转移的客观实在，道德事实除了人作为客观存在的客观事实之外，还有其自身作为主体的意志与理性真实，因而，道德事实有着客观事实与心灵真实的双重属性，真实与真诚构成了道德事实的两个不可缺少的方面。从个体的美德经验以及普通的道德事实出发，我们可以发现一个美德事实总是主体意向性真实与客观现实真实的呈现，主体意向性中，从主体品性的完善性上与行为实践的动机有着同构性，只不过二者视角不同而已，道德事实建基在存在论的偶在之上，道德实践建基在道德知识的理性判断之上。因而，在人的道德世界中，一般地说，自然存在着这样的一些道德事实，既有主观实在的"如其所是"，又有客观实在的"如其所是"，从而构成了 16 种道德事实。从自然的、普通的道德现象出发，这样的道德事实一直存在，具有道德偶在的本体论意义。德性通过理性发现，将道德意向与道德客观相结合产生的道德实在，一共有 16 种，并且认为这 16 种基本涵盖了人类所有的道德事实，因而代表了人类道德存在的多样性范式，达成了基本的道德共识。理性通过进一步分析发现，在这 16 种道德事实中，唯有"利己为他"与"为他利己"的道德事实可以构成"我们"之间相互认同的道德规范，因为只有这二者可以达至"仁者，人也"的"己他两利"，使得"我"的行为可以得到"他人"认可，可以永恒进行下去。由此，"利己为他"与"为他利己"就构成了我们现实生活中进行"道德的行动"的"规范性""应该"，成为我们行动的"道德律"。拥有这样理性的人，也就是拥有了康德意义上的"纯粹实践理性"的绝对命令。我们从主观意向性的利己/利他与客观真实性的利己/利他之道德事实，经过道德理性的中介性推理，得到了"应该"的道德规范。然而，正如道德事实本身存在的偶在性一样，在这样道德绝对命令的实践中，我们总是会遇到其他 14 种情况的存在，道德理性所达至的道德理想存在着各种各样的个体理解差异、文化差异与境遇差异，因而总是无法达至"理想状态"。道德偶在的本体性决定了道德规范的偶然性，因而我们的"理想状态"也只是检验社会进步的"标尺"，而不是事实，我们能够建构出的也只是道德共识所达到的道德理想的程度而已。

　　在偶然性的客观实在中，人们希望找到不变的逻各斯以克服偶然性；在物理世界的变幻性中，人们希望找到数学规律验证物质世界的普遍性；

在数学与逻辑相统一的现代进程中，我们发现了"语言"，从而说明一切"可言说"的东西必须遵循的"语法""规范"。将逻辑、数学与语言相统一的理性主义抱负，最终看到的是永恒的逻辑悖论、数学"不完备性"与"语言"的不可言说性。在此形而上学视野下的道德哲学，也从道德必然性走向了道德偶然性，道德建构主义成为一种更为合理的道德偶性规范的认识模式与理性方法。道德建构主义（moral constructivism）将具体的空间多样性与时间一元性统一起来，获得一种"具体确定性"，既面向历史时空中的伦理道德习俗，又立足当下时空中的道德生活境遇，更向未来时空中的道德实践与道德理想开放。

四 道德偶性、人工智能与人性

伦理道德是一种规范性，一般而言规范性具有一定的普遍性，因而也就表现出必然性，从而产生规范必然性。对于规范必然性的理解，罗森（Gideon Rosen）曾经下过一个定义，规范必然性是指："一个命题 p 在世界 w 中是规范必然的，就是说 p 在 w 中为真，以至于对于任何非规范的命题 q，'如果 q 是这种情况，那么 p 也将一直是这种情况'这一反事实在世界 w 中为真。"在这个定义中，罗森认为，规范必然性命题是"独立于事实"的，也就是说，p 的规范必然性必须建立在"p 是一个'独立事实'"的事实来解释，这样就将规范必然性变成了独立于事实、与事实无关的东西。因而，"规范必然性并不意味着不可违反性，不是在所有情形下或所有可能世界中都是必然的"，"不是形而上学的必然性"。此外，科斯嘉（Christine Krosgaard）也将规范必然性界定为"理性必然性"，即当我们使用"应该"断言的时候，这种断言包含的是一种理性的必然性。在我国学者刘松青看来，规范必然性是"独立存在的，它既不能还原为自然必然性，也不等同于形而上学必然性，它处于理性的规范性场域之中，以特有的方式展现其在'现实世界'的影响和力量"[①]。显然，这样的一种对于规范必然性的认识还是一种割裂事实与应该、现象界与物自体的康德式答案，还是一种理想范型的规范性理论，将规范性建基在理性视

---

① 关于规范必然性的国内外研究现状及其知识逻辑，可参考刘松青《论规范必然性》，《哲学动态》2019 年第 11 期。

阈之内，从而从属于观念论的范畴。虽然理性规范性具有某种建构性，但是独立于事实与现实，使得其不同于我们上述所提倡的道德建构主义。除了一句"独立于事实"，"理性场域的规范性"的空洞之外，在解释规范必然性与自然必然性、形而上学必然性的关系时是语焉不详的，采取三者相互"平行"[①]的方式阐释。

从理性与形而上学的视角看待规范性，坚持规范必然性，我们必然面临着相互区分、平行并进的不可公约的矛盾。如果从存在论的事实与应该的交界之处出发，我们就会发现建基在道德偶在上的道德规范应该是一种道德偶性，即道德规范的偶然性。这样的道德规范偶然性，从自然事实来看，具有一定的偶在性；从人类的理性功能来讲，可以上升为一定的规范性；从事实与应该关系角度来讲，实践中的道德"应该"建基在偶在的"事实"之上，这样的"应该"具有一定的"条件性"，因而道德规范性永远表现为"如果……那么"的假言命题，这样的规范性也永远具有偶然性的可能。道德偶然性的规范，我们称为道德偶性规范，是一种"条件性的善"，这种"条件性"不是"无条件的"，而是在人类的实践过程中"永远有待发现"的"条件性"，因而，这样的条件性，是永远"有待发现"的，这样的规范性永远也是"有条件的"，在条件同一的情况下，行为会"必然地""应该地"发生，在条件发生时空、境遇变化时，行为就会"不必然地""非应该"地发生。这样，道德偶性规范本质上就有一种偶然性，它的规范性性质是一种建基在"事实"之上的、面向经验与历史的道德规范建构。

在人类文明之初，"道可道、名可名"的混沌时代，理性的力量十分微弱也十分不易，理性的力量使得"我们"之间找到了共通的"逻各斯"，人与人的相互理解成为可能，人类的"类本质"得以诞生。因而，西方哲学的"逻各斯"精神开始彰显，但是，无论"逻各斯"精神如何强大，形而上学的论证如何严谨，个体现实生活的"命运"与"偶然"似乎总是存在，人类的灾难也总是有"理性之外"的残酷。但是，在理性主义的惯性之下，西方文明一直坚持可以以"理性为主体"，征服偶

[①] 刘松青关于规范必然性的研究，在其第三部分详细解读了规范必然性与形而上学必然性之间的关系，就其论证过程来说，没有给出明确的关系，只是梳理了各种认识。在其结语中，刘松青以"平行"的方式呈现了三者的观念。参见刘松青《论规范必然性》，《哲学动态》2019年第11期。

然，达至绝对必然性的终点，以个体与历史的有限性去发现人类与世界的无限性。绝对必然性先是以中世纪的"上帝"发布"绝对应该"的命令，一切都是上帝耶和华的"必然安排"，因信而必然，因信而应该。人的理性以上帝的名义获得了全知、全能的"大全"。古典时代对于人的理性类本质的想象，以上帝的名义在人间行走。到了启蒙时代，个体的自由意志与理性渐渐萌动，上帝的绝对必然性得到质疑。在上帝的"绝对应该"倒塌之后，原初古典的"自然状态"又一次来临。路径锁定的西方文明，注定要在个体的个别性中坚持普遍性，一种个体与实体相统一的"把握普遍性的个体"的主体性出场，意志自由的本质在于理性主体的确立，人类又一次坚持了必然性。正如数学可以独立于自然界一样，人的理性产生的逻辑也可以独立于人的世界，建基在人的理性之上的规范必然性也可以独立于现实世界。当代哲学在逻辑、数学、规范相统一的绝对理性指导下，终于一步步地创造出一个独立于自然界世界的"人工世界"、独立于人自身的"人工智能"。

对应于康德提出的"纯粹理性者"而言，人类被看作一个"有理性"的存在者。按照亚里士多德的"营养功能（植物）—感觉功能（动物）—理性（人）"的逻辑路线，我们可以自然得出"营养功能（植物）—感觉功能（动物）—理性（人）—纯粹理性（人工智能）"的逻辑路线。同时，按照马克思主义"制造和使用工具在猿猴进化为人的进程中起到决定性作用"的逻辑，"制造和使用人工智能"的"人类"是否会进化为"纯粹理性存在"的"人造人"呢？今天，随着人工智能的发展，原初人类"别于禽兽几兮"的问题变成了"别于人工智能几兮"的问题。然而，人工智能的"图灵测试"却"扪心自问"出了一个"人工智能如何无异于人"的问题："这样的一台机器是否能够以一种使得专家无法将其行为区别于一个人的方式而展示自身呢？"也就是说："如若此机器就像一个以汉语为母语的人一样应答那些用汉语向其提出的问题的话，那么其他的以汉语为母语的人就无法分辨出此机器与一个以汉语为母语的人之间的分别了。这样，我们似乎就不得不说那机器懂汉语了。……图灵测试表达出了某种行为主义。此论认为行为测试对于心灵状态的呈现来说是具有决定意义的。"[①] 通过"中文屋"的图灵测试实验，一个从来

---

① John R. Searle, *Mind: A Brief Introduction*, New York: Oxford University Press, 2004, p.70.

没有到过中国，也不知道汉语为何物的非汉语世界的人是否可以通过"人工智能"体系学会汉语，并让真实的人在现实中无法区分出他/她是不是一个真正学过汉语的人。"安能辨我是雄雌"，使得人工智能与人之间界限变得模糊。也就是说，在理性规范场的视阈里，我们已经与人工智能无异的时候，人类与"人工智能"的区别何在？人类别于人工智能几兮？

图灵测试最重要的一个假设就是将人的思维独立出来，设想人的本质在于理性，它的一个基本方法是"算法"。所谓"算法""就是通过一系列精确步骤来解决一个问题的方法"，而"这些步骤在数量上必须是有限的，而且只要它们被正确地执行了，就能保证问题的解决"。① 我们发现，在人类理性的尽头，接近超越人类理性的"人工智能"的"算法"本身却是"有限"的。算法本身要建立在算法程序的"数量""有限"之上，否则是无法实现的。因而，这样的算法本身只是一种"有限性"，因而也是一种"条件性"，而非"无条件的"。必然性的尽头是偶然。在更为深层次的意义上来说，"道德算法"可能吗？我们可以向人工智能发出"小度，去打一下人吧"这样的指令吗？人区别于人工智能的地方是什么？拥有纯粹理性的人工智能，它具有道德吗？人之所以区别于人工智能，在于人只是一个"有理性"的存在者，人的理性之外，向前，人具有感性，向后，人具有德性，人是一个"感性—理性—德性"的"有理性"的存在者，而非"纯粹理性的存在者"。人之所为人的根本不在于人的理性，而是人的"感性—理性—德性"。因而，人与人之间的规范性，也不在于"理性必然性"的规范性，而是建基在人的"感性—理性—德性"之上。这样的规范性，既具有感性的偶然性，又具有理性的必然性，还具有德性的理想性。这样的规范性，在道德规范方面就表现为一种道德偶性规范，具有一种理性的道德建构主义，同时在德性上又具有一种"既是偶然又是必然"的唯一性（正是这种唯一性，又可称为"理想性"）。人类对于道德的理解，从"德性"到"道德"遵循了"理性—德性"的逻辑，作为一个"感性—理性—德性"存在着的人，既不是"感性—德性"的情感主义，也不是"理性—德性"的理性必然主义，而是"感性—理性—德性"的道德建构主义。

---

① John R. Searle, *Mind: A Brief Introduction*, New York: Oxford University Press, 2004, p. 67.

人类已经进入人工智能时代，人类的当代文明已经进入互联互通的互联网时代。人类的理性以价值理性的方式曾经获得了它的普遍性地位，带来了人类文明的极度异化。今天，我们需要还原人的理性的工具理性本性，还原人类"感性—理性—德性"的人性本质，不能让理性必然性"算法"成为"道德算法"，这也正是西方哲学在道德哲学的启迪下，从分析哲学走向语言哲学最终又走向心灵哲学的穷途末路。从普遍主义的个体性走向具体主义的个体性，是人类文明的进步，每个人的美好生活只有获得自身的切身感受才有意义，同质化的生活使个性变得尤为重要。我们需要发现个性，发现新的道德价值，创生新的道德生活，不断拓展人类美好生活的德性空间，这正是互联网时代碎片化、个性化生活的意义。我们需要警惕道德必然主义，承认人的偶然性，拥抱人的偶然性，进而在一种建构主义视阈下看待道德偶性规范的条件性，永远在一种开放主义的视阈下寻求在现实境遇中实现人的德性的理想性。

第九章 道德偶然的实践样态

"有趣的哲学通常是一个根深蒂固但已麻烦丛生的语汇和一个半生不熟但隐约透露伟大前景的新语汇之间，或隐或显的竞赛。"① 道德必然性话语在道德哲学中有根深蒂固的传统，但是现在"麻烦丛生"，道德偶然性话语虽然"隐约透露"，但是还看不到"伟大前景"，根本的问题在于"新词汇"需要经过生活的检验。通过"道德的偶然性"，我们期待一种道德偶然性世界观出场，通过道德偶在多样性与道德偶性规范，我们对道德偶然性理论进行了问题域界定。接下来的问题是，在一种道德偶然性的世界观中，在一种道德偶然性的理论话语中，个体会有什么样的道德生活，社会面临什么样的道德问题，道德偶然性话语如何在道德实践中获得认同。换言之，就是如何在偶然性世界观中看待"道德间偶然性"，并为我们所在的道德偶然时代提供道德实践方法与道德行动指南。

一 道德行动的偶然与偶然的人

既然道德偶在具有多样性，道德规范知识具有偶然性，那么建基在道德规范之上的"应该"的道德行动是必然的吗？李义天教授研究指出："与社会学、人类学、心理学等经验研究不同，在行为问题上，作为规范研究的伦理学所欲澄清的不是'什么是人的行为'，而是'什么是正确的行为'；不是'怎样作出行为'，而是'正确的行为导致怎样的后果'。作为伦理学体系组成部分的行为理论不仅是描述性的，更是评价性和规范性的；其主旨在于给出一种充分的理由关于'正确行为'的道德哲学论述。它不仅仅要告诉我们什么行为是正确的行为，而且要提供相应的证明理由

---

① ［美］理查德·罗蒂：《偶然、反讽与团结》，徐文瑞译，商务印书馆2003年版，第18页。

和论证基础，进而构成稳定适用的条目或命题，以帮助人们对行为选项进行评价筛选。"① 也就是说，首先，存在着自然的行动与道德的行动区分，自然的行动来自我们的自然自觉、习俗习惯而非深思熟虑的思考，而道德的行动一定是我们理性的深思熟虑、有着"应该如此"的理由与信念。其次，行为存在着"正确"与"不正确"的区分，"正确"与"不正确"有着明晰的客观标准。再次，道德行为既是描述性的，又是评价性的，具有双重性质，作为客观事实它是描述性的，作为道德行动它又是评价性的。最后，道德行为需要提供证明和理由，这些证明和理由，从外在关系来说是因果联系，从内在关系来说是心灵的意向性，前者是道德要求，包括客观境遇与历史习俗，后者是道德理由，涉及欲望、意图、动机、意志等。试想一下，存在着这样一个包含了上述所有内涵的行动者吗？一个人在现实实践中能够做出上述所有的区分与思考之后做出自己的行动吗？一个人生下来之后从一个自然的行动者走向一个道德行动者的临界点在哪里？综而言之，存在着一个具有必然性的道德行动吗？存在着一个始终从道德必然性出发的道德行动者吗？

如果这样的行动与行动者都不存在，那么我们从必然性界定道德，要求人们从道德必然性的"应该"去行动还有"绝对意义"吗？在一个现实的实践世界中，从个体出发，我们的成长有一个从自然到教化的过程，有一个从自然走向社会人的过程。在这个社会化的过程中，我们获得的知识都是人类历史经验的习俗性知识总结，这样的规范性知识具有一定的历史性、地方性与时代性。随着人类社会的发展，历史性、地方性正被一步步打破，世界是"平的"，但是时代性的时代依然构成我们道德行动偶然性的界限。就是在这个互联网时代，虽然我们能够知道关于道德规范的所有可能性知识，但是我们依然是在自身有限的地方性中展开自己的道德行为，我们不可能在任何地方、任何时刻对任何人都有着一以贯之的行动准则与行为方式。在更为深层次的意义上，我们处于一个复杂性的社会结构与世界结构之中，不同年龄的人有着不同的行为习惯与行为准则，不同认知水平的人有着不同的行动理由，不同的社会境遇与生活环境给人们的道德行为提出了不同要求，交通飞速与信息发达的时代又加剧了身体交互与心灵交互的频次，这些更加说明了我们道德行动必然性的不可能性。既然

---

① 李义天：《美德、心灵与行动》，中央编译出版社2016年版，第87—88页。

如此，为何我们不能够放弃对于道德行动必然性的追求，承认和拥抱偶然性，承认"人的偶然性"，以及从一个"偶然的人"出发，重新审视我们的社会伦理道德，建构切合"真实"的伦理学与道德哲学理论。

人类进入道德偶然时代是一个不争的事实，这构成了我们理解实践世界的客观基础，是社会现实敞开了道德偶然性问题，不是道德偶然性问题逼迫了社会道德实践。在信息社会中，由于互联网虚拟世界的出现，当代文明中的每个人都拥有了柏拉图《理想国》中牧羊人巨吉斯所具有的隐身的"魔戒"。这个"魔戒"具有双重作用，一是使得自由意志的想象得到满足，二是感受到各种道德知识的多元性与道德规范的模糊性。前者使得个体的道德信念得以动摇，后者使得个体的道德选择变得困难。当代文明里的人的"偶然感"增强，或者说"偶然性"成为当代人的基本标识，"现代人是偶然的人，广而言之，偶然性是人的境况的主要组成部分之一"。在前现代社会中，"一方面血缘关系，另一方面户籍通常被视为一个人存在的决定性因素"，因而人"被抛入世界上"所揭示的"偶然性"生命体验还不是那样的强烈。当代人"生来就是没有终极目的的可能性集合，而且这个没有社会图案的新生的可能性集合无法在预先确定好目的地的框架中进行选择"，这样当代人具有了双重"偶然性"：被抛入这个世界的出生的偶然性与在这个世界生活的存在的偶然性。① 不同于前现代社会——人类从混沌的状态走来，"寻找"一种道德知识用以确立人类的普遍性的道德意义，以引领人类走出愚昧和落后——当代文明人拥有无数关于生活意义的道德知识，我们开始"选择"一种道德知识，以求走出人类自身加之于自身的不成熟状态。前者是人类学的、普遍主义的、目的论的，进而也是必然主义的逻辑。后者是个体的、特殊主义的、经验论的，进而也是偶然主义的。因为缺乏终极目的，一切行为与实践的目的都是一种中介，生活的样态变成了一种"可能性集合"，所谓生活也是一种"可能生活"。这种"可能生活"从否定意义上说增加了人的漂泊感，但从肯定意义上说敞开了个体的道德创新与社会共同体的建构性。不似上帝的绝对普遍性，也不似政治共同体的绝大多数人的特殊性，道德偶然更关注的是具体个体的偶性与偶在。

---

① ［匈］阿格妮丝·赫勒：《道德哲学》，王秀敏译，衣俊卿主编，黑龙江大学出版社2014年版，第6页。

一旦人们接受了道德偶然性的世界观，道德成为一个个具有偶然性的个别现象，那么面对道德碎片化的事实，我们如何行走于道德偶然性的事实之间？我们世界的道德图景又会呈现什么样的样态？对于个体来说，道德偶然性时代的个体道德行动与道德实践，主要有两个：一是"成为你自己""做自己"的道德选择，二是承担自由选择的道德责任。从社会的视角来说，道德偶然性永远存在，从积极的意义来说，个体美德榜样示范意义与伦理共同体的伦理精神及其集体行动具有更为重要的实践意义；从消极的意义来说，社会的道德风险永远存在，道德治理成为常态化的社会管理机制，以道德算法作为理性工具成为道德治理的重要手段，道德发展趋势成为一种数字化的逻辑归纳与动态建构。

二 个体道德自由与道德责任、道德勇气、道德创新

偶然性世界观，是一个时代的确证。"很久以前，我们觉得有需要崇拜某种超越可见世界的东西；从17世纪开始，我们试图以对真理自爱取代对上帝之爱，相信科学家所描述的世界具有准神性；自18世纪末开始，我们试图以对自我之爱取代对科学真理之爱，崇拜我们自己身处精神的或诗的本性，相信内在自我具有准神性。"[①] 个体性凸显之后，个别的实在性与自我确证取得了重要的意义。黑格尔说："人是完全有限东西与完全无限东西的统一，人是完全高贵东西与完全卑微东西的统一。"作为一个个体，人是有限的存在者；作为一个"类人"（人类意义上的人、大写的人），人是一个无限的存在者。作为有限的存在者，我们必须卑微；作为无限的存在者，我们可能高贵。一直以来，西方文化都将"无限"作为个体生命意义的最终归宿，而使个体蜷缩在历史的角落里而暗自神伤。而现代性社会却"建议我们向前迈进一步，不再崇拜任何东西，不再把'任何东西'视为准神性，从而把所有东西——我们的语言、我们的良知、我们的社会——都视为时间和机缘的产物"[②]。后现代社会将这种建基在内在自我之上的个体性存在发展为"个体性生活"，使得我们生活的

[①] ［美］理查德·罗蒂：《偶然、反讽与团结》，徐文瑞译，商务印书馆2003年版，第35页。
[②] ［美］理查德·罗蒂：《偶然、反讽与团结》，徐文瑞译，商务印书馆2003年版，第35页。

每一个意义都在于获得当下确定性与当下实在性，从而承认偶然性能够"决定我们的命运"。我们对于"真理"的追求，不再是对单纯的理性的普遍性的必然性认同，不再是感性与理性、思维与存在、人与自然、人与人、人与世界"预定的和谐"，而是个体本身切切实实的"实在感""认同感""自我存在感"。由此，真理第一次在个体意义上遭遇了美德问题。

正是在这个意义上，当代思想家威廉姆斯将苏格拉底的"自知自己无知"、近代哲学的"自然状态"与现代政治哲学罗尔斯的"无知之幕"发展为"真诚"的"自然状态"。这种"自然状态"，从一个个个体的"真诚"出发去寻找"我们"之间相互理解的"真理"。以"真诚"为起点，以"真理"为目标，试图将二者统一起来。但是从个体切实的"真诚"出发走向"真理"的过程之中，这种"真理"在个体"真诚"的意义上却拥有着两种相互关联的美德："准确和真实"，在一般人那里，"美德""基本上已经变成了一个专门的哲学术语，我们很难把它从某套哲学先见中分离开来"，人们也可能随意地认为"诚实大多是一个意志问题，而准确并不取决于意志"。但是，威廉姆斯认为，这些一般性的理解，根本不是他想表达的意思，在他看来，"诚实基本上涉及一种自发性，即把一个人所相信的事情说出来的倾向，那种倾向既可以得到鼓励也可以受到打击，既可以被培养也可以受到压制，但它本身并不是在慎思和选择中表达出来。同样，在一种无可争议的、形而上学上并无野心的意义上去理解意图、选择、尝试以及集中努力，那么准确的确设计意志"。而"真理"的这两种基本美德，都涉及对"道德主义者"（一般意义上的道德主义者）所谓诱惑的某种抵抗——对幻象和愿望的抵抗。[①] 准确中有意志，诚实中有事实，二者根本不可分离。以往思想史上一切哲学的纷争，事实上都是个体内在自我深处的深刻分裂，而那种对于善恶、真理的谱系争议事实都是心灵内部的事情，都在于个体内在自我"准确"与"诚实"的美德的内在"决断"。这样的偶然性的个体，这样面对自我残酷的自我，应该具有什么样的美德呢？可能拥有什么样的生活呢？我们该如何重构我们的美德知识与道德生活？

既然个体的存在是真实的，既然这种真实的个体具有有限性，既然这

---

① Bernard Williams, *Truth and Truthfulness*, Princeton：Princeton University Press, 2002, pp. 44-45.

种有限性只能是一种偶然性,既然道德事实是偶在的,既然道德原则与道德理由是种偶性,既然道德行动具有偶然,那么,个体的自我的可能选择是什么,我选择的道德根据是什么。偶然性时代个体的道德实践只能是:成为你自己。"如果你不选择你自己的生活,而是让他人为你选择,那么你就没有任何终极目标出现在你生活的地平线上。你毕生都将是偶然的……相比较而言,选择你自己的终极目标、命运、生活的图式等就是选择你自己,这不仅仅是言语的描述。"① 事实上,历史上一切形而上的目标都有一个基本特征:自身满足。幸福是完满和自足的,至善是自身满足的善,上帝是自足而全能的造物主,自由是自在自为的自由意志,自因是"本质即包含存在"的存在着的"本性",实体是"在自身内并通过自身而被认识的东西"②……这些所谓自足都是一种形式、一种理念、一种观念,而没有具体的内容,以一种"共性""共相"而存在。真正的自足应该是充满内容,这种内容不是形式的自足,而是实在的、具体的、个体的自足,这种自足在形而上学的顶端走向了偶然。正如九鬼周造所言,"无"是形而上学的极限,必然性的尽头是偶然,绝对形式的自足的尽头是人对自身绝对内容自足的确认,这个绝对内容就是:成为你自己。在偶然性时代,"成为你自己","准确"又"诚实",是个体真理的体现,也是个体生活"真理性"美德体现。面对碎片化的道德事实与各种自洽的道德体系,"我信即我在","明知不可为而为之","道德是永远有待完成的任务"。"选择自己的生活"既是对道德偶然性的积极承认,也是一种"道德勇气",更可能走向成就自我的"道德创新"。孟子曾说:"万物皆备于我矣。反身而诚,乐莫大焉。强恕而行,求仁莫近焉"。(《孟子·尽心上》)可是,现在,万物能够皆备于我吗?当我意识到自身的偶然性,就会发现"反身而诚"与"强恕而行"就是人生自我的最大美德,也是最大道德。这种选择不再是康德意义上的"出乎道德"的绝对命令,而是基于偶然性存在的生命决断,这种决断让我们回归一种"好人"与"好生活"的双重意义。正是在这种偶然性中,人拥有自由意志,他/她是一种有选择的动物,这种选择是自我对"善人"与"善生活"的决断,是一种"真诚",也是一种"准确"或"真实"。不似康德的"出乎道

---

① [匈]阿格妮斯·赫勒:《道德哲学》,王秀敏译,衣俊卿主编,黑龙江大学出版社2014年版,第6—7页。
② [荷]斯宾诺莎:《伦理学》,贺麟译,商务印书馆1983年版,第3页。

德",而我们是选择"美德"。这种选择又因个体自身的有限性,因而是"永远有待完成的",生命不息,选择不止,美德不完,从而是一种"真正的道德"。现代道德哲学中,黑格尔式的"绝对精神"普照,使得自由意志成为一种只有"必然性"的"僵死"的"内容"。但是偶然性的时代,"成为你自己",为自由意志提供了多样性内涵,也还原了其本身具有的矛盾性面貌,从而成为人存在的重要内容。自由意志、善人(好人)与善的生活(幸福生活)在偶然性世界观中通过每个切实存在的个体选择获得了"真理"内涵。

正如威廉姆斯所言,在个体内在美德"准确"与"诚实"的真理性斗争中,"既可以得到鼓励也可以受到打击,既可以被培养也可以受到压制"(虽然是表达诚实,同样也可以用于准确)。道德偶然性的"成为你自己"的道德选择需要某种道德勇气,偶然性时代的道德价值与人生意义,就在于你有没有"成为你自己"的道德勇气。康德意义上的"去除自身加之于自身的不成熟状态"的"理性启蒙",现在成为每个个体每一次选择中"自我的决断"。成为你自己,既包含着对过去的理解,也包含着对未来的理解。不仅有"去除自身加之自身的不成熟状态"这种对历史知识与传统伦习的蒙昧的"准确"判断,也有对于未来"明知不可为而为之"的"诚实"信念。这样的道德生活时刻都具有着道德创新的可能,道德勇气、道德想象、道德发现、道德创新成为这个时代常态性的道德话语。

如果说道德想象、道德勇气、道德创新、道德发现是偶然性时代个体性道德的积极性正向内涵,那么道德责任就是"成为你自己"道德选择的基础性内涵。对应于道德选择的"成为你自己",道德责任成为道德偶然时代道德实践的重要根基。不同于道德必然性中的道德责任,道德偶然性中的道德责任是一种个体的担当与道德相关性的要求。在自由意志与决定论的视阈中,道德责任常常被剔除出道德实践的范畴。因为,在黑格尔意义上,"自由是对必然的认识",自由受制于必然性与决定论,我个体的行为就不应该有道德责任的说法。如果我认识到了必然,也就不存在道德责任了,因为已经同一了。如果我没有认识到必然,无知者无所谓道德与否,道德责任也就被取消了。道德必然性体系中的道德责任始终有着决定论的隐患。在康德的意义上,"责任"是"善良意志概念的体现",虽然"其中夹杂着一些主观限制和障碍",但是,"这些限制和阻碍远不能把它掩盖起来,使它不能为人之所识",而"通过(与这些限制和阻碍)对比反而使它更加显赫,发射出更加耀眼的光芒"。之于作为"责任"前提的"善良意志",在康德看来,"这一概念为自然的健康理智本身所固有",故而"不须教导","只要把它解释清楚就足够了"。① 这样,康德的"责任"概念要建基在"无法教导"的"善良意志"之上,同时自身又"夹杂着一些主观限制和障碍"。康德通过"道德律"的方式为"责任"找到了一个"纯形式"的"绝对命令",从而将道德界定为不是"合乎责任",而是"出乎责任",拥有了决定性的"道义"色彩。但是,这样的责任终究还是有着"一些限制和障碍",这样的责任无法获得生活世界的普遍检验,这样也自然使得以"责任"为内涵的"善良意志",变得无法"解释清楚"了。但是在道德偶然性中,道德责任完全是一种道德选择的自然要求,虽然道德行为本身不具有普遍性,道德也不具有永恒性,但是"我"在偶然性中坚持一种道德实践与道德行为,使得"我"与偶然性发生了关联,这种相关性构成了道德责任的基础:我选择,我负责。个体的自足具有双重性的内涵:成为你自己,并对成为你自己负责。黑格尔的现代精神要求"自己成为一个人并要尊敬他人为人",这种形式的要求转换为道德偶然的个体性就是,"成为你自己并对成为你自己负责"。偶然性时代里的道德是一种个体的道德,是一种选择的道德,更是一种具有真正道德责任与道德真诚的道德。这样的道德责任不再是康德意义上从个体善良意志出发的绝对命令,也不是黑格尔从历史总体性出发的"绝对精神",而是建立在对"人的完善性"(好人)与"美好生活"(好生活)追求基础之上、面向未来的"建构主义"。这样的道德责任,以生活世界可理解的自由意志为起点,以偶然性的世界为对象,将好人与好生活的"人类幸福"嵌入其中,在个体的有限性累积中面向未来的无限性。

如前所述,人作为一个"感性—理性—德性"的存在者,德性是"好人"与"好生活"的自由选择,而不是强制选择;是自由意志的体现,但不是理性的体现。自由是意志的规定,不是理性的规定。意志

---

① [德]康德:《道德形而上学原理》,苗力田译,上海人民出版社2005年版,第12—13页。

（will）中蕴含着"将来"，蕴含着"可能"，而不是必然。理性（reason）是理由，是前提，蕴含着必然，可以从结果中"分析"而来。转换道德理解的视角，从而德性变成人的一种潜能，而不是必然，人的"德性"的可能性使得道德运气常常伴随我们，也使得道德勇气与道德创新变得难能可贵，而且更为切近"生活"。

三 共同体德性与道德风险、道德治理

赫勒说，"成为偶然的在双重意义上既是福祉也是祸根"[①]。道德偶然对于个体或许是一种道德解放，但是对于社会伦理却是困难重重。一个信奉"偶然"的社会的道德规范如何可能？坚持偶然性的后现代伦理学"拒绝从事道德研究的现代方法——即用政治实践中的强制性的、标准的规则和在理论上进行绝对性、普遍性、根本性的哲学追问作为对道德挑战的反应"[②]。从历史的维度来看，个别的道德事实是建基于一定的道德境遇，而一定社会的伦理习俗是相对于一定社会群体的，这样"道德判断的真值或辩护不是绝对的，而是相对于某个人群的"[③]，道德偶然性在规范伦理学上就表现为道德相对主义。从道德理论建构来说，建基在"道德偶在"与"道德偶性"基础上的伦理理论主要表现为消极的道德虚无主义理论和积极的道德建构主义理论。如果道德原则、道德规范、道德知识只是一种"道德偶性"，那么，我们的行为何去何从？道德在人类生活中还具有什么样的地位？我们的人生还有无意义？道德虚无主义将偶然性原则在道德中贯彻到底，使得"伦理学本身被诽谤或嘲弄为一种典型的、现在已被打碎的、注定要成为历史垃圾的现代束缚""人们没有它（伦理学）也能生活得很好"[④]。道德虚无主义试图彻底摧毁道德规范，进而取消"道德"，这也正是政治哲学家们所害怕偶然的地方。事实上，与道德

[①] ［匈］阿格妮丝·赫勒：《道德哲学》，王秀敏译，衣俊卿主编，黑龙江大学出版社2014年版，第9页。

[②] ［英］齐格蒙特·鲍曼：《后现代伦理学》，张成岗译，江苏人民出版社2003年版，第4页。

[③] 程炼编著：《伦理学关键词》，北京师范大学出版社2007年版，第114页。

[④] ［英］齐格蒙特·鲍曼：《后现代伦理学》，张成岗译，江苏人民出版社2003年版，第2页。

虚无主义同生的是从"道德偶然"出发的道德建构主义，建立在"道德偶然"基础上的是"一种从道德困境中解脱出来的社会生活，抽象的'是'不再为'应该'所引导，社会交往已经从义务和责任中脱离出来"①。换言之，道德规范不是从逻辑中推理出来，从而进行演绎的"应该"，而是从"是"中归纳、"建构"出来的。共同体的美德也不是建基在个体的义务与责任，社会交往有其自身的美德存在。偶然性社会中，与个体的道德选择具有积极与消极的方面一样，伦理共同体也具有其积极与需要克服的消极意义。在积极方面，就表现为爱与团结对于道德虚无主义的否定；在消极方面，就是承认道德风险如影随形，道德治理成为常态化的道德机制。道德建构主义不是道德必然性的普遍主义，也不是义务论的绝对命令，而是建基于个人行为的道德"生存"，不是"是"（being），也不是"应该"（ought），而是"生存"（becoming），是在"是"（being）基础上面向未来（coming）的开放性建构。

建基在个体道德选择基础之上偶然性社会的伦理共同体，具有一种价值与生活的开放性。而这种开放性，和人类与生俱来的"爱"的本性高度契合。这一点，鲍曼在对后现代社会伦理图景中有过精辟的论证。首先，人类基础性的性爱道德情景的隐喻。"在首要的意义上，爱是一种性爱行为……在伦理学上，性爱提供了一个划分一般意义上的'为他者而存在'和同样的道德条件的框架……道德情景是一种性爱的隐喻：同时归纳和例举了母亲范畴和一种爱的特例。"② 性爱是一种事实，由此而产生的关于爱的道德情景是一种道德实在。这种道德实在是建基于道德事实上的"归纳"，而不是从共同体道德要求的"应该"，因而具有开放性和多样性可能。更重要的是它是一种美德实在，可以作为共同体的精神。其次，爱具有"前本体论"的自身内在矛盾，这种内在矛盾性构成了爱的社会建构性可能。根据鲍曼的理解，爱有不能克服的二元性，一方面它是面向未来的他者存在，在当下不能发现"任何将来的等价物甚至相似物"，另一方面，在当下它又是"注定要变成我的或者我本身的客体"。这样，关于"爱"的定义"将分离之物结合起来的令人惊奇的能力、分

---

① ［英］齐格蒙特·鲍曼：《后现代伦理学》，张成岗译，江苏人民出版社2003年版，第3页。
② ［英］齐格蒙特·鲍曼：《后现代伦理学》，张成岗译，江苏人民出版社2003年版，第108页。

享恐惧悲哀和欢乐的令人惊奇的能力"就表现为将"天生不可逃离的二元矛盾条件"整合起来的倾向。① 我们不同意鲍曼将这种爱最后归结为"现在和将来"之间的一个"深渊",而具有某种"隐秘性""神秘性",而是认为,爱是具有实质内容的、面向未来的,对于伦理共同体具有建构意义的建构主义美德。这样的美德,在偶然性的社会中,既获得了内容(分离的集合),又获得了实体(伦理共同体),同时还具有开放性和建构性(在现在和未来之间)。

偶然性社会的伦理共同体的第二个美德是团结。罗蒂说:"尽管某个信念只是偶然历史环境引起,而别无更深层次的原因,对于清楚地了解这一点的人而言,这个信念依然能够规范行为,这个人依然能够值得为它赴汤蹈火、奉献牺牲。"② 在他看来,偶然性的个体具备一种"能力",能够"将你我是否拥有共同终极语汇的问题和你是否正在痛苦的问题"分别开来,前者是一种"全人类本身"的认同。偶然性的个体从家庭走向社会,再从社会走向民族国家,又从民族国家走向人类命运共同体,我们一步步从自在的偶然个体走向克服自我的伦理共同体,最后再次认识自身的偶然性,获得"全人类本身"的意义(注意,不再是"家""属""公""民""国""民"),具有了"人""类"身份。这样的身份,使得我们直接将自然作为客观整体,因而才有了"团结"的品性。正在发生的新型冠状病毒的防疫③,使得我们人类第一次感觉到人类命运共同体的"团结",偶然性的个体在偶然性的世界里需要"团结"以克服我们无法预知的遭遇"自然"的命运。正是因为道德偶然,我们才意识到人与人之间团结的重要性。个体的道德偶然与共同体的团结,共同构成人的整体性内涵,从而面对更大的自然与宇宙的偶然,人在"团结"中从个体之偶然进展到人类之偶然的境遇之中。

偶然性社会里的道德生活是"我"的选择,我们的"爱"是在"现

---

① [英]齐格蒙特·鲍曼:《后现代伦理学》,张成岗译,江苏人民出版社2003年版,第109—110页。
② [美]理查德·罗蒂:《偶然、反讽与团结》,徐文瑞译,商务印书馆2003年版,第270页。
③ 笔者写作本书时正是新冠疫情肆虐的时刻,武汉封城、中国绝大多数城市进入公共安全一级响应,全球团结一致共抗疫情。如果说,一个人可以在某个时刻某个地点经历偶然性,一些人可以在同一时刻或同一地点感受偶然性,那么可以说,2019年发生的新冠疫情却是让所有人在同一时刻都感受到了人所无法回避的偶然遭遇。

在"与"未来"之间,我们的"团结"在"全人类本身"与"偶然性个体"之间。正如其自身具有的二元性一样,伦理共同体也同样面临着永恒的"道德风险"。偶然性伦理社会承认个体与社会、伦理与道德、个人之善与社会之善之间存在着永恒的矛盾,因而也永远存在着道德风险。正是这种建基在道德偶然性之上的个体自由选择,造就了一个道德多样化的世界,由此也带来了偶然性时代的社会道德风险。脱离普遍主义的道德观,人类的道德规范不再拥有"应该"的绝对性。功利主义的"绝大多数人的最大利益"不再是道德发生的目的与动机的"先验性",而是让位于"后验"的"真相"。任何一种道德规范在一定的社群之中不可避免地具有风险性。偶然性世界里的道德决策与道德规范的选择某种程度上就是道德风险的评估。由此而来的是,道德规范以应用伦理学的方式通过民主决策程序进入社会风险的管控,道德风险成为偶然性时代道德考量的重要机制。道德风险评估与控制也成为社会科学管理的重要内容,成为评估一个社会伦理尺度的重要手段。康德意义上的法则只具有一种理想范型的意义,准则是一定条件下共同体的基本共识,这种共识放大到更大范围或者放置在更小范围内都不一定有效。具体情境、具体时间、具体共同体的道德规范依赖于生存其中的个体的自然道德倾向、习俗道德共识与共同体道德建构。

  道德风险是偶然性社会里的伦理预防,但是在现代性的狂飙突进中,"人类的行为结果的规模已经超过了行为者的道德想象力。不管是有意的还是不知不觉的,我们的行为对版图和时代的影响太遥远了"①。换言之,"行为统计"也永远无法评估人们的道德行为,一定的道德后果是必然伴随的。由此而来的问题就是偶然性世界里,"道德治理"成为社会与国家常态性的道德行动。不同于道德必然性规范提供"应该"的道德命令,道德治理侧重于对于道德后果的方向性纠正,这个方向性不是"应该"意义上的坚持,而是建立在行为统计意义上"概念"的"反思性平衡"。"道德治理"不追求形而上学的绝对普遍性,而是建基在社会流动与客观偶然基础上动态的道德事实观察与道德风险评估,进而形成某种动态的道德治理的平衡机制。

---

① [英]齐格蒙特·鲍曼:《后现代伦理学》,张成岗译,江苏人民出版社2003年版,第255页。

四　互联网与道德运气、道德算法

在伦理学或道德哲学的传统中，偶然性一直都是我们的生活的敌人，人们也一直试图将运气之内的偶然因素排除在道德评价的范围之外。在传统的习俗与文化里，有两种这样摆脱道德运气的样式：一种是圣贤的方式，圣贤们可以通过哲学的反思性平衡，达到一种"心灵的无纷扰"状态，从而免除偶然性的影响；另一种是无条件的、不受支配的道德价值，这种方式从定义上就将偶然性排除出道德的范畴，所有的道德价值都是无条件、不受支配的，从而也是免受运气与偶然影响的。[①] 前者由此而产生的问题，就是我们一生中如何成为圣贤，成为圣贤，我们似乎需要满足一系列条件，从而成为圣贤也变成了我们一生中的"运气"。道德去除了偶然性，但是成为道德的人却具有偶然性。后者，虽然将偶然性排除出了道德性的领域，但这种"无条件""不受支配"的道德价值一方面使得圣贤成为多余，人人皆"可"为尧舜，另一方面，道德价值还面临着是唯一价值还是多样价值的争议，在显然不是唯一价值的前提下，又使得自身的必然性没有了太多的意义，在多样性的生活世界中只不过还是一种"偶然"。圣贤的模式，使得我们给生活赋予意义、赋予道德意义。这种意义和道德意义必须在实践的生活世界中得到实现，遥远的时代，人类的伦理共同体十分有限，通过家庭、乡村的"抬头不见低头见"或者"城邦"大会的集体研讨，使得我们能够看见道德的"因果"关系与相互关联，人们努力成为"家""属"和"公""民"。道德因果律（德福一致、德得相通）能够为道德"必然性"、为圣贤的成长提供共同体境遇。道德价值的模式，将圣贤所具有的美德赋予了所有人，这样在圣贤身上偶然具有的美德就变成了每个人都可以具有的美德，美德变得更具普遍性。这样的普遍性道德若要获得现实生活的实在性，必须拥有人人都可感知的能动性。近代世界将这样的能动性赋予了人的理性，康德主义为其提供了一种可以普遍化的模式。在道德实践的生活世界里，将这种普遍化的道德律寄托在人的自律之中，给予了人的最高的德性尊严。这样的理性人，拥有的

[①] 参见 Bernard Williams, *Moral Luck: Philosophical Papers 1973—1980*, Cambridge: Cambridge University Press, 1981, pp. 20-21.

自由意志变成"对必然认识"的生命追问，拥有了主体，却没有了生活。因为生活世界中的"我们"不只有理性，还有各种非理性存在。

互联网时代的到来，彻底颠覆了我们对于生活的理解。全球化、信息化的互联网时代使得"抬头不见低头见"的相互关联的因果道德律中断，建立在幸福意义基础上的"快乐"体验，也被碎片化了。对于美德和知识追求的持久快乐和永恒快乐，变成了个体对于每一个当下生活的"快乐体验"，虽然我们不拥有"深度"的美德快乐，没有"厚重"的知识快乐，但是我们拥有每一个当下确定性的"快乐"，每一个"当下"连成一片、延续一生，我们就拥有了整体的幸福。因而追求每一个当下的快乐，使得我们的生活"碎片化"。"今朝有酒今朝醉"不再是自暴自弃的表现，而是幸福生活的样态。加之现代文明提供的基本物质生活保障与福利社会的制度供给，使得这样的生活越来越大众化。当幸福被"碎片化"之后，主体性的"理性"也遭遇危机。当互联网时代的信息以几何级数上升，加之"好事不出门、坏事传千里"的生活逻辑发酵，客观"例外"的道德事实和主观"意外"的道德观念不断涌现，出于道德义务的道德自律只不过是"自欺欺人"的心灵游戏，"高尚是高尚者的墓志铭，卑鄙是卑鄙者的通行证"加上互联网的传播速度就是偶然性时代的到来。道德因果律让位于道德相关性，因果之中总有"例外"；道德道义价值让位于道德多样性，动机之中总有"意外"（意念之外、意想之外）。

正如古典幸福观念、基督教普爱走向近代自由观念一样，从一种面向未来的"我应当如何生活"走向"我应该如何行动"，从一种普世主义的上帝之爱走向理性主义的主体觉醒，这是一种道德世界观的转变，是一种新兴生活方式的转变。互联网时代的到来，使得道德必然性的世界观得到终结，由此而来的是整个道德哲学话语的转变，人类开始进入拥抱偶然的时代。古典时代柏拉图的"洞穴"与儒家的"慎独"，在互联网时代都获得了真实的存在。古典的时代，我们设想在"洞穴"中拥有"魔戒"，"隐身"世界之中"能观人人"，设想一个"人人都不认识我"或者"只有我一个人"的"慎独"世界。互联网时代，我们人人拥有隐身"魔戒"，时刻都可能从一个"自己熟悉的城市"走到另一个"人人都不认识我"的城市。我们越来越知道，我们完全可以设想一个"没有道德的生活"，却无法设想一个"没有生活的道德"。美德只是生活的一种样态，不是生活的唯一样态；圣贤只是人的一种，而不是唯一的一种人。道德成为偶然是一个不争的事实,成为圣贤或君子不是所有人的选择,而是有美德的人的选择。成为君子或圣贤,选择"应该"做的事情,是一种勇气;而在一个偶然的世界里坚持成就道德,更是一种道德勇气。我们不再关心我们一生成为圣贤的"生成运气",也不再设想我们遵守"道德价值"中的"例外"和意外,而是关心我们"坚持美德"和"成为圣贤"的选择中永远具有的道德运气,这样"道德运气"就不再是"极端不连贯""有点奇怪"的概念[1],而是一种生活实在的概念。在道德必然性的世界里,"道德运气"始终是一个成问题的概念,因为在道德必然性看来,"道德被认为摆脱了运气的影响",然而,"一旦我们对这个观念有一种怀疑的态度,那么那个道德概念就不可能处于它原来的位置了"。因为,道德必然性"通常假设存在一个道德秩序",使得道德运气得不到应有的位置。但是,一旦"我们怀疑我们对这样一个秩序所具有的最接近的形象",那么"它就不可能依然保持原状",这样"道德运气"就成为一个"要被看得多么重要"的"道德概念"[2]。互联网时代是一个道德偶然的时代,是一个道德勇气与道德运气并存的时代。在偶然性世界里,真理不是被发现的,而是被创造的。道德偶然性的个体价值在于发现道德,发现新的美德,发现人自身突破人自身的美德极限。这样的发现是偶然的、有条件的,需要境遇的,无法预测的,但却是人之为人的真正价值。道德创新是道德偶然性世界里的个体道德价值,不断地成为自己,发现自己,寻找人类未曾发现的新道德,就是道德本身最高的价值。后现代的道德偶然性的"优势所允许的对道德自我条件的理解未必会使道德生活更舒适些",但却"可以梦想使道德生活变得更加道德一点"[3]。因为拥有道德勇气使得"好人"与"好生活"成为一种值得选择的"卓越生活";因为道德运气,使得道德生活真正具有一种开放性、建构性与未来性。

互联网时代拥抱道德偶然,产生了道德运气,也需要道德治理。面对道德偶在的经验,传统伦理学用"超验"的"灵魂""上帝"来说明其

---

[1] Bernard Williams, *Moral Luck*: *Philosophical Papers 1973—1980*, Cambridge: Cambridge University Press, 1981, p. 21.

[2] Bernard Williams, *Moral Luck*: *Philosophical Papers 1973—1980*, Cambridge: Cambridge University Press, 1981, p. 39.

[3] [英]齐格蒙特·鲍曼:《后现代伦理学》,张成岗译,江苏人民出版社 2003 年版,第 18 页。

不可捉摸的可能性。近代道德形而上学用"先验"的理性发出"应该"的"绝对命令",试图征服道德偶然性。在道德偶然世界观里,承认道德的偶然性,"后真相"成为常态。在全球化时代,这种先验知识因其地方性而失去了发生效益的"群体",使得道德规范失效。道德偶然性使得道德必然性逻辑失效,人类的道德规范变成了一种条件性控制,"我们已经看到传统物理学如何徒劳无益地力图使大量的观测结果与基于日常经验导出但已上升为形而上学的因果论的先验概念一致","今天,次序已经颠倒过来了:随机性已经成为一种基本概念,表示定量法则的一种技术","在通常的经验范围内,涉及因果律及其属性的绝大多数的结果,均可由统计学的大多数定律圆满地加以说明"。① 同样,道德偶然性时代的道德规范正渐渐让位于一种建立在大数据与算法伦理基础之上的"行为统计"。道德规范不再是"应该"的逻辑推演,而是道德经验的"统计"归纳,一种道德规范成为社会的主流,不是观念世界里的想象,而是现实世界里"行为统计"得出的发展"趋势"。道德规范不是"反思的平衡",而是"偶然性的综合"。当然,在道德偶然性的世界观里,不是说道德行动中没有好坏、善恶之分,而是说道德中的好坏与善恶的呈现是偶然的、随机的。也不是说我们不需要道德的好,而是说我们无法在道德的好坏与善恶之间做出必然的、确定性的选择。换言之,偶然性世界里的社会道德愿景如何?对于偶然性的个体来说,"认识到自己、直接面对自己的偶然、对自己的原因追根究底的过程,与创造一个新的语言、独创一些新的隐喻的过程,是一而二、二而一的"②。从一种先验"应该"指引下的"是",走向一种"是"中建构起来的"应该"。

这样的一种随机性和概率性,使得互联网时代的道德规范从道德必然性的"应该"走向一种道德偶然性的"算法"。由于人类道德理性的惯性,在很长一段时间中,人们还是从"应该"出发,将"理论/规则驱动"作为"道德算法"的"进路"。这种"道德算法"将"特定群体认可的价值观和道德标准程序化为道德代码,嵌入智能系统,内置道德决策场景的指导性抉择标准"。③ 这种思维还是标准的道德必然性思维,依然在寻找脱离人类世界类似数学那样的道德规范。这个想法随着分析哲学、

---

① [美] C. R. 劳:《统计与真理:怎样运用偶然性》,科学出版社 2004 年版,第 15 页。
② [美] 理查德·罗蒂:《偶然、反讽与团结》,徐文瑞译,商务印书馆 2003 年版,第 43 页。
③ 参见李伦主编《人工智能与大数据伦理》,科学出版社 2018 年版,第 ix—x 页。

语言哲学的失败，正失去其本体论根基。从互联网大数据时代出发的"道德算法"，这种算法被称为"数据驱动进路"。这种"道德算法"主张"对智能系统进行一定的道德训练，使其具备类人的道德推理能力，并利用学习算法将使用者的道德偏好投射到智能机器上"。这种道德算法虽然具有自下而上的优势，但本质上还是一种基于道德必然性的"进化逻辑的机器技能学习"①。事实上，互联网时代的偶然性道德状况更为一般的意义是对道德规范建构的新范式，一种源于道德生活的"应该"如何诞生？不是通过"道德推理"完成而是通过"数据归纳"来完成，通过大数据分析，从海量的道德行为中产生道德规范趋势，这样的道德规范在某种意义上是"应该/是"的"概率性"道德规范。在道德实践上，我们需要回答一种"应该"是如何在实践中"做"出来的，进而拥有一种"做/应该"的实践概率。偶然性时代的道德认知与道德实践应该是这样一种"应该/是"与"做/应该"的混合循环体系，其中体现着"是""应该""做"三者之间永远存在的道德风险。互联网时代的道德算法不应是传统人工智能的机器运算，机器运算是建立在理性假设基础之上的，虽然人是一个理性存在者，但不是只有理性的存在者。

最后，道德偶然性的根本确立需要人类道德世界观的转型，正如从古典的幸福走向中世纪的上帝，从中世纪的上帝走向现代的自由一样，从现代走来的后现代需要一种确证，这种确证就是"相信对确定性的阻抑是道德之收获"，而且认为这种收获是"作为一个道德之人所能够合理期望的最大收获"②。让道德走下"应该"的神坛，让美德"亲临"当下。"上德不德""最大的道德就是没有道德"，道德偶然性理论正是这样的道德，我们正处于这样的世界观进程之中，这个确认与揭示既是道德哲学的任务，也是道德生活的目的。

---

① 参见李伦主编《人工智能与大数据伦理》，科学出版社2018年版，第 x 页。
② ［英］齐格蒙特·鲍曼：《后现代伦理学》，张成岗译，江苏人民出版社2003年版，第260页。

结语　道德偶然与生生之道

21世纪伊始，中国哲学界不断发出"让哲学说汉语"的呼声。20世纪80年代初期，中国哲学界的西方哲学研究学人最早提出"我们有否哲学"问题，争论最终变成"我们有（西方）哲学意义上的哲学吗"？使得这场争论最后走向了对西方哲学的"翻译""述评"以及各种"新知文丛""学术文库"的"著书立说"。按照张志扬教授的批判，"著书"虽有，但是"立说"连"熹光"都没有，进而提出我们不是在讲"现代中国哲学"而是要追问"中国现代哲学"。① 2010、2011年，刘绪源等连续出版关于"中国哲学"的"谈话录"，书名分别为《该中国哲学登场了?》《中国哲学如何登场?》，从书名的"?"号中我们可以看出，这样的追问具有"试探"的口气，透出点"熹光"。2017年，复旦大学邓安庆教授开始主编出版学术季刊《伦理学术》，提出"让中国伦理学术话语融入现代世界文明进程"，希望中西古今"心意上相互理解"，"思想上相互激荡"，从伦理学学科点亮"熹光"。2019年，已故知名学者叶秀山的"绝笔"之作出版，这本书是国家社科基金重点项目"欧洲哲学的历史发展与中国哲学的机遇"课题研究成果，最终以《哲学的希望》书名出版，从中可以看出叶先生及其课题组希望发出点"熹光"。从"现代中国哲学"到"中国现代哲学"，从"?"到"希望"，一次次中国学人一方面表现出对哲学说汉语的期待，另一方面又总有欲说还休、无以言表的困境。

在《伦理学术》第4期"主编导读"中，邓安庆教授在评析华东师

---

① 张志扬：《一个偶在论者的觅踪：在绝对与虚无之间》，海南出版社、南方出版社2008年版，第276—277页。

范大学钟锦副教授用古诗韵文写就的《泰西哲人杂咏》之后,发出"谁还敢说中文无哲学"的反问。① 一直以来,让哲学说汉语,"语言"都是其中的障碍,似乎汉语与哲学就是一个不相容的话题。一般认为,西方哲学的形而上学具有严密的逻辑与语法,而汉语语法的感悟性和模糊性似乎与西方哲学理性永远无法统一步调。张志扬教授指出:"谁也没有一成不变的'原始文言'保证原始经验的聚集。像河流一样,仅靠最初源头上的水是流不到大海的,真正的源头还在它流经的每一个阶段时加进来的现实活水。所以,如果没有别的动机,单单埋怨现代汉语实在没有道理。"② 西方哲学认为,"语言是我们的界限",事实上也只是西方"哲学"的。让哲学说汉语,不是单纯语言的突破,不是古今汉语的"文白之辩",也不是中西"语言合法性"之争,而是根本的中国哲学精神的转化。让哲学说汉语,根本上就是将中国哲学精神说成现代汉语,说成世界话语。让哲学说汉语,就是要说出当代中国老百姓听得明白、世界听得懂的中国哲学精神,建立真正立足中国哲学精神的自主知识体系。

一 中国哲学精神的核心

我们常说,中国文明是世界上唯一没有中断的文明。在三皇五帝的传说与传诵中,我们开始被叫作"炎黄子孙";在"二里头"的实实在在的遗址中,我们被"证实"是"华夏文明";在春秋战国百花齐放与百家争鸣中,我们实现了多民族的统一,开始被叫作"秦(China)"与"中国(China)";在罢黜百家、独尊儒术的文化选择中,我们的民族成为"汉";在儒道释三位一体的文化圆成中,我们成就了"大唐"繁华,世界各地遍布"唐人街";"唐宋元明清"一脉相承代代相传,让"中华民族"生生不息;在民国蛮夷之辩中,我们依然选择"中华民国";新中国让人民当家作主,我们叫作"中华人民共和国"……

翻开我们至今存有的最古老的典籍,我们发现一部部经典的开篇是这样的:

---

① 邓安庆主编:《仁义与正义:中西伦理问题的比较研究》,上海教育出版社2018年版,第13页。
② 张志扬:《一个偶在论者的觅踪:在绝对与虚无之间》,海南出版社、南方出版社2008年版,第279页。

《周易·乾卦》：乾：元，亨，利，贞……九三，君子终日乾乾，夕惕若，厉无咎……

《尚书·尧典》：曰若稽古，帝尧曰放勋，钦明文思安安，允恭克让，光被四表，格于上下。克明俊德，以亲九睦。九族既睦，平章百姓。百姓昭明，协和万邦，黎民于变时雍。

《诗经·关雎》：关关雎鸠，在河之洲，窈窕淑女，君子好逑。

《礼记·曲礼上》：《曲礼》曰：毋不敬，俨若思，安、定辞，安民哉。

《论语·学而》：子曰：学而时习之，不亦说乎？有朋自远方来，不亦乐乎？人不知而不愠，不亦君子乎？

《大学》：大学之道，在明明德，在亲民，在止于至善。

《中庸》：天命之谓性，率性之谓道，修道之谓教。道也者，不可须庾离也，可离非道也。是故君子戒慎乎其所不睹，恐惧乎其所不闻。莫见乎隐，莫显乎微，故君子慎其独也。

《孟子·梁惠王上》：孟子见梁惠王。王曰："叟，不远千里而来，亦将有以利吾国乎？"孟子对曰："王，何必曰利？亦有仁义而已矣。"

……

从这些典籍的开篇之中，我们可以看出，中国人最关心的是"伦理道德"，最希望成为的人是"君子"。"君子"不同于"男人"的地方，也就在于君子＝男人＋道德。所以，中国文化的核心在于"伦理道德"，中国哲学的根本在于为"伦理道德"提供合理性与合法性论证，"伦理道德"问题是中国的"第一哲学"问题，伦理学或道德哲学是中国哲学的"第一哲学"。西方哲学家雅思贝尔斯提出公元前800年至公元前200年期间，是人类的"轴心时代"，那时古希腊、以色列、中国和印度等古代文化都诞生了哲学性的"终极关怀的觉醒"，出现了一批伟大的精神先知——古希腊有苏格拉底、柏拉图和亚里士多德，以色列有犹太教的先知们，古印度有释迦牟尼，中国有老子与孔子……近代思想家梁漱溟先生，进一步从人生三路向提出世界文化与文明的三路向，"西方文化是以意欲向前要求为其根本精神的，或说：西方文化是由意欲向前要求的精神产生'赛恩斯'（科学）与'德谟克拉西'（民主）两大异采的文化……中国文化是以意欲自为、调和、持中为其根本精神的；印度文化是意欲反身向后要求为其根本精神的"①。也就是说，从"终极关怀觉醒"的问题出发，中西印阿（阿拉伯）给出了不同的文化路向与文化答案，不同于西方人的科学（或真理）、印阿人的宗教，中国人将"自为、调和、持中"的"伦理道德"作为人的"终极关怀"。

古人有言曰："'死而不朽'，何谓也？"……叔孙豹曰："太上有立德，其次有立功，其次有立言，虽久不废，此之谓不朽。"（《左传·襄公二十四年》）不同于西方"太初有言"，将真理、逻各斯、知识、语言作为最高的哲学范畴与终极关怀，中国人在百花齐放、百家争鸣的历史选择中，以儒家学说作为个人与社会生活的基本理想，将"立德"作为最高的终极关怀，以"格物致知"为成就个体道德的君子之道，"修齐治平"为成就社会伦理理想的士大夫之道。在儒道释一体的文化圆成中，形成了"伦—理—道—德"与"道—德—伦—理"的个体至善与社会至善的伦理道德辩证互动体系。从儒家的视角来看，是一条"伦—理—道—德—得"的以个体至善成就社会至善的伦理精神之道，"伦"是人伦，也是天伦，是家国一体的精神家园；"理"是天理，也是人理，是仁义礼智信的五常之理；"道"是人道，是"明天理抑人欲"的仁义之道；"德"是德性，人人都具有的良知良能良心；"得"是得天下，修齐治平，成就自我也成就社会。② 这样的"伦—理—道—德—得"之中，"天"之"伦"，"伦"之"理"，"理"之"道"，"道"之"德"，"德""得"相通，从自然之伦到人伦之理，从人伦之理到人人之道，从人人之道到个体德性，从个体德性到德得相通，实现了从自然—社会—个人的辩证圆圈式运动，既成就了社会，又成就了自我，社会至善优先，个体至善的实现包含在社会至善的呈现之中。从道家的视角来看，是一条"道—德—伦—理—安"的以社会至善成就个人至善的道德理性之道，"道"是天道，自然而然之道；"德"是人德，是顺其自然的"道"德；"伦"是人伦，是自然天成的人伦；"理"是人理，是无须伪饰的自然人性；"安"是自然之得，是"心""安""理""得"，在社会中"安伦尽份"，在个体内在是"安贫乐道"，成就社会也成就自我。这样的"道—德—伦—理—安"之中，

---

① 梁漱溟：《梁漱溟全集》第一卷，山东人民出版社2005年版，第353，383页。
② 关于"伦—理—道—德—得"的伦理精神的阐释，最为完整与系统，也是原创性的阐释是樊浩教授，具体内容可参见《中国伦理精神的历史建构》（江苏人民出版社1992年版）一书。

"天"之"道","道"之"德","德"之"伦","伦"之"理","心""安""理""得",从天然之道到万物之德,从万物之德道自然人伦,从自然人伦到人道心理,从人心道理到心安理得。实现了自然—万物—社会—人心的辩证圆圈运动,既成就了个人,又成就了社会,个人至善优先,社会的无为而治包含在个人的顺其自然的心安理得之中。在"巫史传统"中,中国人有了伦理道德观念与历史经验,儒道同体。随着社会发展,儒道分家,儒家重伦理,道家重道德。儒家社会至善式的伦理精神与道家个体至善式的道德理性共同构成了中国人的精神世界,无论是历史、文化还是学术,伦理道德一直都是中国哲学的核心。

二 中国伦理道德的哲学世界观

不同于西方"太初有言",中国哲学的源头是"太初有为"。"太初有言",强调"是",是其所是,普遍性、必然性是其真理性。"太初有为",强调"做",亲为亲在,偶然性如影随行。费希特曾经说过,"把握一切哲学课题""众所周知的终点"乃是"看到客观东西与主观东西在其中全然不分,浑然一体",进而解释"怎么某个时候客观东西能变成主观东西,自为的存在能变为被表象的东西"。① 按照这样的哲学界定,如果真的存在着这样的"哲学课题",一定是"伦理道德"的"做"。形而上学的"是"还是连接主词与谓词的中介,只有在伦理道德的"做"中,才有"主观东西与客观东西"的"全然不分"与"浑然一体"。因而,一方面费希特将其自己的哲学叫作"伦理学体系",另一方面,我们可以从中得到的启示是伦理道德是第一哲学问题,伦理学与道德哲学是第一哲学。

这种"全然不分""浑然一体"的"主观东西与客观东西""自为东西与表象东西"相统一的伦理道德,我们该如何言说呢?它又怎样让我们知道呢?我们在生活中又是怎样发现它的呢?在我们面向未来的生活实践中以什么样的方式与我们同行呢?不同于西方人追问"美德是否可教",希望将"美德"通过普遍的方式传授给每个人。中国人生来就觉得"美德可行""可做",只要"可行""可做"了,"美德"自然就存在,

---

① [德]费希特:《伦理学体系》,梁志学、李理译,商务印书馆2007年版,第3页。

因而"天行健"。正如西方人追问美德逻辑的普遍性（空间美德），中国人追问美德逻辑的永恒性（时间美德），因而"天行健"的同时"君子以自强不息"。"一燕不成夏""一德不是德"，俗人、小人、凡人可以做一件美德的事，也可以做多件美德的事，而君子、大人、圣人可以每时每刻做美德的事。西方人的道德世界观是普遍性、必然性，中国人的道德世界观是当下性、偶然性。

道家在阐释伦理道德时说，"上德不德，是以有德；下德不失德，是以无德"，"失道而后德，失德而后仁，失仁而后义，失义而后礼"（《道德经·三十八章》）。真正的道德不是我们常人所看到的那个庸常的道德，真正的道德也不是我们常人所在实践的那个惯常的道德，真正的道德是偶然性的永远有待完成的道德。日常生活里的伦常道德的前提是"道"，但是"道"是什么呢？"有物混成，先天地生；寂兮寥兮，独立而不改；周行而不殆，可以为天地母；吾不知其名，强字之曰道，强为之名曰大。"（《道德经·二十五章》）这样的"道""有物混成"，是哲学真正的终点，也是起点。"道可道，非常道；名可名，非可名。"（《道德经·一章》）"道"时刻存在，在时间上永恒，但对于人来说，是体悟性的当下存在，对于个体的存在来说，需要个体在时空中具体把握，具有不确定性。"字之曰道"，客观上说无以言表；"强为之名曰大"，主观上说勉为其难，它们本质上"表象的"即是"自为的"，"自为的"即是"表象的"，"客观的"即是"主观的"，"主观的"即是"客观的"，永远都具有"当下性""瞬间性""唯一性"。建立在这样"道"基础之上的"伦理道德"，对于有限存在者的人来说，永远具有偶然性，而不是绝对必然性。

儒家在阐释伦理道德时说，"乾以易知，坤以简能；易则易知，简则易从；易知则有亲，易从则有功；有亲则可久，有功则可大；可久则贤人之德，可大则贤人之业。易简，而天下之理得矣；天下之理得，而成位乎其中矣"（《周易·系辞上》）。"易"乃儒家之世界观，永恒不变的是"易"，"易"是天下之理，得此理才可成就德业。不同于苏格拉底玩命地追问"美德是什么"，儒家从来不给任何的伦理道德的概念下确定性的定义。"仁者见仁，智者见智"。"仁"与"者"是同一的，也是统一的。伦理道德依附于实体性的人，实体性的人也拥有伦理道德。这种依附和拥有是同一的，也是统一的。是不是永恒的在场，如何呈现出来？孔子说：

"不愤不启,不悱不发。"(《论语·述而》)王阳明说:"无善无恶是心之体,有善有恶是意之动,知善知恶是良知,为善去恶是格物。"[①] 伦理道德的存在是主体与属性同一、统一的存在,是善恶一体的同一、统一的存在,这种存在和呈现都是当下性的、一次性的、唯一性的,需要时时刻刻、每时每刻在行动中去体现的。"仁、义、礼、智、信也,是表德。性一而已,自其形体也,谓之天;主宰也,谓之帝;流行也,谓之命;赋于人也,谓之性;主于身也,谓之心。心之发也,遇父便谓之孝,遇君便谓之忠,自此以往,名至于无穷,只一性而已。"[②] 伦理道德是性、形、行的"全然不分"与"浑然一体",知道理解了"仁义礼智信"的知识,还需要"遇父""遇君"的契合,不是死守"形式"的法则。这"无穷"之中拥有各种变数和不确定性,偶然性如影随形,拥抱偶然是常态。这样的"伦理道德"给予人极大的意义,也是人的高贵之处,也是一切生物中人所独有的。"成为人"是一种伟大,更是一种使命。"明明德"是其基本的起点,"成为人"是终生的实践,是生命的全程。终生与偶然性相伴相随,疲惫吗?有意义吗?"明知不可为而为之"(《论语·宪问》),《论语》的这句话不是孔子"说"出来的,而是孔子"做"出来的。伦理道德对抗偶然、把握偶然的方法是"做",而不是"说"。

儒道两家的道德偶然的世界观,后来在佛家传入中国后的中国化的禅宗中也有集中的体现。中国哲学是伦理道德的哲学,中国哲学的世界观是偶然性的世界观。正是在这个意义上,当西方必然性的"是其所是"的"言说"性哲学话语走到尽头时,中国偶然性世界观哲学"为其所为"的"做"伦理道德开始拥有了"出场"的"曙光"。张志扬首先提出"偶在论"并指出其作为"中国现代哲学"出场的可能性,"'偶在',我的初衷和目的是'中国现代哲学'之建立"。但是,同时,张志扬又有自身明确的反思,"我不是没有注意到,特别是'偶在论',其范畴来源于西方,若无批判能力或防范机制,不管你意识与否,有一个暗含的前提你是当做'自明性'携带着了:西方是普遍者,那么中学或其他则是特殊者,当真落了'欧洲中心论'及其'东方学'的言筌"。可以说,张志扬发现了偶

[①] (明)王阳明撰:《传习录注疏(下)》,邓艾民注,上海古籍出版社2012年版,第257页。

[②] (明)王阳明撰:《传习录注疏(上)》,邓艾民注,上海古籍出版社2012年版,第36页。

然性世界观，暗含着中国哲学世界观的契合，但是没有明确自觉地挖掘中国哲学的伦理道德的核心，还是在西方形而上学中徘徊。张先生进一步反思道："我内心的确还有很深的两难。做西学的人很容易把西学看做学术或思想的本位，正如做中学的人很容易把中学看做学术或思想的本位一样，谁都会按照本位把学术或思想看做'只能'像自己这样或'应该'像自己这样，谁都不会认为自己片面。"① 中国哲学说汉语，只能是伦理道德的哲学话语，就是让中国伦理道德精神说出哲学的意义。

不同于西方人从理性的认知来认识生活，追求"真理"，中国人从感性来出发来感通生活，产生"情理"。"'命运'是新世界的哲学主题"，"人性、情感、偶然，是我所企盼的哲学的命运主题，它诗意地展开于二十一世纪"。同时，情感、命运指向的就是神秘的宇宙存在、错综复杂的人伦以及人的偶然性属性。在这里，伦理道德的理性不是"真理"或"智理"而是"情理"。② 西方的尽头是中国，中国的尽头是西方。中国哲学的出场就是从西方必然性的形而上学的尽头去生发道德偶然性的伦理道德哲学。

三 道德偶然研究的中国意义与时代面向

道德偶然理论是一种道德本体论，也是一种道德存在论，是对伦理道德的偶然性世界观的阐释。人类文明的历史是个体生命一步步独立的发展史，当蒙昧的时代，脆弱的个体只能在"神话"中依靠"英雄"抱团生存。自然和谐的秩序以"神启"的方式"开恩"，个体的"命运"飘忽不定。虽有昙花一现的"灵光乍现"的个体"智慧"出场，也如晨星般的寥然寂寞。"神启"的尽头是哲学的觉醒，德菲尔神庙里的苏格拉底的追问，半神半人；苏格拉底的追问本身却是伦理道德的第一次觉醒。"神话"的尽头是个体的觉醒，这觉醒将"美德""知识"赋予了"部分""高贵的灵魂"，也是赋予了部分的"个体"生命。少数优美的灵魂高高

---

① 张志扬：《一个偶在论者的觅踪：在绝对与虚无之间》，海南出版社、南方出版社2008年版，第283—284页。
② 庞俊来：《道德偶然与生生之道》，载樊浩、[德] 涛慕思·博格、[俄罗斯] 亚历山大·丘马科夫主编《伦理研究：对话文明时代的伦理理念. 第七辑》，东南大学出版社2021年版，第72页。

在上，依然没有每个个体的尊严，"命运"还是一个如影随形的存在。部分"灵魂"的尽头是"全部灵魂"的在场，只可惜这"灵魂"不是"人间的"，而是"天国的"。匍匐在上帝面前的虔诚教徒，偶尔会有"自由意志"的呼唤。当越来越多的"自由意志"开始觉醒时，"上帝"就倒下了。上帝死了，我们生活的意义需要觉醒了的"个体"自己把握，个体的"命运"开始真正成为哲学的主题。从感性的自由到理性的自由再到道德的自由，洛克、休谟、康德一个个出场，黑格尔用"绝对精神"与历史"总体性"定义了"主体性"。主体性变成了"理性"，个体的命运交给了具有可以把握普遍性和必然性的"理性"，"命运"依然成为问题。在"理性"的尽头，我们终于可以面对"偶然"。而且在"纯粹理性"编织的互联网与"纯粹理性存在者"人工智能出场之后，"人之别于禽兽者几分"问题变成了"人之别于人工智能者几分"的人之为人问题，人的伦理道德性凸显，人的偶然性意义凸显。道德偶然就是每一个个体直面自己命运的哲学本体论，就是人生命运的世界观。

中国人没有西方人的形而上学的个体化进程，我们一开始就认识到人的伦理道德本性，并一开始就意识到人类所面临的"道可道非常道、名可名非常名"之不"可言说"的偶然性境遇，将人的命运交付"做"，而不是"言"。这个过程依然需要每一个个体的生命参与和伦理道德觉醒，但是，非常遗憾地是，我们在文明之初面对大自然无助抱团之时，将伦理道德赋予了"圣人""大人"和"君子"，使得个体失去了成就道德的可能，伦理道德成为"部分人"的特权。董仲舒说："圣人之性，不可以名性；斗筲之性，又不可以名性；名性者，中民之性。"[①] 将人性的伦理道德可能留给了对"中民之性"的教化，"圣人之性"就成为高高在上的"教化"主人，伦理道德成为社会治理的工具，而非每个个体的生命存在。到了韩愈的《原性》的性三品，"性之品有三……上焉者，善焉而已矣；中焉者，可导而上下也；下焉者，恶焉而已矣"则更为显著。在孔子那里，还是那种即使是"圣人"都是"明知不可为而为之"的伦理道德，现在却成了"圣人"天生具有的"必然性"伦理道德，成为社会规则的典范。伦理道德从"偶然性"走向"必然性"的"异化"，是中国伦理道德社会化的教化。虽然也有"人人皆可为尧舜""涂之人可以为

---

① 《春秋繁露》，张世亮、钟肇鹏、周桂钿译注，中华书局2012年版，第388页。

禹"的道德理想，可是这样的道德理想也以"尧舜"和"禹"的现世王者形象与典范榜样而出现。

要将伦理道德进展到哲学的地步，就是每个生命个体的绝对实现，就是"人人皆可为尧舜""涂之人可以为禹"的绝对现实。将那些"仁义礼智信"的表德深入"人心"的最深处，将道德礼教拉下神坛，将"吃人"的"仁义道德"拉下来，不再将伦理道德作为"杀人"（扼杀人性的意义）的工具，而是"人"的卓越表现。在伦理道德面前，我们每个人都拥有偶然性，谁也不比谁高贵，谁也不比谁低劣。成就了美德，造就了道德；不能成就美德，我们依然还是人。美德是"卓越"的表现，美德的实现具有"偶然性"。人是一个"感性—理性—德性"的存在者，感性是表象，理性是抽象，德性是感性与理性的统一，感性中有欲望、愿望、意志等情感审美，理性中归纳、演绎和推理等智理，德性是善良意志、信念、信仰、应该等情理的生活体现。人首先是一个感性存在者，然后是一个理性的存在者，最后才是一个德性的存在者。我们成就不了美德，成为不了德性的存在者，不代表要取消我们作为"理性存在者""感性存在者"的存在。道德审判干扰了我们这个社会的法治精神，也抑制了美德多样性的呈现。以德治国是塑造和弘扬德性的存在者，不是用统一的德性来定义与限制人性。道德偶然研究的最大解放意义就是将伦理道德拉下神坛，成为与我们同在的美德，成为我们人生命运的卓越选择与无限可能性。

自从康德提出"纯粹理性"以来，作为一个"有理性"的人总是面临着"纯粹理性存在者"的威胁。虽然康德将人包含在理性存在者之中，但是从未放弃其他理性存在者的存在。21世纪的今天，我们终于看到一个"纯粹理性存在者"存在和出场的可能，这就是"人工智能"。在一个人工智能的时代，我们个体性的"人"再也没有了"理性"的骄傲，成为一个彻底的"命运"存在者。美国人的小学课堂已经用计算机取代加减乘除的手工运算，李世石战胜不了"阿尔法狗"，人类一个个体具有的某些理性功能已经再也无法超越一个单个计算机，我们的生活都在人工智能的"算法"之中。如今这"算法"也不是一个人的成果了，而是"集体"的"智慧"，那么，还有哪一个单独的人可以战胜单独的"人工智能"？当然，我们可以说大写的人依然是人工智能的主宰，但这主宰的背后，我们具体个体的生命意义何在？人之别于人工智能者几兮？"命运"

"偶然""情感"就成为我们时代重要的哲学主题。每一个个体独特的命运才是我们生活的意义，也是美好生活的根本。我们在理性的尽头发现，理性不能是"价值理性"，而应该永远是"工具理性"，是人的"工具性"功能，而不能成为唯一的功能。马克思主义的理论说，会制造和使用工具在猿猴变成人过程中起到核心作用。按照同样的逻辑，会使用理性和生产知识的人会变成什么呢？"人工智能"让我们重新思考人的存在。人是一个"感性—理性—德性"的存在者，人之别于人工智能在于：人有情感、人有命运、人有德性、人生活在偶然之中。道德偶然是一种本体论，是一种面向时代追问人性的道德本体论。道德偶然是一种存在论，让道德走进生活，让世界变得美好。道德就是生活，道德就是当下，道德就是你我，道德就是现实。这既是中国的哲学精神，也是时代的道德呼唤。

四 生生之道与道德偶然

新时代"加快中国特色的哲学社会科学，归根结底是建构中国自主知识体系"，我们进行道德偶然研究，正是在对当代中国伦理道德研究进行反思性、批判性建构的基础上，立足中国做世界学术，面向世界做中国理论。中国社会科学院的贺照田先生在21世纪初就曾经振聋发聩地指出："现下的中国的伦理学界，或忙于从时代要求出发来设计现代中国所需的现代伦理、评论时下的道德伦理表现；或忙于普世伦理和底线伦理的讨论，以为世界的长治久安尽力；或忙于以中国古典伦理为资源和其他文明、文化伦理对话，并以之批判现代性的缺失。凡此种种伟业，一个共同的特点就是不去追究和分析现下中国人的伦理困境、精神痛楚和不安定的身心。"[①] 这个感慨的背后，是中国伦理学发展在全球化时代文明对话的阶段性逻辑与知识性比照。从历史的发展阶段来看，中国伦理学的发展与中国社会主义发展的现实命运息息相关。中华人民共和国成立到改革开放之间，因为中华人民共和国的社会主义性质，中国伦理学发展必然要以马克思主义伦理学的独立性与指导性地位为要义，进行社会主义道德理论与实践的建构，马克思主义伦理学成为时代发展的必然要求。改革开放以后，百家争鸣与百花齐放成为睁眼看世界的中国伦理学界的新气象。但

---

① 贺照田：《当代中国的知识感觉与观念感觉》，广西师范大学出版社2006年版，第13页。

是，由此而来，如何看待"古今中西"的伦理道德、伦理学理论与道德哲学理论，成为四十年来中国伦理学界的潜在的学术背景。"既要走进现代，又要走出现代。"一方面，我们要吸收现代文明的优秀成果，另一方面，我们又要避免重走西方现代文明的弯路。改革开放四十多年来，我们发现，建构中国伦理学自主知识体系的问题意识在于：中国社会的伦理问题到底是什么？中国的伦理学理论到底是什么？中国人的道德生活可以为今天全球的世界文明发展提供什么样的伦理道德价值？当代中国社会的伦理道德问题可以提供具有什么意义的伦理学理论？

在当代中国，我们亟须通过伦理道德理论的不断自主创新来确立中国伦理学。中国是一个有着悠久的伦理道德思想的文明古国，在梁漱溟先生"文化三路向"的意义上，我们需要将"伦理"或"伦理学"提升到与西方科学型文化的哲学形而上学同一个文化信念的层次。某种意义上说，中华民族的伟大复兴应该是文化复兴，文化复兴的根本是当代自主知识理论的创立。

黑格尔曾说，哲学是时代精神的精华。"新精神的开端乃是各种文化形式的一个彻底变革的产物，乃是走完各种错综复杂的道路并作出各种艰苦的奋斗努力而后取得的代价。"① 任何人都不能跳过他的时代，任何社会都应该正视他自己的时代，任何民族和国家的文化都应为它所处的时代提出自己的思想成果。这个过程是"错综复杂"的，这个过程是需要"艰苦的奋斗努力"的，这个过程也是"彻底变革"的，但是，这个过程的结果或产物也只能是"一种新精神的开端"。黑格尔在完成他时代的新精神确认之后，用新精神建构自己（也可以说是德国人）所设想的理想的社会时又曾敏锐地指出，"本书（指《法哲学原理》）所传授的，不可能把国家从其应该怎样的角度来教，而是在于说明对国家这一伦理世界应该怎样来认识"②。同样，中国的伦理学理论不是教我们应该如何做，而是要说明我们当代的伦理道德问题应该如何认识。中国伦理学要想有所突破，必须直面"当代中国人"的伦理道德问题与伦理道德现实与伦理道德传统，必须思考"当代中国人"所处的时空位系与理论谱系，必须面对中国人的生活处境的生命体验与生活感观。

---

① ［德］黑格尔：《精神现象学（上卷）》，贺麟、王玖兴译，商务印书馆1979年版，第7页。
② ［德］黑格尔：《法哲学原理》，范扬、张企泰译，商务印书馆1961年版，第12页。

《大学》开篇即言，大学之道，在明明德，在亲民，在止于至善。"明明德"是起点，是个体成"人"之起点。个体意识到自己人之为人的根本在于"德"性，但是"德"之性不是自然"明"了的，有着偶然性的机遇，只有在个体切实存在的偶然性时空中才有被激发的可能。大学之道、大人之道、成人之道，不在"德"，也不在"明德"，而是在"明明德"。中国儒家深知"德"是偶然的、多样的，"明德"的定义也是十分困难的（苏格拉底式的"美德即知识"的定义也只能是一种假设），我们只能对"明明德"作出结构性的理解与设定。因而，"德"是一种偶然性的道德实在，"明德"是一种偶然性的认识论，"明明德"是一种偶然性的实践论，我们只有意识到"明""明德"的根本，认识到"明德"本身的偶然性，才能够走上"大学"之道。中国哲学的道德本体论不同于西方形而上学的本体论。形而上学本质上是一种原子式的本原，"我是谁""我从哪里来""世界从哪里来""世界的本原是什么"等问题总是要归结到一种具体的"水""气""土""火""原子""实在"等实体性东西上。中国哲学强调"生生"：

《尚书》："汝万民乃不生生""往哉，生生"。

《周易·系辞上》：一阴一阳之谓道。继之者善也，成之者性也。仁者见之谓之仁，知者见之谓之知，百姓日用而不知，故君子之道鲜矣。显诸仁，藏诸用，鼓万物而不与圣人同忧。盛德大业至矣哉！富有之谓大业，日新之谓盛德。生生之谓易，成象之谓乾，效法之谓坤，极数知来之谓占，通变之谓事，阴阳不测之谓神。

《论语传注问·学而一》"生生即仁也，即爱也，即不忍也，即性即情也。"（李塨）

《原善》："得乎生生者谓之仁，得乎条理者谓之智；至仁必易，大智必简，仁智而道义出于斯矣。是故生生者仁，条理者礼，断决者义，藏主者智，仁智中和曰圣人。"（戴东原）

西方人追问"我从哪里来"，从父母追问到亚当，从亚当追问到万物，从万物追问到上帝，循环无穷，强曰上帝。中国人不同于西方，"有天地然后万物生焉……有天地然后有万物，有万物然后有男女，有男女然后有夫妇，有夫妇然后有父子，有父子然后有君臣，有君臣然后有上下，有上下然后礼仪有所错"。我们不是要归结为"父子""万物"的具体实体，不是爷生父、父生子、子又有子无限循环，而是注重爷生父与父生子的"生生之道"。实体的追问必定陷入黑格尔式的坏无限，而"生生之道"将天地万物统摄于当下。不去追问谁是本原，而是说"父生子"与"爷生父"的那个"生生"之道才是本原。"有天地然后有万物""有万物然后有男女""有男女然后有夫妇"，等等，它们之间的"生生"之道是一致的，才是本原。我们不去关注"上帝"本身，而是关注"上帝""生""万物"的那个"道"，这个"道"是人之"德"，"明"这个"德"才能成为"人"。这个"人"显然才是真正意义上的"上帝"。在西方人看来，我们是不能成为"上帝"的，因为人是偶然的，上帝是永恒的。在我们看来是"明知不可为而为之"，我们要用我们毕生"偶然"的时空去追问"永恒"的"上帝"生生之道。"明""明德"，是至善，"止"于"至善"，终生奋斗，"死"而后已。九鬼周造对《说卦传》中"观变于阴阳而立卦，发挥于刚柔而生爻，和顺于道德而理于义，穷理尽性，以至于命"的解读，更是明确指出，"无非是在主张偶然性的实践的内在化"①，中国哲学是一种"内在化"偶然性的哲学。

全球化、后现代、互联网时代的到来，是上帝出场，个体在场的时代。然个体若无上帝，则意义全失。道德偶然的生生之道，是"明""明德"的时代道德观，只有这样的"人"才是经过现代意义洗礼，而进入后现代的"人"。后现代的人通过"明德"，创造德性，"发现""未来"，通过"明""明德"，知道"我们的道德信仰无法建立在一个唯一的、无可争议的原则（上帝、自然、快乐、情感、理性等）之上"②，而这些本原性的"基础原理"只不过是某个时代、具有偶然性的"定在"法则，只有"生生之道"，才是真正的本原。"上德不德""最大的道德是没有道德"，而是去理解产生"道德"的"生生之道"，才是道德偶然时代的真正到来。

正如法国当代哲学家朱利安所追问的，站在当代世界中西文明对话的历史交汇点上，"如果不再从'存有本体'的认知角度去理解生活的话，

---

① ［日］九鬼周造：《九鬼周造著作精粹》，彭曦、汪丽影、顾长江译，南京大学出版社2017年版，第221页。
② ［法］吕旺·奥吉安：《伦理学反教材：热羊角面包的香味对人性的影响》，陆元昶译，南海出版公司2017年版，第2页。

我们如何着手对待生活呢?"换句话说,"如果我们一开始就身在'生活'里而与之没有任何距离的话,我们如何'触及'它呢?"① 全球化的今天,我们不缺乏理论,也不缺乏知识,我们缺乏的是"触及""没有任何距离"的当下"生活"的共通的话语。如前所引,罗蒂说:"有趣的哲学通常是一个根深蒂固但已麻烦丛生的语汇和一个半生不熟但隐约透露伟大前景的新语汇之间,或隐或显的竞赛。"② 道德必然性话语在道德哲学中有根深蒂固的传统,但是现在"麻烦丛生",道德偶然性话语虽然"隐约透露",但是还看不到"伟大前景"。虽然,道德偶然还是一个"半生不熟"的理论,但是,这场"有趣"的竞争已经登场。"内卷"的必然需要走向"开放"的偶然,厚德载物,生生不息。

---

① [法]朱利安:《从存有到生活:欧洲思想与中国思想的间距》,卓立译,东方出版中心2018年版,第5页。
② [美]理查德·罗蒂:《偶然、反讽与团结》,徐文瑞译,商务印书馆2003年版,第18页。

参考文献

一 马列经典文献

《马克思恩格斯文集》第 4 卷,人民出版社 2009 年版。
《马克思恩格斯文集》第 9 卷,人民出版社 2009 年版。

二 中文文献

(魏)王弼:《王弼集校释》,楼宇烈校释,中华书局 1980 年版。
(宋)朱熹注:《四书集注》,王浩整理,凤凰出版社 2005 年版。
(明)王阳明撰:《传习录注疏》,邓艾民注,上海古籍出版社 2012 年版。
程树德撰:《论语集释》,程俊英、蒋见元点校,中华书局 1990 年版。
陈来:《古代宗教与伦理:儒家思想的根源》,生活·读书·新知三联书店 2009 年版。
陈来:《儒家美德论》,生活·读书·新知三联书店 2019 年版。
陈真:《当代西方规范伦理学》,南京师范大学出版社 2006 年版。
程炼编著:《伦理学关键词》,北京师范大学出版社 2007 年版。
《春秋繁露》,张世亮、钟肇鹏、周桂钿译注,中华书局 2012 年版。
邓安庆主编:《存在论的伦理学:以海德格尔为中心的探讨》,上海教育出版社 2019 年版。
邓安庆主编:《仁义与正义:中西伦理问题的比较研究》,上海教育出版社 2018 年版。
樊浩:《中国伦理精神的历史建构》,江苏人民出版社 1992 年版。
贺照田:《当代中国的知识感觉与观念感觉》,广西师范大学出版社 2006 年版。
黄勇:《当代美德伦理:古代儒家的贡献》,东方出版中心 2019 年版。
李伦:《鼠标下的德性》,江西人民出版社 2002 年版。

李民、王健撰：《尚书译注》，上海古籍出版社 2004 年版。
李秋零主编：《康德著作全集．第 6 卷：纯然理性界限内的宗教、道德形而上学》，中国人民大学出版社 2007 年版。
李义天：《美德伦理学与道德多样性》，中央编译出版社 2012 年版。
李义天：《美德、心灵与行动》，中央编译出版社 2016 年版。
梁漱溟：《梁漱溟全集》第一卷，山东人民出版社 2005 年版。
林国基：《神义论语境中的社会契约论传统》，上海三联书店 2005 年版。
苗力田编：《亚里士多德选集　伦理学卷》，中国人民大学出版社 1999 年版。
王寅：《语言哲学研究——21 世纪中国后语言哲学沉思录》，北京大学出版社 2014 年版。
韦政通：《中国哲学辞典》，王冰校勘，吉林出版集团有限责任公司 2009 年版。
徐向东：《理解自由意志》，北京大学出版社 2008 年版。
严彬、马培杰编：《野渡》，广西师范大学出版社 2014 年版。
张志扬：《偶在论》，上海三联书店 2000 年版。
张志扬：《一个偶在论者的觅踪：在绝对与虚无之间》，南方出版社、海南出版社 2008 年版。
赵汀阳：《论可能生活：一种关于幸福和公正的理论》，中国人民大学出版社 2004 年版。
郑玉玲：《偶然性与科学》，中国社会科学出版社 1990 年版。
朱贻庭主编：《伦理学大辞典》（修订本），上海辞书出版社 2011 年版。

三　外文汉译文献

［比］普里戈金、［比］斯唐热：《确定性的终结：时间、混沌与新自然法则》，湛敏译，上海科技教育出版社 2009 年版。
［德］费希特：《伦理学体系》，梁志学、李理译，商务印书馆 2007 年版。
［德］黑格尔：《法哲学原理》，范扬、张企泰译，商务印书馆 1961 年版。
［德］黑格尔：《哲学史讲演录》第四卷，贺麟、王太庆译，商务印书馆 1978 年版。
［德］黑格尔：《精神现象学》上卷，贺麟、王玖兴译，商务印书馆 1979 年版。

［德］黑格尔：《哲学全书·第一部分·逻辑学》，梁志学译，人民出版社2002年版。

［德］康德：《实践理性批判》，邓晓芒译，杨祖陶校，人民出版社2003年版。

［德］康德：《纯粹理性批判》，邓晓芒译，杨祖陶校，人民出版社2004年版。

［德］康德：《道德形而上学原理》，苗力田译，上海人民出版社2005年版。

［德］卢曼：《宗教教义与社会演化》，刘锋、李秋零译，中国人民大学出版社2009年版。

［德］舍勒：《伦理学中的形式主义与质料的价值伦理学：为一门伦理学人格主义奠基的新尝试》，倪梁康译，生活·读书·新知三联书店2004年版。

［法］甘丹·梅亚苏：《有限性之后：论偶然性的必然性》，吴燕译，河南大学出版社2018年版。

［法］吕旺·奥吉安：《伦理学反教材：热羊角面包的香味对人性的影响》，陆元昶译，南海出版公司2017年版。

［法］雅克·莫诺：《偶然性和必然性：略论现代生物学的自然哲学》，上海外国自然科学哲学著作编译组译，上海人民出版社1977年版。

［法］朱利安：《从存有到生活：欧洲思想与中国思想的间距》，卓立译，东方出版中心2018年版。

［古希腊］柏拉图：《理想国》，郭斌和、张竹明译，商务印书馆1986年版。

［古希腊］柏拉图：《柏拉图全集》第1卷，王晓朝译，人民出版社2002年版。

［古希腊］柏拉图：《柏拉图对话集》，王太庆译，商务印书馆2004年版。

［古希腊］亚里士多德：《形而上学》，吴寿彭译，商务印书馆1959年版。

［加］查尔斯·泰勒：《本真性的伦理》，程炼译，上海三联书店2012年版。

［加］麦克卢汉：《理解媒介：论人的延伸》，何道宽译，译文出版社2011年版。

［美］托马斯·弗里德曼：《世界是平的——21世纪简史（内容升级和扩

充版)》，何帆、肖莹莹、郝正非译，湖南科学技术出版社 2010 年版。

［美］阿拉斯代尔·麦金太尔：《伦理学简史》，龚群译，商务印书馆 2003 年版。

［美］阿拉斯戴尔·麦金太尔：《追寻美德：伦理理论研究》，宋继杰译，译林出版社 2003 年版。

［美］C. R. 劳：《统计与真理：怎样运用偶然性》，科学出版社 2004 年版。

［美］理查德·罗蒂：《偶然、反讽与团结》，徐文瑞译，商务印书馆 2003 年版。

［美］玛莎·C. 纳斯鲍姆：《善的脆弱性：古希腊悲剧与哲学中的运气与伦理》，徐向东、陆萌译，徐向东、陈玮修订，译林出版社 2018 年版。

［美］希拉里·普特南：《无本体论的伦理学》，孙小龙译，伯泉校，上海译文出版社 2008 年版。

［日］九鬼周造：《九鬼周造著作精粹》，彭曦、汪丽影、顾长江译，南京大学出版社 2017 年版。

［匈］阿格妮丝·赫勒：《道德哲学》，王秀敏译，衣俊卿主编，黑龙江大学出版社 2014 年版。

［以］尤瓦尔·赫拉利：《未来简史：从智人到神人》，林俊宏译，中信出版集团 2017 年版。

［以］尤瓦尔·赫拉利：《今日简史：人类命运大议题》，林俊宏译，中信出版集团 2018 年版。

［意］乔吉奥·阿甘本：《巴特比，或论偶然》，王立秋等译，漓江出版社 2017 年版。

［意］托马斯·阿奎那：《神学大全 第一集 论上帝 第 2 卷 论三位一体 第 3 卷 论创造》，段德智译，商务印书馆 2013 年版。

［英］安东尼·肯尼：《牛津西方哲学史（第三卷）：近代哲学的兴起》，杨平译，吉林出版集团有限责任公司 2010 年版。

［英］莱特：《基督教旧约伦理学》，黄龙光译，中央编译出版社 2014 年版。

［英］尼古拉斯·布宁、余纪元编著：《西方哲学英汉对照辞典》，人民出版社 2001 年版。

［英］P. F. 斯特劳森：《怀疑主义与自然主义及其变种》，骆长捷译，商

务印书馆 2018 年版。

［英］齐格蒙特·鲍曼：《流动的时代：生活于充满不确定性的年代》，谷蕾、武媛媛译，江苏人民出版社 2012 年版。

［英］齐格蒙特·鲍曼：《后现代伦理学》，张成岗译，江苏人民出版社 2003 年版。

［英］乔治·摩尔：《伦理学原理》，长河译，上海人民出版社 2005 年版。

［英］维特根斯坦：《维特根斯坦论伦理学与哲学》，江怡译，浙江大学出版社 2011 年版。

［英］休谟：《人性论》（上册），关文运译，郑之骧校，商务印书馆 1980 年版。

［英］休谟：《人性论》（下册），关文运译，郑之骧校，商务印书馆 1980 年版。

［英］休谟：《道德原则研究》，曾晓平译，商务印书馆 2001 年版。

四　外文文献

A. J. Ayer, *Language, Truth, and Logic*, New York: Dover Publications, 1952.

Lawrence C. Becker and Charlotte B. Becker, eds., *Encyclopedia of Ethics (Second Edition)*, London: Routledge, 2001.

Jonathan Dancy, "Are basic moral facts both contingent and a priori?", in Mark Norris Lance, Matjaž Potrč, and Vojko Strahovnik, eds., *Challenging Moral Particularism*, London: Routledge, 2008.

Terence Irwin, *The Development of Ethics: A History and Critical Study*, volume 1: *From Socrates to The Reformation*, New York: Oxford University Press, 2007.

Richard Joyce, *Essays in Moral Skepticism*, Oxford: Oxford University Press, 2016.

Cory Juhl and Eric Loomis, *Analyticity*, London: Routledge, 2010.

Charles H. Kahn, "Presocratic Greek Ethics", in Lawrence C. Becker and Charlotte B. Becker, eds., *A History of Western Ethics*, London: Routledge, 2003.

Diego E. Machuca, ed., *Moral Skepticism: New Essays*, London: Routledge,

2018.

Alasdair MacIntyre, *A History of Ethics*, London: Routledge, 1998.

Alasdair MacIntyre, *After Virtue: A Study in Moral Theory*, Notre Dame: University of Notre Dame Press, 2007.

Plato, *Meno and Other Dialogues: Charmides, Laches, Lysis, Meno*, Trans. Robin Waterfield, New York: Oxford University Press, 2005.

Hilary Putnam, *Ethics without Ontology*, Cambridge and London: Harvard University Press, 2004.

Richard Rorty, *Contingency, Irony, and Solidarity*, Cambridge: Cambridge University Press, 1989.

Mark Schroeder, *Noncognitivism in Ethics*, London: Routledge, 2010.

John R. Searle, *Mind: A Brief Introduction*, New York: Oxford University Press, 2004.

Bernard Williams, *Moral Luck: Philosophical Papers* 1973—1980, Cambridge: Cambridge University Press, 1981.

Bernard Williams, *Truth and Truthfulness*, Princeton: Princeton University Press, 2002.

Bernard Williams, *Ethics and the Limits of Philosophy*, London: Routledge, 2006.

Aaron Zimmerman, *Moral Epistemology*, London: Routledge, 2010.

术语索引

A

爱　　2,10,14,33,39,44,53,54,58,74,78,134,192,198,199,202,218

B

辩证法　　43,47—49,59,65,69,71,72,87—94,98,99

薄伦理　　103

C

此在　　19—22,25,30,81,82,168

D

道德必然　　19,27,34,36,41,44,45,51,52,60,64,69,78,83,88,90,91,93,95,96,98,104,115—119,121,135—139,142,143,149,150,156,164,169,170,176,178—180,184,188—190,195,198,200,202—205,220

道德陈述　　156,159—161,165,182

道德创新　　16,144,163,191,192,194,195,197,203

道德发现　　195

道德风险　　103,163,192,197,198,200,205

道德怀疑　　83,92,96,104,105,107,109—115,117—120

道德建构　　180,181,184,185,187,197,198,200

道德金规则　　84

道德距离　　100,142,163—165

道德偶然　　2,4,6,8—84,86,88,90—98,100—151,154,156,158—160,162,164,166,168,169,172,174—176,178,180—182,184—186,188—220

道德偶性　　45,48,51,140—143,145,151,170,171,173,175,177,179,181,183—185,187,197

道德偶性规范　　170,180—182,184,185,187—189

道德偶在　　140—145,151—153,155—170,175,180,183,185,189,197,203

道德世界观　　8,17,19,57,68,82,83,85,87,89—91,93,95—99,101,103,117,139,151,154—156,162,169,175,202,205,211

道德算法　　187,188,192,201,204,205

道德想象　　31,100,144,163,164,195,200

道德勇气　　31,100,144,192,194,195,197,203

道德运气　100,142,162—165,197,201,203
道德责任　95,192,195,196
道德治理　163,192,197,198,200,203
德行　27,44,69,74,98,128,133—135,140,141,143—145,150,152,154—156,167,168,180,182,189—192,194,196,200,204,205
德性　4,17,21,23—27,30—34,37,39,42,46,48—51,57,63,66—68,71,73—75,77,81,84,85,89,92,97,113,116,119,127—135,139,152—154,166—168,170—174,176,177,179—181,183,187,188,196,197,201,209,214—216,219
多元主义　5,6,63,143

G

个体性　9,34,103,158,159,169,188,192,195,196,215

H

害怕偶然　36,43,63,197
好人　31—34,37,42,160,161,194—196,203
后现代　1,2,4,5,9,14,19,20,22,63,64,83,103,139,142—145,159,161,168,170,192,197—200,203,205,219
厚伦理　103
互联网　1—8,12,14,19,28,82,97,103,168,169,188,190,191,201—205,214,219

J

假言的偶然　105,107,116,117,125,145
拒绝偶然　36,43,47,48,63
具体个体　13—17,19—22,25,27—31,76,86,109,117,139,159,166,169,170,174,191,215

K

可能生活　14—17,20,27,29,30,86,96,191
渴望偶然　9,16,19,27,35,36,60,64

L

理性　5,7—9,13,17,23—27,31,42,48,50,51,53,56—60,63,64,66—68,70,73,77,79,80,83—85,92,94,97,103,117—119,122,128,132,139,143,145—147,149,150,163,164,166,169—174,176—179,181—188,190,192—197,201,202,204,205,207—210,213—216,219
理由的偶然　107,113,117,143,150
两不性　91—95,98,99
两是性　91—94,98,99
伦理规范　98,101—103,139,150

M

美德　13—17,20,21,27,30—34,36—46,48—51,53,56,57,62,63,65,66,72,82,83,88,89,93,101,114,128—132,134,135,141,144,147,149,150,152,153,155,156,161—163,168,175,176,179—183,190,192—195,198,199,201—203,205,210,211,213,215,218
美德偶在　121,123,125,127,129,

131,133,135—137,139,141,143,145,
147,149,151,180

目的的偶然　107

O

偶然　1,3,5—11,16,19,22,28,29,
34—37,40—54,56,58—60,62—64,
66—69,71,73,75,79,81—109,114—
117,120—127,131,135—137,139—
145,149—155,159,161,162,164,165,
168,176,180,185—187,189,191,192,
194,197,199—201,203,204,212—
214,216,218—220

偶然本体论　104,108,109

偶然感　5,8,139,191

偶然性　5,8,9,13,16,19,21,22,27—
31,34,35,39,40,42,45—47,51,53,
55—63,65—70,72,74,76,77,79,80,
83—85,87,89,91—93,95—109,115—
117,119—127,131,132,136—145,
149—151,153,156,158,159,162—
166,176,178—180,183,185,187—
205,210—215,218,219

偶然性世界观　8,53,68,98,105,106,
109,136,151,189,192,195,212,213

偶性　22,46,47,51,55,63,121,122,
124—126,135,140,141,143—145,
151—153,167,172,178,180,182,191,
194

偶在　5,22,52,53,70,74,77,91,106,
108,121—126,135,140—145,151,
154,158,159,163—165,168—170,
175,179—181,183,185,191,194,206,
207,212,213

P

品德偶性　121,123,125,127,129,
131,133,135—137,139,141,143,145,
147,149,151

普遍个体　14,22,71

R

人工智能　3,4,14,25—27,29,118,
184,186—188,204,205,214—216

人机之别　22,26,27

人禽之别　23—25

人人之别　23—25

S

善行　31—34

生活世界　10,12,14,17,22,32,90,
102,138,139,152,153,155,157,159,
161,163,165—167,169,196,201,202

生生　68,75,83,96,206,207,209,
211,213,215—220

时代精神　12,167,217

T

特殊个体　13,14,22,167

天道　17,67,69,71,78,79,82,134,
209

天理　65,67,78—83,209

天命　65—69,71—80,82,88,115,
117,208

天人感应　65,75,77

图灵测试　186,187

团结　10,11,29,100,123,139,189,
192,198—200,204,220

现代性　8,12—16,20,22,27—30,53,

60,78,79,103,139,159,167,168,174,192,200,216

相对主义　6,8,132,143,144,165,180,197

形上偶然观　104,105,108,109

X

虚拟世界　27—30,191

虚无主义　8,18,20,83,92,96,98,99,101,110,150,157,197,198

因果的偶然　107

Y

拥抱偶然　5,9,16,19,27,35,36,57,60,63,64,144,159,191,202,212

Z

造就美德　27,30,31,34

直言的偶然　105—107,111,116,117,125,145,164,165

致良知　65,78,81

主体性　4,9,12,14,27,76,78,87,139,163,167—169,186,202,214

人名索引

A

阿甘本（Giorgio Agamben） 104,161
阿奎那（ThomasAquinas） 50—52

B

巴迪欧（Alain Badiou） 100
柏拉图（Plato） 8,20,28,30,36—46,
 49,50,62,63,84,87,88,92,93,132,
 139,156,170,176,179,191,202,208
鲍曼（Zygmunt Bauman） 1,2,4,5,63,
 139,197—200,203,205
博尔扎诺（Bernard Bolzano） 147,148
布宁（Nicholas Bunnin） 129

C

陈来 78—80,83,133,134,154—156
程颢 79

D

丹西（Jonathan Dancy） 142,143
邓安庆 152,153,206,207
笛卡尔（Rene Descartes） 8,119,139
董仲舒 75—77,214

F

费希特（J. G. Fichte） 19,90,93,94,
 113,153,154,210
冯友兰 9
弗雷格（F. L. G. Frege） 61,113,114,
 148

H

赫勒（Agnes Heller） 5,191,194,197
黑格尔（G. W. F. Hegel） 7,10—14,
 17,20,27,28,36,52,57,59,60,62,63,
 78—80,83,87,92,94,102,108,115,
 122—126,139,148,167—170,192,
 195,196,214,217,219
胡塞尔（E. G. A. Husserl） 10,150,166
霍斯特豪斯（Rosalind Hursthouse） 24

J

九鬼周造 104—109,115,116,120,
 121,123,125,126,164,194,219

K

康德（ImmanuelKant） 20,25,26,36,
 57—64,79—81,84—87,100,107,113,
 116—118,122,124,126,129,136—
 139,143,146—148,156,165,167,168,
 172—175,177—179,181,183,184,
 186,194—196,200,201,214,215

科斯嘉（Christine Korsgaard） 184
克里普克（Saul Kripke） 61,178
孔子 10,23,72—74,76,78,88,155,208,211,212,214
奎因（Willard Van Quine） 61

L

梁漱溟 208,209,217
林国基 52,53
卢曼（Niklas Luhmann） 7
鲁迅 9,96
罗蒂（Richard Rorty） 10,11,29,97,100,123,139,189,192,199,204,220
罗森（Gideon Rosen） 184
罗素（B. A. W. Russell） 60,61,63,148

M

马克思（Karl Heinrich Marx） 6,16,17,69,94,102,181,186,216
马舒卡（Diego E. Machuca） 110
麦克卢汉（Marshall McLuhan） 2,3
梅亚苏（Quentin Meillassoux） 100,142,144
孟子 23,74—76,81,134,153,182,194,208
摩尔（G. E. Moore） 62,63,84—86,89,93,145,146,156,177,178

P

普特南（Hilary Putnam） 63,121,149

Q

齐默曼（Aron Zimmerman） 153
乔伊斯（Richard Joyce） 110

S

舍勒（Max Scheler） 137,138
沈善洪 65
施罗德（Mark Schroeder） 111,112,156
司各特（Duns Scotus） 52,53
斯特劳森（P. F. Strawson） 111,112,119
苏格拉底（Socrates） 10,14,20,36—50,56,57,62,63,66,72,84,87,88,101,114,131,132,135,139,144,147,149,150,155,156,158,170,175,176,193,208,211,213,218

T

泰勒（Charles Taylor） 64
田辰山 69

W

王凤贤 65
王海明 182
王畿 81
威廉姆斯（Bernard Williams） 163,164,182,193,195
韦政通 66,67,134
维特根斯坦（Ludwig Wittgenstein） 62,63,93,100,101,113,114,121,139,148,177

X

休谟（David Hume） 54—58,63,93,118,119,139,141,143,146,148—150,156,157,174,178,214
薛敬轩 9

荀子　23,24,66

Y

亚里士多德(Aristotle)　11,12,23,24,36,45—51,56,62,63,73,84,85,87,92,93,98—100,109,116,121—123,125,126,129,132,139,152,166,167,170—178,186,208

叶秀山　206

余纪元　129,152

余治平　75—77

Z

张志扬　22,91,122,159,206,207,212,213

朱利安(Francois Jullien)　11,219,220

朱贻庭　128

后　　记

　　2002年,我与伦理学结缘。硕士阶段研究《法哲学原理》中的市民社会伦理问题,博士阶段从道德哲学视角研究《精神现象学》。如果说,博士是大学的"敲门砖",那么,职称就是大学的"生存道"。从2005年进入大学工作开始,我就开始申报国家社科基金,"酸腐"的我一直坚守在黑格尔伦理思想研究这个主题中,从2006年到2015年,连续十年申报未果。同仁师友开玩笑地说,"你这个课题是张世英研究的课题"。2015年10月,又要准备申报了,我开始反思自己,是否要跳出自己"博士"眼界,是否要跳出自己以往研究的视阈。在一次外出,路过北京西路与虎踞南路交界的草场门十字路口,"猛然"闪出一个念头:黑格尔"绝对知识"指引下的"伦理精神"到底是什么?个体与实体的精神统一是纯粹思想的思辨,抑或是历史理性的呈现,还是现实生活的个体生命样态?伦理精神如何进入具体个体的生命?"伦理"的另一面是"道德","绝对"遭遇着"偶然"。于是,就有了"道德偶然"的思考,这一次我听从自我内在的呼唤,沿着自己发现的方向再次"酸腐"地前行……

　　2016年,"互联网时代的道德偶然性研究"获得了国家社科基金一般项目立项。从开始论证到项目立项,近一年半时间,我开始慢慢体会学术之路的欲罢不能、欲说还休的艰难。"道德偶然"这个概念一直都没有得到中西学术界、伦理学界的明确认可与认同,不同学者虽也常常谈论"道德"与"偶然"的关系,但是要承认"道德偶然"成为一个核心概念,成为一种道德世界观,都是极其谨小慎微的。本来研究主题是在"互联网时代"背景里去发现一些"道德偶然性"问题,从而研究其发生发展规律,进而进行道德治理。但是,随着思考的深入,我发现,道德偶然恰恰是一个道德实在,不解决道德世界观问题,无法看清互联网时代的道德本质。道德偶然的基石在哪里？道德偶然之后的时代会如何？从当下个体的生命体验到当代道德哲学理论，从当代道德哲学理论回溯道德哲学史，最后回到苏格拉底"美德是否可教"的道德悲剧与中国传统"天命靡常，惟德是辅"的道德诞生地，渐渐拨开道德偶然性的迷雾。学习是一种理解，学术生命还需要体悟。

　　人生最大的问题在于如何面对生命遭遇的偶然？哲人常说，哲学是面向死亡的练习。道德是对偶然的承认与超越，伦理学或道德哲学，是我们面向偶然的人生哲学。个体的生命感受，是我们面对生活最真实的存在。家国背后的伦理精神最终需要个体的生命感知，伦理精神需要转化为道德偶然。生活是个体，任何一个人都无法代替个体的生命感知。学会与偶然相处，是一生的哲学问题，也是一生的生命难题。体悟是一种理解的提升，言说却是另外一个难题。这一次，我开始体会一种"心里明白但说不清楚"的滋味。"道德偶然"一旦能够说清楚，它就不是"偶然"，而是"必然"了。一次次言说，一次次投稿，一次次被退稿。审稿专家与编辑们"有价值""非常有价值""很有学术价值"的判断，激起我一次又一次的"亢奋"；"说的不就是道德多样性嘛""苏格拉底不是揭示了道德偶然而是拒斥了道德偶然""没有说清楚"的审稿意见，使得我一次次地"从头再来"。可能是我发现的确实是一个好问题，抑或是连续不断的叨扰与翻来覆去的解释，评审专家与编辑渐渐接受了我的想法，我的第一篇关于道德偶然的文章《论道德偶然性》在《哲学研究》2020年第一期发表了，道德偶然研究开始有了它与学界交流的可能。

　　转眼，课题到了要结项的时间。按时结项，是一种承诺，也是一种责任。从2019年开始，我就陆陆续续地开始写结题专著——《道德偶然研究》。令我没有想到的是，在我这本著作即将完成之际，伴随它诞生的会是一个全民感受"偶然"的时刻。2020年1月，新冠疫情肆虐中华大地，进而席卷全球。在这场谁也无法预料的"偶然"面前，众生平等，万象齐出。如何面对人类在自然面前遭遇的偶然？如何面对生命遭遇的偶然？个体的"命运"在互联互通的网络时代何去何从？不再是梦境，也不再是书本，更不是语言，而是现实。

　　学者，尤其是人文社会科学的学者，都是"夜猫子"，喜欢夜晚工作。哲人们说，哲学是"真空中飞行的鸽子"，是"傍晚起飞的猫头鹰"。

《道德偶然研究》不是夜晚的写作，我自觉地、理性地选择在白天写作，每天清晨按照正常作息，早餐后八点左右，关掉手机，与"外界"隔绝，但在"世界"中思考。一直到中午十二点左右，伏案写作，没有一章一篇与一字是晚上写出来的。我要真实地面对生活，真诚地写下我在繁忙而平凡生活里的思考。这是我对自己，也是对读者最大的真实与真诚！

2020 年 2 月 18 日上午 10：57 一稿完成于新冠疫情"居家防疫"南京家中

自 2020 年 2 月初稿完成以来，间断性地阅读、反思，8 月决定重写。9 月 19 日，重新开始，写作风格与论文大纲几乎推倒重来，当然，主题思想没有变。主要变的是一种语言风格，从一种黑格尔思辨风格走向直抒胸臆，更接地气的言说。道德偶然，言说不易。冒然强言，其中难免"反复咀嚼"片段，还望各位读者能够理解反复言说之困境，多多批评。自从河海大学调入东南大学，已过三载。三年多来，适应新的工作，诸多事务缠身，也使得本研究处在各种"偶然"的碎片之中进行的"遐"思。搁笔之际，越来越感觉到内卷化的工作与生活，期待"偶然性"的契机，释放个体的生命能量，给予人生以惊喜，呈现社会的多元，激发出时代的生生之德。

2020 年 12 月 14 日上午 10：02 完成二稿，18 日上午 9：13 再改于南京家中

二稿完成后，其间断断续续地对文本进行了文字润色与格式规范修正。2021 年 3 月，准备提交结项。当时完成的论著情况是 14 万字左右，单位同仁与社科处科研管理老师建议国家社科基金项目研究成果一般要有 20 万字左右为佳。从 3 月到 6 月，我又将论著修改了两稿，本着以思想为本的原则，文字没有太多的扩充。好在研究永远在路上，没有绝对完美的论文，道德偶然更不能追求完美，而是要接受当下的思考。在这必须结项的时刻，也必须停笔，让时间慢慢积淀与发现偶然的力量。

2021 年 6 月 2 日上午 11：05 分四稿定稿于南京家中

四稿完成后，断断续续地修改，一晃就是两年半时间。两年多来，经历了太多的人和事，在慌忙应对工作与生活中，发现电脑文档中的文稿记录已经进入第六稿。2023 年 12 月 23 日起，终于有了一段稍微宽松的时间。依然坚持每天早上关机写作，再次进行一次大的修改与增幅。哲学是傍晚起飞的猫头鹰，哲学写作只有完笔时才知道自己的方向。在快要落笔时，我真实地感受到，道德偶然理论就是要为当下具体个体的生命意义与价值呐喊，希望我们能够从传统道德观念中解放出来，让道德走下"圣坛"。释放具体个体的生命力量，既是人活一世的根本，也是时代发展的动力。然而，道德偶然实在是个艰难的哲学论题，要将它说清楚实属不易。回看这个十分不成熟的书稿，其中还有不少反复咀嚼之处。但是，我还是想早点让它与大家见面，为这个疯狂加速的时代提供一点个人出"卷（juǎn）"的思考。期待更多的学术同道批评指正，不成熟的地方只能留待未来不断完善。思想永远无终结，学术永远在路上……

2024 年 2 月 1 日晚 19:02 分终稿于南京家中

2 月完稿后，专著进入了出版程序。"道德偶然研究"想为具体个体的生命意义呐喊，每一个生命不应为习俗的伦理德性所束缚，而应该面向未来造就美德，成就属于自己的独特的人生意义。我们每个人都不要以道德的名义去绑架他者，而应该去赞美自己不一定能够做到的美德。美德是好人的样态，但不是人的唯一样态。随着思考的深入，我自己似乎感到越来越触及生命的根本，但对于面前的作品，我深知还没有很好地表达它。匆匆地将其呈现出来，是想邀请更多有智慧的人去敲开道德偶然性的大门。我深信，我们的时代与国族应该为我们每一个具体个体的生命意义，提供自由驰骋的生活时空。

在专著出版过程中，越来越体会到一个人的思想可能不仅仅是作者本人的，从学院、学校到出版社，书稿经过层层的检验，使得作者的思想也得到了很大程度的提高与升华。在此，要表达太多的感谢与感恩，感谢江苏省道德发展智库提供经费支持，感谢学院、学校领导的关怀与支持，感谢东南大学道德发展研究院张岚老师给予的无私帮助！感谢东南大学 2020 级首届哲学强基班本科生刘林子骏同学的编辑与校对！本书责任编辑中国社会科学出版社郝玉明老师的严谨、周到、细致、耐心的工作，使得本书在形式与内容上都得到了极大的完善，特此致谢！家人始终是我工作中最坚实的后盾，这些年来，伴随这本书的诞生，有太多无以言表的家人爱护与辛劳，某种意义上说，这本书也是我不断"在家""离家""回家"与"出家"的生命思索。

2024 年 3 月 7 日上午 11∶18 分于南京家中